Inhaltsverzeichnis

Zu diesem Buch   4

Whisky-Wissen   7
    Über einige Begriffe   7
    Die Herstellung   8
    Ein bißchen Geschichte   11
    Vom rechten Umgang   13

Destillerien von A – Z
    Schottland, Irland, Wales und die Isle of Man   15 – 157
    Weitere Malt-Destillerien   158
    … in Schottland   158
    … und anderswo   160

Unabhängige Abfüller   163

Whiskyquellen
    in Deutschland   166
    in Österreich   173
    in der Schweiz   174
    in Großbritannien   175
    in Italien und Frankreich   176
    … und einige Pubs   176

Whiskyclubs   178

Die große Malt-Bibliographie   179 – 192

Wem gehört was?   193

Dank   196

Verwendete Abkürzungen

CC-Reihe: Connoisseurs Choice, Serie von G & M
G & M: Gordon & MacPhail; in Elgin ansässige, 1895 gegründete Firma, die zahlreiche »unabhängige« Abfüllungen führt; außerdem Feinkostladen in Elgin
IDV: International Distillers & Vintners Ltd.; ehemals Tochter von Grand Metropolitan, nach deren Fusion mit Guinness (zu Diageo) mit deren Tochter UD zu UDV vereinigt.
DCL: Distillers Company Ltd; gegründet 1877, Mutter von SMD, 1987 von Guinness plc übernommen und in United Distillers (UD) umbenannt
OS: Ordnance Survey; britische Landvermessung-Behörde; die Landkarten mit dem *national grid* ermöglichen die präzise Auffindung jeder Destillerie. Die erste Zahl meint die Blattnummer, die zweite die linke und die dritte die untere Begrenzung des Planquadrats.
SMD: Scottish Malt Distillers Ltd.; 1914 aus dem Zusammenschluß von fünf Lowlands-Destillerien (Rosebank, Glenkinchie, St. Magdalene, Grange und Clydesdale) entstanden; die für Malt-Aktivitäten verantwortliche DCL-Tochter
UD: United Distillers; Tochter von Guinness, jetzt mit IDV vereinigt zu
UDV: United Distillers & Vintners; siehe IDV
plc: Public Limited Company; entspricht in etwa einer deutschen AG (Aktien-Gesellschaft)
Ltd: Limited; die Company Limited entspricht in etwa einer deutschen GmbH

Symbole:

■■ 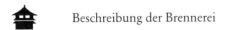 Abstufung von leicht ■ bis wuchtig ■■■■

Beschreibung der Brennerei

Bestandsaufnahme der zur Zeit angebotenen Malts in Eigentümerabfüllung (jedoch nicht der »unabhängigen« Abfüllungen)

Informationen über Besuchsmöglichkeiten

Zu diesem Buch

Fangen wir damit an, was dieser Malt Whisky Guide, dieser Führer zu den Quellen, nicht ist, was er weder sein will noch sein kann.

Malt Whisky ist nach dem Urteil seiner vielen Liebhaber eines der schönsten, edelsten, individuellsten Getränke dieser Welt. Welch eine Fülle von Aroma, welch ein Reichtum an Geschmack auf der Zunge, welche Vielfalt von Eindrücken beim *aftertaste*! Was die Nase riechen, der Gaumen schmecken darf: Ins Schwärmen kann geraten, wer es beschreiben möchte.

Die Frage ist nur, wem das nützt. Denn entweder bleiben solche Versuche sehr im Unverbindlichen stecken (»eher als Aperitif«, »mehr nach dem Essen geeignet«) oder sie versteigen sich in Formulierungen, die einen ausgewachsenen Lyriker vor Neid blaß werden lassen. Und die dann regelmäßig abgeschlossen werden mit dem Bekenntnis, man müsse natürlich zugeben, daß der gleiche Whisky bei anderer Gelegenheit völlig anders geschmeckt habe.

Bewertungen wollen wir also nicht geben, kein Geschmacksführer sein. Gerade weil wir zutiefst davon überzeugt sind, daß jeder Whisky einzigartig ist, gerade weil wir fest daran glauben, daß ein Malt das Prädikat *Single* deshalb trägt, weil er unverwechselbar ist, gerade weil wir möchten, daß uns die Industrie Single Malts in *cask strength* anbietet, gerade weil wir wissen, daß sich ein Malt vom anderen ebenso unterscheidet wie der Wein eines Château vom anderen, wie ein Jahrgang eines Grand Cru vom folgenden: gerade deshalb glauben wir, daß Geschmacksbewertungen bestenfalls Annäherungen sein können, aber immer nur das erfassen, was man in *einer* Flasche, *einem* Glas gefunden hat. Die nächste Flasche, das nächste Glas können schon ganz anders schmecken.

Das ist der objektive Grund für unseren Verzicht auf geschmackliche Bewertungen. Der subjektive kommt dazu. Zu jeder Bewertung gehört der Bewerter, sein Geschmack, seine Erfahrung, seine Kenntnisse – und seine Laune. Die Situation, in der ein Malt getrunken wird, beeinflußt die Meinung über ihn ganz ungemein. Ein torfiger, schwerer Islay schmeckt an einem nebelverhangenen, grauen Regentag auf der Insel ganz anders als an einem warmen und heiteren Sommerabend auf der deutschen Terrasse. Eine Banalität? Natürlich – aber wozu taugen dann die lyrischen Ergüsse oder die oberlehrerhaften Noten?

Auch auf eine andere Angewohnheit von Whiskybüchern haben wir verzichtet: die Einteilung und Untergliederung in Landschaftstypen, die liebgewordene. Auch sie ist eingeführt, um die Malts geschmacklich zu sortieren – und genauso untauglich dafür. Denn auch dabei gibt es zu viele Ausnahmen, als daß die Regel noch brauchbar wäre. Ob ein Whisky aus den nördlichen, westlichen oder östlichen Highlands kommt, vom Spey, vom Deveron, vom Livet oder Findhorn, aus Campbeltown, von Islay oder einer anderen Insel oder aus den Lowlands: Das mag man sich notieren, um Ordnung in den Kopf zu bekommen und sich die Vielfalt leichter merken zu können. Mit dem Geschmack hat es wenig zu tun: einen wirklich typischen Landschaftsgeschmack gibt es ganz einfach nicht. Selbst die acht Destillerien auf Islay weisen mehr Unterschiede als Gemeinsamkeiten auf.

Trotz dieser grundsätzlichen Bedenken haben wir uns, vor allem nach vielen Gesprächen mit Lesern, entschlossen, ihnen die Einordnung eines Whisky, den sie erst noch kennenlernen möchten, etwas zu erleichtern, ihnen einen Hinweis darauf zu geben, was sie in der Flasche erwartet. Aber wir bleiben dabei: Wir geben keine Note, keine Bewertung, sondern machen nur den Versuch, den Charakter eines Malt nach einigermaßen objektivierbaren Kriterien zu erfassen, mitzuteilen, ob er eher leicht oder schwer ist, und berücksichtigen dabei vor allem die beiden herausragenden Komponeten Süße und »Torfigkeit«. Leichte, kaum oder gar nicht getorfte Malts wie der *Glengoyne* oder der *Glenmorangie* stehen am Anfang, die wuchtigen *Talisker*, *Lagavulin* und *Ardbeg* am Ende einer, nennen wir sie so, »seitlich offenen Schobert-Skala«. Wir beschränken uns dabei auf Malts in Eigentümer-Abfüllungen (und bei ihnen auf den »Standard«-Whisky, also in der Regel den zehn- oder zwölfjährigen) und verzichten auf die der »Unabhängigen«, die naturgemäß von Abfüllung zu Abfüllung völlig verschieden sein können und sich deshalb auch jeder Einordnung entziehen.

Wir begnügen uns also weiterhin mit dem, was vom Leser nachvollziehbar ist und ihm, hoffentlich, nützt, und stellen ganz schlicht vor, welche Malts es gibt, wo sie hergestellt werden und wo man sie, die Herstellungsorte und die Malts, findet. Dabei ist Vollständigkeit durchaus angestrebt. Ob sie erreicht wurde, hängt nicht allein von uns ab, sondern auch von der Industrie, die wieder einmal, wie eigentlich immer in ihrer Geschichte, heftig in Bewegung ist und sich ständig verändert. Die Übernahme Seagrams durch den französischen Wasser- und Telefonkonzern Vivendi kurz vor Redaktionsschluß liefert dafür ein beredtes Beispiel.

Schottische und irische Malt stehen natürlich im Vordergrund, die »Exoten« aus anderen Ländern sind immerhin im Anhang zu finden. Ausgegangen wird dabei immer von der Destillerie, deren Name oben auf der Seite steht und in der Regel mit dem ihres Malts identisch ist. Allerdings nicht immer: einige Destillerien produzieren zwei Whiskies; sie sind dann beide mit einer eigenen Seite vertreten (Ausnahmen sind der *An Cnoc* von Knockdhu, der *Drumguish* von Speyside und der *Inchmurrin* und *Old Rhosdhu* von Loch Lomond). Eine kurze Darstellung der Brennerei bietet unter anderem Eckdaten ihrer Geschichte, der wechselnden Besitzverhältnisse. Die Zahl der *stills* scheint uns wichtig, weil sie einen Hinweis auf die Größe gibt. Auch woher das Wasser kommt, finden wir interessant.

Eine Bestandsaufnahme der käuflich erwerbbaren Whiskies ist ein ebenso schwieriges wie gefährliches Vorhaben: Wir können, so dankbar wie erfreut, feststellen, daß es nie zuvor so viele Herstellerabfüllungen von Single Malts gegeben hat wie heute, daß die Bereitschaft der Destilleriebesitzer wächst, ihren Whisky nicht nur für Blends zu reservieren, sondern sie den Maltliebhabern zugänglich zu machen. Die Kehrseite ist, daß es oft nur noch schwer möglich ist, die Übersicht zu behalten. Hier ist Vollständigkeit, im Gegensatz zu früheren Auflagen, selbst wenn man sich nur auf die »offiziellen«, die Brennerei-Abfüllungen beschränkt, längst nicht mehr möglich: weil es immer mehr gibt, weil oft nur der Inhalt einzelner Fässer in die Flasche kommt, die oft nur in einem einzigen Land oder gar nur in einem einzigen Laden angeboten werden. Das Wort »Explosion« zu verwenden, ist nicht übertrieben. Vor allem die erwähnten Unabhängigen werden zum einen selbst immer zahlreicher, zum anderen gibt es von ihnen so viele Abfüllungen, oft nur von wenigen Flaschen, oft nur für einen Markt, oft nur für wenige Tage, daß es fast schon vermessen wäre, sie vollständig erfassen zu wollen. Im Anhang sind aber die Namen der wichtigsten *independents* zu finden.

Der letzte Absatz beschreibt jeweils, ob die Brennerei zu besichtigen ist, wie man sie findet und ob es vielleicht besondere Attraktionen gibt. Auch hier ist vieles im Fluß. Immer mehr Destillerien öffnen sich, haben ein *Visitor Centre*, einen Shop. Wir bekamen die Öffnungszeiten von den Eigentümern oder von der örtlichen *Tourist Information*, aber wir bitten um Nachsicht (und Benachrichtigung), falls sich Änderungen ergeben haben. Eine telefonische Nachfrage vor dem geplanten Besuch ist nie verkehrt, wir befinden uns ja auf keltischem Boden, wo die Menschen schon immer ein besonderes Verhältnis zur Zeit hatten. Ausgerechnet im Sommer übrigens sind viele Brennerein geschlossen, *due to maintainance*. Und immer mehr verlangen Eintrittsgeld; es wird bei einem Einkauf allerdings meist verrechnet.

Malt Whsiky Guide. Ein Führer zu den Quellen. Ein Handbuch für Genießer und Touristen: auch das wäre ein guter Untertitel gewesen. Ein Leitfaden für alle, die Malt Whisky suchen und sammeln wollen. Ihnen möchten wir den Weg zu den Quellen weisen, ganz im Sinne der Humanisten: *ad fontes*. Aus ihnen zu schöpfen, all den guten Whisky zu trinken, sich dem Abenteuer seines wunderbaren Geschmackes auszusetzen: dazu braucht dann, davon sind wir überzeugt, niemand mehr einen Führer.

Walter Schobert   Nerabus, Isle of Islay, Ende Juni 2000

WHISKY-WISSEN

Mehr als eine kurze Zusammenfassung kann es nicht, muss es nicht sein. Es gibt veritable Bücher über diese Themen; in unserer Malt-Bibliografie, der immer noch ausführlichsten überhaupt, sind sie aufgeführt. Und wenn auch die meisten bisher nur in Englisch verfügbar sind, auch in deutscher Sprache liegt (in diesem Verlag) keineswegs mehr nur Michael Jacksons großes Buch vor.

Doch während er nahezu alle Whiskies dieser Welt beschreibt, konzentrieren wir uns ganz auf den Malt Whisky, widmen uns allein dieser Gattung, die die erste war, lange Zeit die einzige, und immer noch die beste ist. Malt ist der König der Whiskies – und daß er überhaupt Konkurrenz bekam und schließlich sogar zum großen Unbekannten wurde, ist eines der traurigsten Kapitel in der Geschichte der trinkbaren Genüsse und eines der finstersten in der an finsteren Kapiteln gewiss nicht armen Geschichte Schottlands. Malt Whisky und Schottland gehören zusammen. Die Schotten haben ihn (wahrscheinlich) nicht »erfunden«, aber sie haben ihn kultiviert, vollkommen gemacht – und waren daran schuld, daß er in eine Vergessenheit geriet, der er erst heute so richtig wieder entrissen wird. Malt gibt es mittlerweile aus vielen Ländern, aus Irland natürlich, aber auch aus Wales, Japan, Neuseeland, Indien, Frankreich, aus Deutschland und sogar aus Pakistan. Aber sie meisten Malt Whiskies kommen aus Schottland. Von rund 120 Brennereien (von denen aber nur etwa 80 in Produktion sind) kann man sie zur Zeit kosten.

Über einige Begriffe

Doch nicht das Herkunftsland definiert einen Whisky als Malt, sondern ausschließlich seine Herstellungsmethode – und sein Rohstoff. Malt Whisky darf nur aus Gerste und zwar aus gemälzter Gerste gebrannt werden. Irischer *Whiskey* unterscheidet sich nicht so sehr durch die eigenwillige Schreibweise vom Malt (um die Jahrhundertwende war es auch in Schottland Mode, das Wort so zu schreiben, während die Iren das »e« oft wegließen), sondern durch die Tatsache, daß in Irland eben auch ungemälzte Gerste verwendet wird. Echter Malt, irischer wie schottischer, wird in *pot stills* gebrannt, in Brennblasen, die so heißen, weil sie ursprünglich wirklich kleine Töpfe waren, und die wie eine Kreuzung zwischen einer Birne und einer Zwiebel aussehen.

Nach jedem Brennvorgang müssen alle Geräte sorgfältig gereinigt werden, d.h. es kann nicht kontinuierlich destilliert werden. Das war erst durch die sogenannte *patent still* möglich, die nach ihrem Erfinder auch *Coffey still* genannt wird. Diese Methode erlaubt die Herstellung ungleich größerer Mengen von *spirit*, die schon deshalb sehr viel billiger sind als Malt. Noch billiger wird das Produkt, weil eben nicht nur gemälzte Gerste verwendet wird, sondern auch Korn, Mais und anderes Getreide erlaubt sind. Dieser *Grain Whisky* ist fast geschmacklos – und er hat eine Eigenschaft, die dazu geführt hat, daß der Malt Whisky verdrängt wurde: Er eignet sich bestens zum Verschneiden.

Seit den siebziger Jahren des letzten Jahrhunderts haben diese *Blended Whiskies*, die nur noch einen Teil Malt aufweisen, immer grössere Marktanteile erobern können. Die Qualität dieser *Markenwhiskies* hängt entscheidend davon ab, in welchem Verhältnis Malt und Grain stehen; je höher der Malt-Anteil, desto besser sind sie (das Alter spielt freilich auch eine Rolle). Die Blends sollten nicht mit *Vatted Whisky* verwechselt werden, der ausschließlich aus Malts besteht, die aber aus verschiedenen Destillerien kommen. Auf die Qualität muß das keinen Einfluß haben; im Gegenteil, es ist reizvoll, selbst zu experimentieren und sich aus verschiedenen Malts selbst einen *Vatted* zu komponieren.

Single Malt ist die Bezeichnung, die dem Whisky einer einzigen Brennerei zukommt; er wird aber wiederum durchaus eine Mischung aus verschiedenen Fässern sein und aus unterschiedlichen Jahrgängen. Obwohl es eigentlich der Idee vom Malt als einem individuellen Getränk widerspricht, sind Destillerien daran interessiert, auch ihren Malt durch solche Mischungen möglichst immer gleich schmecken zu lassen (und kamen auf die unschöne Idee, ihn oft auch mit Karamell zu färben).

Die Konsequenz daraus ist der Wunsch der Kenner nach sogenannten *Single Cask-Abfüllungen*, die je nach Faßgröße nur eine limitierte Flaschenzahl ergeben. Rechnet man den natürlichen Schwund an Whisky durch Verdunstung während der Lagerung, den »Anteil der Engel«, *angels' share*, und wünscht man nicht, daß der Whisky vor der Abfüllung durch Wasser auf eine normierte Alkoholstärke von 40% oder 43% verdünnt wird, sondern unverdünnt in *cask strength* kommt, ergibt ein Faß etwa 200 bis 500 Flaschen – ein ebenso kostbares wie kostspieliges Vergnügen, das indes von immer mehr Kennern und Liebhabern bevorzugt wird, weil es das einzige ist, das wirklich voll zur Geltung bringt, was einen Malt vor allen anderen Whiskies auszeichnet.

Die Herstellung

Ausschließlich gemälzte Gerste... Damit fängt die Herstellung eines Malt an; sie vollzieht sich in mehreren Stufen. Chemiker können beschreiben und analysieren, wie die Enzyme eingreifen, um Stärke in Zucker und Zucker in Alkohol zu verwandeln. Verlockt vom Zauber Schottlands kann man auch zu einer Mischung aus metaphysischem und magischem Vokabular greifen und, bedenkend, was beim Brennen zusammenwirkt, den Malt Whisky als das göttliche Ergebnis einer Vermählung der vier Elemente Erde, Wasser, Feuer und Luft feiern.

Tatsächlich sind sie alle beteiligt: Von der dem Boden entstammenden Gerste war schon die Rede, aber Erde ist auch der Torf, der zum Feuern gebraucht wird und das Aroma schafft, weil auch das Wasser seinen Geschmack aufnimmt. Feuer ermöglicht die Destillation. Und die Luft, sie ist das Element, das oft übersehen wurde; immer klarer wird aber, daß die Qualität der Rohstoffe, die Sorgfalt und Erfahrung der mit der Herstellung betrauten Männer gar nicht hoch genug eingeschätzt werden können, daß aber auch die Lagerung für den Whisky eine höchst bedeutende Rolle spielt. Für sie ist nicht nur die Qualität und Beschaffenheit der verwendeten Fässer wichtig, sondern auch die Dauer und die klimatischen, auch mikroklimatischen Bedingungen: also die Luft, der die Fässer ausgesetzt werden.

Wir sind weder Metaphysiker noch Chemiker. Versuchen wir also in schlichten Worten zu beschreiben, was auch in unserer Skizze dargestellt wird: den Ablauf der Whiskyproduktion.

Zuerst muß gemälzt werden. Dafür wird Gerste (aus Schottland meist, aber nicht nur) in Wasser eingeweicht und dann ausgebreitet. Früher hatte jede Brennerei dafür ihre *malting floors*, in denen Arbeiter die keimende Gerste zur Temperaturregulierung mit Schaufeln ständig wendeten. Heute gibt es dafür mechanische Verfahren wie die nach ihrem Erfinder benannten *Saladin boxes* oder die *drum maltings*; es wird nur in wenigen Brennereien noch selbst gemälzt.

Hat die Gerste gekeimt, muß sie getrocknet werden. Das geschieht auf dem Dörrboden in der *kiln*, jenem Gebäude mit der Pagode auf dem Dach, die das Wahrzeichen fast jeder Brennerei ist, obwohl fast keine mehr eine benutzt. In dieser Stufe der Bearbeitung wird sowohl der Wassergehalt gesenkt (auf etwa 3%) als auch durch Torffeuer das Malz aromatisiert. Dafür hat jede Destillerie ihr spezielles Rezept.

Das trockene Malz wird dann gemahlen und anschließend in der sogenannten *mash tun* mit heißem Wasser vermischt. Die Maische wird ständig gerührt und es entsteht flüssiges Gerstenmalz, *wort* oder *worts* genannt, das gekühlt und in die *wash backs* gepumpt wird, wo es mit Hefe versetzt wird. Die Gärung kann beginnen. Das Endprodukt dieser zweiten Stufe, des Brauens, ist eine Flüssigkeit, die etwa 7% bis 9% Alkohol enthält und bierähnlich ist. Der ganze Vorgang dauert 40 bis 60 Stunden.

Erst danach kommt der entscheidende Schritt: die Destillation. Jedes Detail bei ihr spielt eine große Rolle für den fertigen Malt: die Art der Befeuerung, die Größe und die Form der Brennblasen, die über Generationen hin bei jeder fälligen Erneuerung exakt kopiert werden, um jede Änderung auszuschließen. In Schottland wird meist nur zweifach gebrannt; es gibt aber auch Brennereien, die an der Dreifachmethode festhalten. Das erste Destillat, die *low wines*, hat etwa 23%, das zweite dann etwa um die 70%. Aber nicht alles wird *new spirit*. Beim letzten Durchlauf gibt es einen *foreshot* genannten Vorlauf und die *feints*, den Nachlauf. Beide sind nicht verwendbar und dürfen auf keinen Fall ins Faß kommen; dorthin geht nur das »Mittelstück«. Es ist die Kunst des Brennmeisters, die exakte Trennung vorzunehmen. Und obwohl heute viel dem Computer überlassen wird: keine Automatik, keine Analyse kann einen erfahrenen Brennmeister erset-

zen. Ob er gut gearbeitet hat, entscheidet sich erst viele Jahre später, wenn das Fass trinkreif ist.

Die Trennung des unreinen vom reinen Destillat erfolgt durch die Beobachtung des destillierten Whisky im *spirit safe* – und nun muß ein weiterer wichtiger Mann ins Spiel gebracht werden: der *excise man*, der Zollbeamte, ohne dessen Schlüssel keiner an den *safe* herankommt und der von nun an genau überwacht, was mit dem *make* passiert, von der Verdünnung auf Faß-Stärke bis zur Einlagerung der Fässer in den *warehouses* und die oft erst nach vielen Jahren erfolgende Abfüllung auf Flaschen. Gesetzlich vorgeschrieben ist eine Lagerung von drei Jahren, aber die meisten Malts werden viel länger auf Holz belassen.

Die Fässer sind ein kostbarer Besitz; entsprechend werden sie gehütet und gepflegt. Verwendet werden – und das ist wieder eine Frage der Philosophie jeder einzelnen Destillerie – ganz selten neue Fässer, meist werden Fässer, in denen vorher Bourbon war, verwendet. Als besonders geeignet gelten Sherryfässer. In den letzten Jahren greift man, meist zu einer sogenannten *zweiten Reifung*, zu anderen Faßarten wie etwa Rotwein oder Port. Das Holz hat einen Einfluß nicht nur auf den Geschmack des Malt, sondern ganz besonders auch auf die Farbe (obschon es leider immer noch üblich ist, daß Farbzusätze genommen werden, weil die Kunden angeblich den Whisky einer bestimmten Marke auch mit einer Farbe identifizieren).

Verkauft werden die Fässer oft gleich nach dem Destillieren; auf diese Weise kann die Brennerei zu Kapital kommen, auf das sie sonst lange Jahre warten müßte – wobei sie später natürlich ungleich mehr erlösen könnte. Die Lagerung erfolgt *in bond*, d.h. ohne Versteuerung. Die Steuern werden erst fällig, wenn die Fässer zur weiteren Verwen-

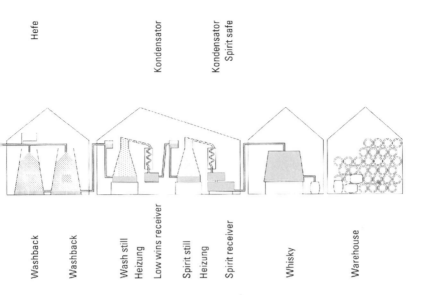

dung aus dem Lager kommen. Diese Steuer wurde im Laufe des Geschichte des Malt Whisky immer höher und höher geschraubt. Bei einer Flasche mit 40% muß man in Großbritannien £ 5.87 (plus 17.5% Mehrwertsteuer) berappen, bei einem *cask strength* kommt sie heute auf gut 50 Prozent.

Ein bißchen Geschichte

Erst diese Steuer bietet die schlüssige Erklärung für viele Entwicklungen in den letzten zweihundert Jahren Whiskygeschichte – und es ist schade, daß hier nicht der Platz ist, diese Geschichte ausführlich zu referieren. Es wäre unterhaltsam, spannend – und lehrreich.

Unterhaltsam, weil es eine unendliche Fülle von hübschen, erzählenswerten Anekdoten gibt. Spannend, weil sich in der Geschichte des schottischen Whisky der uralte Antagonismus zwischen Schottland und England fortsetzt und spiegelt, weil der Verlust der schottischen Selbständigkeit sich in der Whiskyindustrie wiederholt und soweit geführt hat, daß seit langem fast alle Entscheidungen nicht mehr in Schottland, sondern in London getroffen werden. Heute ist kaum mehr eine Brennerei in schottischem Besitz. Auch das ist eine Erklärung für die blamable Tatsache, daß selbst viele Schotten vergessen hatten, daß ihr ursprünglicher Whisky einmal der Malt war.

Lehrreich schließlich wäre eine ausführliche Schilderung der Geschichte, weil sich in der Entwicklung der Kunst des Destillierens *in nuce* demonstrieren lässt, wie die moderne Wirtschaft entstanden ist:

vom Kleingewerbe oft bäuerlicher Prägung über kleine Handwerksbetriebe führte der Weg zu immer größeren Firmen in der Hand immer weniger »Barone«, also von der Manufaktur über Oligopole zu Monopolen: Heute sind die Destillerien im Besitz von nur noch wenigen Konzernen, die zudem oft auch gar nicht mehr primär mit Getränken zu tun haben müssen, die international operieren und für die Malt Whisky eine Investition bedeutet, aber keinen Selbstzweck.

Wer mehr über die Sozial- und Wirtschaftsgeschichte der Whiskyindustrie wissen möchte, sei auf das beste Buch zum Thema verwiesen, auf »The Making of Scotch Whisky« von Michael S. Moss und John R. Hume, das allerdings die Entwicklungen der letzten Jahre nicht mehr dokumentiert.

Wir haben leider keinen Platz für die Details: nicht für die in nahezu graue Vorzeit führenden Erklärungen, wie denn die Kunst, aus *ale* ein a*qua vitae*, gälisch *uisge* (bzw. im irischen Gälisch *uisce*) *beatha* genannt, zu destillieren, in das damals weitab jeglicher Zivilisation gelegene Land gekommen sei; keinen Platz für erbauliche Geschichten von irischen Mönchen und vom Heiligen Patrick; keinen Platz auch für den frommen Klosterbruder John Cor, dessen Bestellung von *eight bolls of malt* 1494 die früheste schriftliche Quelle darstellt; keinen Platz für die Stories von den oft blutigen Auseinandersetzungen zwischen den illegalen Brennern und den englischen Zöllnern und ihren Versuchen, die Störenfriede zur Räson zu bringen. Auch von der Einführung der imaginären Trennlinie zwischen den Highlands und den Lowlands können wir nicht ausführlich berichten; hinter ihr standen, wie fast immer, steuerliche Manöver.

Es waren diese Bestrebungen der englischen Herren, den größtmöglichen Gewinn aus dem Brennen zu schöpfen, die 1823 zum Angebot der »Legalisierung« führten – und dazu, aus einer Beschäftigung von Farmern ein Betätigungsfeld von Unternehmern zu machen – und ein blühendes Geschäft, das indes immer wieder bedroht wurde durch neue steuerliche Abschöpfungen. So kam es, daß die Geschichte des Malt Whisky ein dauerndes, einer Folge von Sinuskurven gleichendes Auf und Ab wurde, daß dem Boom die Rezession und dem Niedergang wieder die Erholung folgte.

Natürlich spielten auch andere Faktoren eine Rolle wie die Erfindung der *patent still*, die eine große Verlockung darstellte, zumal in den siebziger Jahren des vorletzten Jahrhunderts wegen der Rebschäden in Bordeaux plötzlich ein Mangel an Weinbrand auftrat und eine riesige Nachfrage nach Whisky herrschte. Sie wurde durch die *blends* befriedigt, wodurch einige aus kleinen Anfängen stammende Händler wie die Dewars, die Haigs, die Walkers mächtig wurden – und der Malt plötzlich bedeutungslos. Den entscheidenden Stoß hatte dem Malt aber schon der Gesetzgeber versetzt, der es 1909/11 zuließ, beide, den Malt und die Blends, als echten Whisky zu definieren.

Das und der Erste Weltkrieg brachten eine tiefe Krise. Die folgende Besserung wurde durch den Nackenschlag der amerikanischen Prohibition gestoppt. Der Zweite Weltkrieg mit der fast totalen Einstellung der Brennereiaktivitäten folgte. In den fünfziger Jahren ging es wieder bergauf. Manche Brennerei wurde gebaut, andere wieder eröffnet. Die achtziger Jahre brachten eine neue Krise – und diesmal war es das Überangebot, das die neuen, nun internationalen Herren um ihren Absatz fürchten ließ und zur Schließung vieler Destillerien führte.

Und heute? Wir können nicht klagen. Viele Destillerien sind wieder in Produktion, wenn auch einige für immer *silent* sein werden, einige liebgewordene Namen nur noch in der Erinnerung existieren. Aber wenn es auch richtig ist, daß mehr denn je internationale Konzerne im Whiskygeschäft operieren, daß zum Beispiel Guinness in einem aufsehenerregenden *unfriendly takeover* die Brennereien der *Distillers Company Limited (DCL)*, die selbst oft die Rolle des Hechtes im Karpfenteich gespielt hatte, aufkaufte (und sich kaum zehn Jahre später mit Grand Metropolitan zu Diageo vereinigte); wenn es auch stimmt, daß sich immer mehr Destillerien in den Händen von immer weniger Eigentümer befinden: Wir Maltliebhaber müssen, auch wenn es paradox erscheint, der Gerechtigkeit halber konstatieren, daß es uns noch nie so gut gegangen ist wie im Augenblick. Niemals vorher waren so viele Single Malts verfügbar wie jetzt. Eine Sammlung zusammenzutragen, die von jeder arbeitenden Destillerie einen Malt enthält, ist überhaupt kein Problem mehr.

Vom rechten Umgang

Mälzen, Brauen, Brennen, Reifen: mit den vier Stufen der Herstellung ist es nicht getan. Wir wollen den Malt auch kaufen – und trinken. Freuen wir uns darüber, daß wir niemals vorher so viele verschiedene Single Malts erwerben konnten – ob sie nun, wie die neue »Rare Malt Selection«-Serie von UDV kommen, die eine große Zahl von Whiskies als Herstellerabfüllung verfügbar gemacht haben, oder ob es sich um immer neue *expressions* aus ungewöhnlichen Fässern handelt oder ob wir zu den Abfüllungen der sogenannten »Unabhängigen« greifen, jenen »Händlern«, die den Whisky faßweise kaufen und ihn dann für uns in die Flaschen bringen (und von denen die namhaftesten Gordon & MacPhail aus Elgin, Cadenhead und Signatory sind), von denen im Augenblick immer neue Sorten auf den Markt kommen (nicht zu vergessen die hervorragenden Whiskies der allerdings nur Mitgliedern offenen »Scotch Malt Whisky Society«).

In diesen wunderbaren Flaschen altert der Malt übrigens nicht mehr. Man kann ihn also aufheben. Licht freilich schadet ihm – und eine angebrochene Flasche sollte man nicht länger als einige Monate (sechs etwa, sagt man) unausgetrunken lassen.

Bleibt nur die freilich schon wieder zu Glaubensbekenntnissen herausfordernde Frage, wie man ihn denn trinken soll, den kostbaren Stoff. Zwei Dinge, sagt das Sprichwort, liebt der Schotte nackt; eines sei der Whisky. Aber der Volksmund (der natürlich einen *blended* meint) verkündet nur die halbe Wahrheit! Natürlich scheut ein Malt Eis oder Sodawasser wie der Teufel das Weihwasser; und wer ihn unbedingt kaputt machen will, soll es ruhig einmal mit kohlesäurehaltigem Mineralwasser versuchen.

Andrerseits ist ein gutes stilles Wasser etwas, was jedem Malt ja schon unmittelbar vor der Faßlagerung (wenn auch in geringem Umfang) zugesetzt wird. Und es ist unbestreitbar, daß eine kleine Zugabe von Wasser wahre Wunder wirkt, um einem Malt »aufzuschließen«, sein Aroma zu öffnen. Aber wieviel man nimmt: das muß jeder selbst herausfinden. Einer ist glücklich mit einigen Tropfen, der zweite liebt ihn mit einem Teelöffel Wasser, manche ziehen halb und halb vor. Zu empfehlen ist immer, das Wasser erst nach einem ausgiebigen Beschnuppern des Malt einzugießen; überhaupt ist ja für viele das Riechen das Schönste überhaupt.

»Nosing« – für viele das Schönste überhaupt

Und das Glas? Leider ist es ein Teil des Marketing geworden, daß jede Destillerie eine möglichst originelle Form für ihr eigenes Glas erfindet. Die Profis aber werden wissen, weshalb sie für ihre Arbeit nur eine Glasform akzeptieren: das *nosing glas*, das aussieht wie ein normales Sherryglas. Es eignet sich allerdings nicht so gut zum Trinken. Alternativen sind das französische Weinprobierglas oder das distelförmige Glas, das funktionell genauso viel leistet – und dazu noch an die schottische Nationalblume erinnert.

Aber nun ist es höchste Zeit, ein Glas zu füllen – und zu erheben. *Slainté mhath*! Zum Wohl!

ABERFELDY
[*aberféldie*]

Mündung des St. Paldoc
Perthshire
Aberfeldy
OS 52 86/49
Tel. 01887-822 000
Besitzer: Bacardi
In Betrieb

■■■   Highlands

 Errichtet von John Dewar & Sons, »Blenders of Perth«. Zusammen mit Haig, Walker, Buchanan und Mackie zählte Dewar zu den »Big Five«, ohne die schon im letzten Jahrhundert im Whiskygeschäft nichts lief und die früh zusammenarbeiteten. John Dewar stammte aus der Nähe von Aberfeldy und fand dort ideale Bedingungen vor: eine alte Destillerietradition, Wasser vom Tay, Brauwasser aus dem Pitilie-Burn und, nicht zuletzt, die Eisenbahn. 1972 wurde gründlich renoviert, für die vier *stills* wurde ein neues *stillhouse* gebaut, die alten *maltings* wurden in eine »Dark-grain«-, also eine Tierfutteranlage, umgebaut. Einige alte Gebäude sind aber erhalten geblieben. Als Bacardi im Frühjahr 1998 die Marke *Dewar's White Label* von UDV kaufte, gehörten, gleichsam als Morgengabe, auch die Brennereien Aberfeldy, Aultmore, Craiggelachie und Royal Brackla zum Paket.

 Lange nur von den »Unabhängigen« erhältlich. Kaum war die erste Eigenabfüllung auf dem Markt, entschlossen sich United Distillers, den *Aberfeldy* (ebenfalls 15 Jahre /43%), auch in die »Flora & Fauna«-Serie aufzunehmen. Die kam ursprünglich in Holzkisten, die ebenso wie die Labels mit schottischen Tieren und Pflanzen geziert waren. Sogar einen *cask strength* gab es (1980, 62%). Der neue Eigentümer Bacardi wartete mit neuen Abfüllungen eines 12jährigen auf; ein 25 Jahre alter ist nur in der Brennerei zu bekommen.

 Die Brennerei hat jetzt wieder ein *Visitor Centre*. Es erinnert daran, daß Malts hauptsächlich dazu da sind, um in die großen Blends einzugehen – und dieser hier bildet das Herz von *Dewar's White Label*. Das im Frühjahr 2000 eröffnete Zentrum trägt den Namen »Dewar's World of Whisky«. Geöffnet hat es Montag bis Samstag von 10.00 bis 16.00 Uhr, am Sonntag von 12.00 bis 16.00 Uhr.

ABERLOUR
[*aberlauer*]

Mündung des Lour
Banffshire
Charlestown of Aberlour
OS 28 26/42
Tel. 01340-871 204
Besitzer: Campbell Distillers
In Betrieb

■■■ Highlands (Speyside)

 Der lange gepflegte sanfte Touch von Cognac in Aufmachung und Werbung war kein Zufall. Obwohl unter einem klangvollen schottischen Namen firmierend, untersteht Aberlour seit 1974 französischer Führung: Es war, mit Edradour und Glenallachie, die dritte Destillerie, die sich Pernod Ricard sicherte. Also gab es einmal einen *VOHM*, spricht man gerne von einem »Premium«-Malt und distanziert sich ganz unschottisch heftig von den Mitbewerbern. Man kokettiert in der Werbung damit, schon 1826 gegründet zu sein, vermerkt aber auf den Flaschen nur 1879, das Datum des Wiederaufbaus. Dafür verbreitet man die wirklich uralte Geschichte vom späteren Bischof und Heiligen Dunstan, der Wasser aus einer zu Aberlour gehörenden Quelle zum Taufen verwendet hat. Ob aus ihr auch das »Prozesswasser« kommt oder doch aus einer anderen Quelle wird freilich sibyllinisch offengelassen.

 Der *Aberlour* ist die Nr. 1 in Frankreich und vor allem dort kommt eine Abfüllung nach der anderen heraus. Die wichtigste ist immer noch der 10jährige, der einen Vorgänger in einer maggiähnlichen und den *VOHM* in der Cognac-Flasche abgelöst hat. Gelegentlich werden *vintage bottlings* angeboten, z. B. 1964, 1969, 1971, 1976 1988 (der nur in Spanien). Der *Antique* (43%), der *100 Proof* (57.1%) und der *a'bunadh* (das meint »Ursprung«, 59.65%) haben keine Altersangabe. Von letzterem gab es zum Millenium auch eine Edition mit einem Label aus echtem Silber. Nur für Frankreich bestimmt sind der 12 Jahre alte aus dem Sherryfaß, der 12jährige *Double Wood*, der 15 Jahre alte *Marie d'Ecosse* und der gleichaltrige *Sherry Wood Finish*. Dazu kommen Abfüllungen mit 18, 21 und ein 30 Jahren.

 Eine sehr hübsche und gepflegte Anlage, die den Besuch sehr lohnen würde, könnte man sie nicht nur von außen, sondern auch von innen besichtigen.

ALLT A'BHAINNE
[olt-a-véyn]

Milchbach
Banffshire
Glenrinnes, bei Dufftown
OS 28 27/34
Tel. 01542-783 332
Besitzer: The Chivas & Glenlivet Group
In Betrieb

■■■   Highlands (Speyside)

 »Am wenigsten«, schrieb ich in der ersten Auflage dieses Buches, »kann man wahrscheinlich von Allt A'Bhainne erwarten, daß er einmal abgefüllt wird.« So gern hat der Autor selten Unrecht behalten: Gleich mehrere Abfüllungen gibt es inzwischen, und weil sie alle von »Unabhängigen« sind, hat man ihm sogar seinen Namen gelassen, ohne sich indessen auf eine einheitliche Schreibweise für das Wort einigen zu können, das auf Gälisch Milchbach heißt. Jeder kann jetzt also überprüfen, ob dieses Versprechen gehalten wird. Allt A'Bhainne ist wie die nicht weit entfernte Braes of Glenlivet (deren Whisky es mittlerweile auch gibt) eine Seagram-Brennerei. Sie wurde 1975 kurz nach ihrer Schwester gebaut und ist ebenso modern in ihren Produktionsmethoden und der Architektur, die sich mit den aufgesetzten Pagoden hervorragend in die Landschaft einfügt, aber auch Traditionsverbundenheit ausstrahlt. Die Anlage hat riesige Kapazitäten, die 1989 noch einmal auf fünf Millionen Liter verdoppelt wurden. Das Wasser kommt nicht vom Burn of Milk, sondern von anonymen Quellen auf dem Ben Rinnes.

 Cadenhead schreibt seinen 1980 (60.5%) mit einem »L« und ohne Auslassungszeichen, dafür mit zwei Bindestrichen, die auch das Whisky Castle in Tomintoul seiner »Castle Collection Nr 1« gelassen hat (13 Jahre, bei 43%). Die hat auch der MacArthur (12 Jahre, ohne Bindestriche), während Signatory einen 1980er mit 43% und *cask strength* mit 57.1% bietet (1981/94). Unter fürstlichem Wappen hat Graf Beissel von Gymnich das Faß Nr. 26332 mit 56.1% auf Flaschen gezogen, in der Cadenhead-Schreibung.

 Die einige Meilen südwestlich von Dufftown nahe der B 9009 und an der Flanke des Ben Rinnes gelegene Brennerei steht Besuchern nicht offen.

ARDBEG
[*ardbég*]

Kleine Anhöhe
Argyll
Port Ellen, Isle of Islay
OS 60 41/45
Tel. 01496 – 302 244
Besitzer: Glenmorangie plc
In Betrieb

■■■■■□ Islay

 Die Angst ist ausgestanden: Ardbeg ist endlich in sicheren Händen und hat wieder eine sichere Zukunft. Seit Glenmorangie die am stärksten traditionsverbundene Islay-Destillerie 1997 gekauft und mit viel Geld liebevoll wieder in Schuß gebracht hat, können die zahlreichen Liebhaber beruhigt sein. Die schwören auf den Whisky aus der sehr alten Brennerei, die dort 1815/17 eröffnet wurde, wo schon früher *excise men* gegen Schmuggler zu kämpfen hatten. Fast 150 Jahre wurde Ardbeg von der Familie McDougall betrieben, ehe 1977 Hiram Walker übernahm, die Whisky-Tochter des Brauereigiganten Allied-Lyons (seit 1994 heißt die Firma Allied-Domecq). Die eröffneten ihr Islay-Juwel nach einigen Jahren der Schließung zwar 1989 wieder, aber ohne die *floor maltings*, und stellten den Betrieb 1996 völlig ein – vermutlich, weil sie sich ganz auf die Nachbarin Laphroig (nur Lagavulin liegt zwischen beiden) konzentrieren wollten und wohl den Konkurrenten im eigenen Haus fürchteten. Ardbeg ist der am heftigsten getorfte Malt der Insel, sein Wasser kommt aus Torfland, von Loch Iaran und von Loch Uigidale.

 Der neue Besitzer hat einen 17jährigen mit 40% und auch zwei *vintages* von 1975 und 1978 mit 43% herausgebracht – begleitet vom *Provenance*, einem 1974 destillierten und entsprechend teuren Malt, von dem es Abfüllungen von 1997 und 1998 gibt. Im Sommer 1999 füllte Manager Stuart Thomson von Hand ein 1976 destilliertes Sherryfaß ab. Es ergab 497 Flaschen mit 56%, die nur den Besuchern der Brennerei vorbehalten waren. Zwei weitere Sherryfässer von 1975 waren für Italien und Frankreich bestimmt, während der neue 10jährige, als Nachfolger des legendären *Ardbeg 10 years old*, glücklicherweise der Allgemeinheit zur Verfügung steht. Er hat lobenswerte 46% und ist *non chill-filtered*.

🛈 Von Port Ellen Richtung Westen ist es die letzte der vier Brennereien, die an der Südküste Islays wie an einer Kette aufgereiht liegen. Es gibt ein sehr schönes neues *Visitor Centre*, das täglich von 10.00 bis 17.00 Uhr geöffnet hat. Einige Meilen weiter zu fahren und das Kiltalton Cross, eines der schönsten keltischen Kreuze.

ARDMORE
[*ard-mór*]

Große Anhöhe
Aberdeenshire
Kennethmont, bei Huntley
OS 37 55/29
Tel. 01464-831 213
Besitzer: Allied Distillers
In Betrieb

■■■ Highlands

 Die kleine und wenig bekannte Brennerei wurde 1890 von William Teacher gebaut, ebenso wie die etwas weiter nördlich liegende Glendronach. Deren Name ist freilich viel geläufiger, weil ihr Whisky immer viel besser erhältlich war als der von Ardmore, den die Firma vor allem für ihren *Highland Cream* brauchte. Mit der Gründerfirma, die kurz vorher noch auf acht *stills* erweitert hatte, ging Ardmore 1976 in den Besitz von Allied über. Schade, daß man sie nicht besichtigen kann. Sie hat nicht nur den Charme einer Anlage des 19. Jahrhunderts bewahrt, ist also nicht nur hübsch, sondern wird auch recht traditionell betrieben: befeuert wird immer noch mit Kohle. Die alte Dampfmaschine ist zwar nicht mehr in Betrieb, wird aber so liebevoll gepflegt, daß sie jederzeit einsatzbereit wäre. Das Wasser entstammt einer Quelle am Knockandy Hill. Die Brennerei liegt gerade noch im Bereich Speyside, auf der Grenze zu den Eastern Highlands, in der Nähe des Bogie und südlich von Huntley.

 Zum 100. Jubiläum der Brennerei gab es 1998 einen 12jährigen in Eigentümer-Abfüllung. Sonst ist *Ardmore* nur von den »Unabhängigen« zu bekommen, vor allem von Gordon & MacPhail, die ihn in ihrer Allied-Reihe mit Einverständnis des Eigentümers in sog. Lizenzabfüllung führen und immer wieder neue Jahrgänge bringen (1977, 1981, 1985). Wie immer bei G&M haben sie 40%.

 Ardmore ist leider nicht zu besichtigen. Aber wer auf dem Weg zur nahe gelegenen Leith Hall ist, sollte wenigstens von außen einen Blick auf Ardmore werfen.

Auchentoshan
[*ochen-tóschen*]

Feld oder Platz an der Ecke
Dunbartonshire
Dalmuir, Glasgow
OS 64 47/72
Tel. 01389-878 561
Besitzer: Morrison Bowmore
In Betrieb

■ □   Lowlands

 Zwei Besonderheiten (mindestens) weist Auchentoshan auf: Obwohl am Rande Glasgows nahe der Eskine Bridge und an den Ufern des Clyde gelegen und damit eindeutig zu den Lowlands zählend, bezieht man das Wasser aus den Kilpatrick Hills, also aus den Highlands. Zum zweiten wird hier wie sonst nur noch in Rosebank (und natürlich in Irland) die alte Methode der Dreifachdestillation (in drei verschieden großen *stills*) praktiziert, was zu einem leichten Malt führt und in der Werbung entsprechend herausgestellt wird. Und geworben wird viel, seit die Brennerei zu Morrison Bowmore gehört, die sie von Eddie Cairns Ltd. übernahmen. Die wiederum kaufte die wahrscheinlich bereits um 1800 gegründete, im 2. Weltkrieg durch Bomben schwer beschädigte Destillerie vom Brauerei-Riesen Bass-Charington. Morrison Bowmore selbst wurde im Juli 1994 von Suntory, Tokio, übernommen.

 Früher gab es ihn auch 5- und 8- und – nur in Frankreich – auch 18jährig. Morrison Bowmore bieten ihren Lowland in einer breiten Palette: einen ohne Altersangabe, der manchmal auch *Select* heißt, und einen *Threewood* (das meint, er war ca. 10 Jahre im Bourbon-, ein Jahr im Oloroso und dann ein paar Monate im Pedro Ximenez-Faß), ebenfalls ohne Alter, mit 10, 21, 22 und 25 Jahren; die letzten beiden in einer Keramikflasche. Daneben gibt es immer wieder *vintages* wie den 18 Jahre alten von 1978 oder die drei 31jährigen Einzelfaßabfüllungen in *cask strength*, von denen zwei von 1965 (49.2% und 45.5%) und einer von 1966 (48.8%) stammen.

 Das lang angekündigte *Visitor Centre* ist noch in Planung. Ein Eröffnungstermin lässt sich auch jetzt (2000) nicht absehen. Besuche in der an der A 82 und längst nicht mehr am *Corner of the field* gelegenen Destillerie sind leider noch nicht möglich.

Auchroisk
[och-roisk]

Furt am roten Strom
Banffshire
Mulben, bei Keith
OS 28 37/49
Tel. 01542-885 000
Besitzer: UDV
In Betrieb

■ □   Highlands (Speyside)

 Auchroisk – wer wirklich wissen will, wie das ausgesprochen wird, muß in der Destillerie anrufen; keine Lautschrift kann das wirklich wiedergeben. Eine Brennerei so nennen kann eigentlich nur, wer nie geplant hat, ihren Whisky als Single Malt zu verkaufen. Vermutlich sollte er wirklich nur in die Blends gehen, in die von Justerini & Brooks vor allem, die Auchroisk für den Konzern Grand Metropolitan führten, ehe sie durch dessen Fusion mit Guinness unter das Dach von UDV kam. Als man sich entschieden hatte, den Whisky tatsächlich herauszubringen, verfiel man ins Gegenteil, in allzu auftrumpfende Verständlichkeit und auf den wirklich anmaßenden Namen *Singleton*. Der Bau der 1974 eröffneten Brennerei freilich ist eines der ganz raren Beispiele dafür, daß moderne Architektur sehr geglückt sein kann; die strengen Flächen der weißen Gebäude mit den schwarzen Dächern fügen sich sehr harmonisch in das liebliche Hügelland zwischen Rothes und Keith ein. Auchroisk ist groß ausgelegt: die acht *stills* könnten nahezu vollautomatisch und durchgängig sieben Millionen Liter pro Jahr produzieren. Zwölf Lagerhäuser gehören zum Komplex, in dessen Eingangshalle die alte Dampfmaschine von Strathmill steht. Das Wasser kommt aus Dorie's Well.

 Singleton also heißt der Malt aus Auchroisk. Auf seinem Etikett war zuerst keine Altersangabe, sondern das Jahr der Destillation vermerkt. Er soll 12 Jahre alt gewesen sein; die Stärke betrug je nach Markt 40 oder 43%. Der jetzt gelieferte 10jährige hat 40%.

 Ein angenehmer Anblick. Schade, daß UDV wie früher schon die Justerinis keinen Blick ins Innere werfen lassen.

AULTMORE
[olt-mór]

Großer Bach
Banffshire
Keith
OS 28 40/53
Tel. 01542-881 800
Besitzer: Bacardi
In Betrieb

■ ◻   Highlands

 Es ist immer wieder spannend (und lehrreich) zu verfolgen, wie bald und intensiv Konzentrationsprozesse in der Whiskyindustrie eingesetzt haben, wie schnell bei der Herstellung von Malt zuerst kleine Handwerksbetriebe die ursprünglichen (oft illegalen) Farmbrennereien ablösten, um dann schnell von oligopolistisch strukturierten Firmen ersetzt zu werden. Die »Big Five« (Haig, Dewar, Walker, Buchanan, Mackie) spielten dabei die Hauptrolle: der Besitz von Destillerien sicherte ihnen den Malt für ihre Markenblends. Aber auch »kleinere« Konglomerate waren nicht unbedeutend. Aultmore ist dafür ein gutes Beispiel. Alexander Edward, der sie 1896 baute, hatte von seinem Vater schon Benrinnes geerbt und war Mitbegründer von Craigellachie; schon 1898 kaufte er Oban dazu. 1913 war es dann mit der Selbständigkeit vorbei und es kam doch einer der Fünf, Dewar, zum Zug. Der Konzentrationsprozess brachte Aultmore über ihn, die DCL (1925), die SMD (1930) zu United Distillers, die nach der Fusion ihrer Mutter Guinness mit Grand Metropolitan die Brennerei an Bacardi verkauften – zusammen mit der großen und starken Marke *Dewar's White Label*. Seit 1971 gibt es vier *stills*. Das Wasser kommt vom Burn of Auchinderran.

 Aultmore gab es unter dem Namen des Lizenzträgers John & Robert Harvey, Glasgow, mit 12 Jahren. Ebenso alt war die Abfüllung in der »Flora & Fauna«-Serie, der dann noch eine in *cask strength* von 58.8% mit einem 1983 folgte. In der Reihe der »Rare Malts« gab es einen *Aultmore* von 1974 mit 21 Jahren und 60.9%. Ehe er von Balmenach kam, war auch der *Inverarity Ancestral* ein *Aultmore*.

 Die außerhalb von Keith an der B 9016 nach Buckie auf einer Anhöhe gelegene Brennerei war bisher nicht zu besichtigen, aber zumindest ihren Whisky kann man jetzt dort kaufen.

Balblair
[*bal-blair*]

Siedlung in der Ebene
Ross-shire
Edderton, bei Tain
OS 21 70/85
Tel. 01862-821 273
Besitzer: Inver House Distillers
In Betrieb

■■■　　　　　　　　　　　　　　　　　　　　　　　Highlands

 Nur wenig entfernt von Glenmorangie, etwas weiter landeinwärts am Dornoch Firth, liegt inmitten sanfter, als Weideland genutzter Hügel Balblair – in einer Gegend, die von alters her als »*parish of peat*« berühmt ist. Obwohl Barnard als Gründungsdatum 1790 nennt, was die Brennerei bereits zu einer der ältesten machen würde, hat auch die Jahreszahl 1749, die früher auf dem Fünfjährigen stand, einiges für sich. Die gegenwärtige Destillerie freilich stammt vom Ende des 19. Jahrhunderts. Einige ältere Gebäude werden als *warehouses* benutzt. Glücklichweise haben weder Allied Distillers noch Inver House, denen sie die Brennerei 1996 verkauften, wenig Anlaß gesehen, dort im Norden viel zu verändern. Balblair macht bis heute den properen Eindruck einer Anlage, wie sie im Bilderbuch steht. Sie hat mit am besten den Geist der *distiller* des 19. Jahrhunderts konserviert. Besonders gut kann man studieren, wie sie die Schwerkraft ausnutzten, um die gemälzte Gerste zum Mahlen und zum Maischen, die *worts* in die *washbacks* und dann die *wash* zu den Brennblasen zu transportieren. Das Wasser kommt von Ault Dreag Burn, von den drei *stills* arbeiten nur zwei: selbst die alte genietete *still*, obschon längst nicht mehr gebraucht, durfte stehen bleiben.

 Den erwähnten Fünfjährigen gibt es längst nicht mehr. Schon seiner Flasche waren die Verbindungen zum *Ballantine's* anzusehen. Der ist immer noch Hauptabnehmer. Daneben gab es immer, mit »Balblair Dist. Company« auf dem Label, als Lizenzabfüllung von Gordon & MacPhail einen 10jährigen mit 40 bzw. 57% und auch manchmal Jahrgangsabfüllungen (etwa 1957, 1964). Die neuen Besitzer haben einen *Elements* ohne Altersangabe und einen 16jährigen herausgebracht.

 Offiziell gibt es keinen Zugang, aber auch von außen ist Balblair ein lohnender Anblick.

BALMENACH
[*bal-ménach*]

Siedlung in der Mitte
Morayshire
Bei Cromdale und Grantown-on-Spey
OS 36 07/27
Tel. 01479-872 569
Besitzer: Inver House Distillers
In Betrieb

■□   Highlands (Speyside)

 Gleich zwei prominente Quellen gibt es für die lange Geschichte Balmenachs, die immerhin schon 1824 gegründet wurde. Zum ersten war Alfred Barnard auch hier zu Besuch und schildert, was er 1877 vorgefunden hat. Der zweite Zeuge ist Sir Robert Bruce Lockhart, der in seinem Buch »Scotch« der Brennerei ein ganzes Kapitel gewidmet hat (S. 32 – 45). Niemand war dazu berufener als er, ist er doch der Urenkel von James McGregor, ihrem Erbauer. Besonders stolz war Sir Robert, weil sein Ahn' auf einem Gebiet aktiv war, wo das Schwarzbrennen vielen Menschen ihr täglich Brot brachte. Die Geschichte von Balmenach ist allerdings bis auf die letzten Jahre gar nicht spektakulär verlaufen: 1930 übernahm SMD die Destillerie, die von 1941-1947 geschlossen war (um Militär zu beherbergen). 1962 wurde der Betrieb, der zu Füßen der Cromdale Hills nahe am Spey liegt und sein Wasser aus dem Cromdale Burn bezieht, auf vier *stills* (heute sind es sechs) erweitert, während die *floor maltings* aufgegeben wurden. Im Januar 1993 gehörte Balmenach zu den vier Destillerien, die United Distillers schlossen, um sie nur noch als Faßlager zu nutzen. Glücklicherweise wurde nichts abgrissen. Im Dezember 1997 wurde Balmenach von Inver House gekauft, die wenig später die Produktiuon wieder aufnahmen.

 Früher nur von den »Unabhängigen« zu bekommen, brachten United Distillers 1992 einen 12jährigen mit 43% in der »Flora & Fauna«-Kollektion heraus, der immer noch im Handel ist. Anders als von ihren Neuerwerbungen Balblair und Pulteney brachten die neuen Besitzer bisher noch keine Destillerie-Abfüllung heraus. Auch der *Deerstalker* und der *Inverarity Ancestral* sind *Balmenachs*.

 Besuche sind nicht möglich.

BALVENIE
[bal-vénie]

Siedlung des Glücks
Banffshire
Dufftown
OS 28 32/41
Tel. 01340-820 373
Besitzer: William Grant & Sons
In Betrieb

■■■ Highlands (Speyside)

 Das Wasser beziehen sie aus der gleichen Quelle mit dem schönen Namen *Robbie Dubh*, dem schwarzen Robert. Sie liegen, durch einen Bahndamm getrennt, fast nebeneinander. Sie benutzen die gleiche Gerste, die zum großen Teil noch von eigenen Farmen kommt. Und es sind die gleichen Männer, die die Arbeit tun. Dennoch ist ihr Whisky so grundverschieden, daß die Firma, der beide Brennereien gehören, früher den einen als Aperitif, den anderen als Digestiv empfahl (was natürlich ideal für den Umsatz war). Balvenie und ihre größere und berühmtere Schwester Glenfiddich sind die klassischen Beispiele dafür, daß bei allen Gemeinsamkeiten in der Herstellung jeder Malt eben doch von eigenem, unverwechselbaren Charakter ist. Balvenie, fünf Jahre nach Glenfiddich 1892 von den Grants gegründet, 1893 eröffnet und bis heute im Familienbesitz, benutzt freilich immer noch eigenes Malz, das in der traditionellen *kiln* gemälzt wird. Und sie besitzt auch ganz charakteristische *stills* mit einem eigenartigen zweiten Bauch über dem ersten, sonst üblichen, die sogenannten *Balvenie balls*. Acht gibt es von ihnen und längst kann sich die Firma jedesmal, wenn es notwendig ist, neue leisten. Die ersten kaufte der alte Major William *secondhand* von Lagavulin und Glen Albyn, ein sparsamer Mann, der die Destillerie mit seinen studierenden Söhnen im wahrsten Sinn des Wortes eigenhändig aus den Steinen des neuen Balvenie-Schlosses baute. Die Ruinen des alten haben sie glücklicherweise nicht angetastet, sie überragen noch heute majestätisch die große Anlage: immerhin die viertgrößte Whiskyfirma Schottlands und, was noch mehr zählt, immer noch in schottischem Besitz der Gründerfamilie.

 Von dem *Founders' Reserve* in der Cognac-Flasche und dem *Classic* (der in einer Kreuzung zwischen Armagnac- und Bocksbeutel-Flasche kam) haben die Marketing-Stars von Grants Abstand genommen und das 100jährige Jubiläum zu einem *relaunch* genutzt. Balvenie, für die Kenner schon immer einer der Größten, gibt es jetzt als 10 Jahre alten mit der alten Bezeichnung *Founder's Reserve*, 12jährig als *Double Wood* und 15jährig als *Single Barrel* in Faß-Stärke. Dafür wurde wieder eine schöne neue Flasche entwickelt, etwas gedrungener als die klassische Malt-Bottle und oben hübsch ausgelippt. Der 21 Jahre alte *Port Wood* kam später dazu; er ist rar und nicht immer zu bekommen. Auch mehrere *Vintages* als Einzelfaßabfüllungen sind bekannt (1961,1966, 1967). Zu bestimmten Anlässen gibt es sogar noch kleinere Stückzahlen; so hat sich der deutsche »Playboy« zu seinem 25. Jubiläum gerade 25 Flaschen abfüllen lassen, die verlost wurden.

Besuche sind nicht ganz unmöglich. Man sollte sich nicht davon abschrecken lassen, daß Glenfiddich eine der großen Touristenattraktionen des Landes ist; sie ist auch die einzige, die ihren Malt an Ort und Stelle abfüllt und ist trotz ihrer Größe immer noch eine der traditionellsten. Wer Balvenie sehen möchte, sollte einfach einen der *guides* von Glenfiddich fragen.

BANFF
[*banff*]

Bedeutung unsicher
Banffshire
Inverboyndie, bei Banff
OS 29 66/64

Abgerissen

Highlands

 Banff, das war die Destillerie mit der amüsanten Geschichte von den betrunkenen Kühen und Gänsen. Sie geht auf das weniger amüsante Bombardement zurück, mit dem ein deutscher Pilot am 16. August 1941 das *warehouse* Nr. 12 belegte. »Thousands of gallons of whisky were lost, either by burning or running to waste over the land...and so overpowering were the results that even farm animals grating in the neighbourhood became visibly intoxicated«, zitieren die »DCL Distillery Histories Series« ein Lokalblatt. Weder diese Story noch ihre Geschichte überhaupt (sie entstand 1863 als Nachfolgerin einer 1824 an anderer Stelle erbauten Anlage gleichen Namens) und auch nicht die Tatsache, daß sie immerhin das Londoner Unterhaus versorgt hatte, konnte sie davor bewahren, 1983 geschlossen und seitdem großenteils abgebaut zu werden. Damals gehörte sie der SMD, die sie schon 1932 übernommen hatte. Banff hatte zwei *stills* und verwendete Wasser von einer Quelle der Fiskaidly Farm.

 Von Banff sind keine Eigentümerabfüllungen bekannt. Überhaupt sind mittlerweile die Vorräte schon arg limitiert – *Banff* war immer nur selten zu bekommen, aber jetzt ist es dramatisch. Wer ihn noch sieht, sollte zugreifen: von Zeit zu Zeit kommt ein *Banff* in der »Connoisseurs Choice«-Serie von Gordon & MacPhail oder von anderen Unabhängigen wie Cadenhead oder Signatory. Die hatten 260 Flaschen, 18 Jahre alt, 1978 destilliert und 1997 mit 58.8% abgefüllt z. B. in ihrer fulminanten »Silent Stills«-Serie.

 Zyniker könnten befriedigt feststellen, daß nun endlich Schluss ist mit der Verwirrung. Banff ist zu – und niemand muß mehr, wenn er in die westlich von Stadt und Deveron an der B 9136 gelegene Destillerie will, nach der – Inverboyndie Distillerie fragen.

Ben Nevis
[*Ben Nevis*]

Schnee- oder Wolkenberg
Argyll
Lochy Bridge, bei Fort William
OS 41 12/75
Tel. 01397-700 200
Besitzer: Nikka Whisky Distilling (Japan)
In Betrieb

■ ■ ■   Highlands

 Daß sie den Namen des höchsten schottischen Berges, des majestätischen Ben Nevis, trägt und an seinem Fuß liegt, konnte die Schließung ebensowenig verhindern wie die Tatsache, daß sie 1825 von einer der (und man kann das ganz wörtlich nehmen) herausragendsten Figuren der Whiskygeschichte gegründet wurde. John Macdonald war nicht nur Nachfahre eines Königs von Argyll und Überlebender eines berühmten Geschlechtes. Er war so groß, daß man ihn den »Long John« nannte. Ein *Blended Scotch* erinnert heute noch an ihn. Seine Brennerei wurde in den zwanziger Jahren an Seager Evans verkauft, die dann von dem Brauerei-Riesen Whitbread übernommen wurden. Die vier *stills* wurden um *Coffey stills* ergänzt, das Wasser aus der Buchan's Well (heute kommt es von Coire an Ciste und Coire Leis) auch zur Herstellung von Grain Whisky verwendet. Malt und Korn Whiskies wurden sofort geblendet. Die Schließung 1986 setzte diesen Niedergang nur konsequent fort. Die Rettung kam aus Fernost: Nikka, im whiskyverrückten Japan eine Größe, benutzte die Gelegenheit, endlich eine »richtige« Destillerie zu bekommen und 1989 ihr Imperium von japanischen Brennereien mit einer schottischen zu schmücken. Heute wird wieder nur Malt destilliert.

 Ben Nevis gab es bis zur Übernahme durch Nikka nur von den Unabhängigen. Doch dann brachten die neuen Besitzer zuerst einige ältere Versionen (19 Jahre, 1972; 25 Jahre, 1966 und 1967) und die beiden 26 Jahre alten, den 1972/1988 (57.4%) oder den 1973/1999 (55.2%). 21 Jahre alt war eine *expression* in der Karaffe (60.5%), 51% hatte der 1998 abgefüllte 1966er. Permanent gibt es jetzt auch einen 10 Jahre alten, mit generösen 46%.

 Die Besichtigung ist ganzjährig möglich. Vor der Führung darf man ein Video über *Hector McDram* sehen, das zu den witzigsten gehört, die bei solchen Gelegenheiten gezeigt werden.

BEN WYVIS
[*ben wiewis*]

Benannt nach dem Berg
Ross-shire
Invergordon
OS 21 71/69

Besitzer: Invergordon Distillers
Abgerissen

■■■ Highlands

 Hoch und heilig hatten sie es immer wieder versichert, die Mitarbeiter von Invergordon, daß von ihrer Maltbrennerei am Cromarty Firth wirklich kein Faß übriggeblieben sei. Es bestand keine Hoffnung mehr, ihn jemals kosten (und Ben Wyvis in dieses Buch aufnehmen) zu können. Tatsächlich haben sie nicht gelogen, denn die Fässer, die 1999 in den *warehouses* der mittlerweile zu Jim Beam gehörenden Firma gefunden wurden, gehörten ihr wirklich nicht, sondern einem amerikanischen Investor, der sie 1968 gleich nach der Abfüllung gekauft hatte. Seine Kinder schrieben sie zur Auktion aus. Die Brennerei trägt einen berühmten Namen – nicht nur, weil sie nach dem großen Berg in ihrer Nähe benannt ist, sondern weil es schon einmal eine Anlage gleichen Namens gegeben hatte, in Dingwall, weiter landeinwärts am Firth. Sie wurde 1879 nicht weit von der Stelle gebaut, wo einst die berühmte Ferintosh Distillery stand, deren Ende schon Robert Burns beklagt hatte. 1926 wurde Ben Wyvis geschlossen. Invergordon benutzte den Namen wieder, als man 1965 inmitten ihres mächtigen Grain-Komplexes am Firth auch Malt machen wollte.

 Die Nachricht war eine Sensation – und ihr Auslöser war (wer sonst, ist man versucht zu sagen) kein anderer als Andrew Symington von Signatory, der schon *Glenflagler* und *Killyloch* entdeckt hatte. Er ersteigerte die fünf Fässer – um zu entdecken, daß zwei von ihnen leer waren. Die drei anderen füllte er am 25.2.2000 ab. Faß Nr. 685 ergab 191 Karaffen mit 51%, Faß Nr. 686 gerade 84 Karaffen mit 50.1% und Faß Nr. 687 immerhin noch 151 Karaffen mit 50.6%. Sie liegen, begleitet von einer Miniatur und einem Stück Faßholz, in edlen Holzkisten. Vor dieser Abfüllung hat es *Ben Wyvis* wenigstens einmal als Eigentümerabfüllung gegeben, offensichtlich nur in Kanada.

 Die beiden *stills* wurden 1977 abgerissen. Natürlich steht noch die an eine Raffinerie erinnernde Grain Distillery, kein besonders schöner Anblick.

BENRIACH
[*ben-ríach*]

Trister Berg
Morayshire
Longmorn, bei Elgin
OS 28 23/58
Tel. 01542-783 300
Besitzer: The Chivas and Glenlivet Group
In Betrieb

■■   Highlands (Speyside)

 Kurz vor der Wende zum 20. Jahrhundert wurden einige neue Brennereien gebaut, aber dem Boom folgte abrupt eine Rezession, die vor allem durch die spektakuläre Pleite der Pattisons verursacht wurde, die auch viele andere Firmen und Brennereien ins Verderben trieb. Benriach entstand in dieser Zeit. Kaum erbaut, wurde sie 1898 zunächst vom Nachbarn Longmorn übernommen, ehe sie 1900 schließen mußte. Erst 65 Jahre später wurde wiedereröffnet, unter der Regie von Glenlivet. Lange wurde ihr Malt nur für die Blends der Firma verwendet, auch nach der Formung der »Glenlivet Dist. Ltd.« und nach der Übernahme der Schotten durch den kanadischen Konzern Seagram. Der setzte ganz auf seinen *Glenlivet* und seinen *Glen Grant*, füllte manchmal auch einen *Longmorn* als Single Malt ab. Es dauerte lange, bis er sich auch an seine anderen »Kinder« erinnerte und auch den Malt aus Benriach als Herstellerabfüllung in der »Heritage Selection« verfügbar machte. Die mittlerweile immerhin acht *stills* zeigen ja, daß er durchaus begehrt ist. Das Wasser wird lokalen Quellen entnommen und das Malz wird zum großen Teil immer noch in den eigenen *floor maltings* erzeugt.

 Der *Benriach* von der Destillerie kommt mit 10 Jahren und 43%. Vorher gab es ihn nur von den Unabhängigen«, z. B. von Gordon & MacPhail einen 1981er und 1982er in der »Connoisseurs Choice«-Serie.

 Die Destillerie ist (noch?) nicht für Besucher geöffnet.

BENNRINNES
[*ben-rínnes*]

Spitzer Berg
Banffshire
Aberlour
OS 28 25/38
Tel. 01340-872 600
Besitzer: UDV
In Betrieb

■■■   Highlands (Speyside)

  »Welcome to the family!« begrüßten wir in der ersten Auflage dieses Buches den ersten *Benrinnes* in Destillerieabfüllung, der 1991 von United Distillers in der »Flora & Fauna«-Reihe auf den Markt gebracht worden war. Sie ist zwar nicht mehr leicht zu finden, aber immerhin ist sie offiziell noch nicht aus dem Programm gestrichen wie vieles andere, das der Fusion von Guinness und Grand Metropolitan bzw. deren Spirituosentöchter UD und IDV zu UDV zum Opfer fiel. Besucher, die von Aberlour kommend die A 95 an der 2. Abzweigung nach links verlassen (Achtung: die 1. führt nach Glenallachie) müssen heute keine Angst mehr haben, von Kühen (und einem Bullen) eingeschüchtert zu werden, wie es von früher berichtet wird. Benrinnes, am Nordabhang des großartigen Berges auf 250 Meter Höhe liegend, blickt auf eine lange Tradition zurück – sicher ist sie (als Lyne of Ruthrie) für 1835 nachzuweisen. Auf dem üblichen Weg – von Dewar über DCL und SMD – ist die Brennerei an die Guinness-Tochter gekommen; die Lizenz hatten bis 1992 A.& A. Crawford in Leith. 1966 wurde von drei auf sechs *stills* erweitert, mit denen eine nur hier angewandte Form der Dreifachdestillation praktiziert wird. Das Wasser kommt von den Scurran und Rowan Tree Burns.

  Der »Flora & Fauna«- *Benrinnes* enthält einen 15 Jahren alten Whisky mit 43% und er blieb die einzige Abfüllung, bis es auch eine in der »Rare Malts«-Kollektion gab. Die ist 21 Jahre alt, wurde 1974 destilliert und brachte noch 60.4% in die Flasche.

  Da UDV in der Umgebung in einigen Brennereien *Visitor Centres* haben, wird Benrinnes auch weiterhin nicht zugänglich sein.

BENROMACH
[ben-rómach]

Zotteliger Berg
Morayshire
Forres
OS 27 03/59
Tel. 01309-675 968
Besitzer: Gordon & MacPhail
In Betrieb

■■■   Highlands

 Benromach – das klingt nach einer Lage in den Bergen. Die Brennerei liegt aber, gleich hinter den Bahnschienen, am nördlichen Rand des Städtchens Forres, dessen Namen sie auch manchmal (sicher: 1907 – 1910) trug. Sie blickt auf eine traurig-lange Kette von Schließungen zurück, die gleich unmittelbar nach der Gründung 1898 durch einen Whiskyhändler aus Leith und den Brenner Duncan McCallum von der Glen Nevis Distillery in Campbeltown begann und 1983 ihr Ende fand, als die gerade zehn Jahre vorher restaurierte Anlage noch von der DCL zugemacht und dann vom neuen Besitzer UD im Inneren total abgebaut wurde. Glücklicherweise stellte es sich heraus, daß es nur ein vorläufiges Ende war. Denn es gelang der bisher nur als »unabhängiger« Abfüller bekannten Firma Gordon & MacPhail aus Elgin, die Anlage zu kaufen – ein glücklicher Kauf, weil sie die Brennerei schon viele Jahre vorher einmal besessen hatten. Ihre Pläne, sie wieder in Betrieb zu nehmen, wurden wahr: Am 15. 10. 1998, auf den Tag 100 Jahre nach ihrer Gründung, floß in Anwesenheit von HRH – Prince of Wales wieder Whisky aus den mittlerweile neuen *stills* – und sogar ein *Visitor Centre* wurde eröffnet.

 G&M hatten immer Bestände dieses Malts. Sie nahmen ihn z. B. in die Reihe »Centenary Reserve« auf, die sie zu ihrem 100. Geburtstag herausbrachten. Nach der Übernahme der Brennerei folgte zuerst ein 12jähriger, dann ein 15 Jahre alter und auch ein *vintage* von 1974 wurde angeboten. Die Wiedereröffnung wurde mit dem 17 Jahre alten *Centenary bottling* gefeiert, der aus drei sehr alten, 1886, 1895 und 1901 zum ersten Mal benutzten Sherryfässern kam, in denen er zwei Jahre nachreifen durfte. Vorbesitzer UDV haben auch noch Vorräte, ihr »Rare Malt« ist 19 Jahre alt und hat 63.8%.

 Das neue Besucherzentrum hat montags bis samstags jeweils von 9.30 bis 17.00 Uhr geöffnet. Im Sommer werden auch am Sonntag von 12.00 bis 16.00 Uhr Besucher empfangen.

BLADNOCH
[*blad-nóch*]

Blumiger Platz
Wigtownshire
Bladnoch
OS 83 42/54
Tel. 01988-402 605
Besitzer: Raymond Armstrong
In Betrieb

■   Lowlands

 Zwei Aspekte machen (außer ihrem Whisky natürlich) Bladnoch bemerkenswert: ihre Lage – und die vielen Hände, durch die sie, vor allem in den letzten dreißig Jahren, gegangen ist. Bladnoch, auf der abgelegenen, geschichtsträchtigen Halbinsel Machars in Galloway gelegen, ist bei weitem die südlichste Destillerie Schottlands. Sie war, 1817 von John und Thomas McClelland gegründet, im Familienbesitz, bis sie 1938 geschlossen wurde. Vorübergehend in nordirischem Besitz wurde sie 1956 von Bladnoch Dist. Co. wieder eröffnet, 1966 von zwei auf vier *stills* erweitert. 1973 kaufte sie Inver House Distillers, die sie bald wieder schlossen. 1983 war dann Arthur Bell am Zuge; es wurde renoviert. Bell wurde von UD übernommen, die zwar einen Single Malt in der »Flora & Fauna«-Reihe herausbrachten, die Brennerei aber loswerden wollten. 1991 scheiterte ein Verkauf an Gibson International, worauf die Brennerei geschlossen wurde. Schließlich erwarb der nordirische Unternehmer Raymond Armstrong Bladnoch, der zur großen Überraschung (und Freude) der Whiskywelt 1997 sogar die Lizenz für eine kleine Produktion erhielt und eine neue *mash tun* und zwei neue *stills* installierte.

 Die »F & F«- Abfüllung enthält einen 10 Jahre alten Malt mit 43%. Vorher gab es einen achtjährigen von Bell, der kaum mehr zu finden sein dürfte. Die Unabhängigen, von denen fast alle auch einen *Bladnoch* anzubieten hatten, überbrücken die Zeit, bis Armstrong-Malt kommen wird.

 Bladnoch liegt etwas außerhalb von Wigtown und südlich der Stadt am River Bladnoch, der ihr auch das Wasser lieferte. Das 1991 nach der Schließung (!) gebaute *Visitor Centre* ist nun täglich von 9.30 bis 17.30 Uhr geöffnet. Es bietet auch der lokalen Kunst- und vor allem Musikszene Raum.

BLAIR ATHOL
[*blair-aßoll*]

Ebene (oder Moor) von Atholl
Perthshire
Pitlochry
OS 52 94/57
Tel. 01796-482 003
Besitzer: UDV
In Betrieb

■■■ Highlands

 An Blair Athol kommt keiner vorbei – weil jeder dort vorbeikommen muß, der von Perth aus in den Norden will, ins Speytal, nach Killicrankie oder in das Schloss Atholl (mit Doppel-ll), wo der Duke die einzige Privatarmee auf britischem Boden halten darf (und sich die *Keeper of the Quaich* zu ihren Banketten treffen). Das Schloß liegt nördlich, die Destillerie südlich und gleich am Ortseingang von Pitlochry, dem bevölkerten, für seine Fischtreppe bekannten Touristenort an der A 9. Der Brennerei sieht man nicht an, daß sie erst 1949 in der jetzigen Form errichtet wurde, so stilsicher haben Arthur Bell & Sons gebaut, die Blair Athol 1933 (zusammen mit Dufftown) übernommen und erst einmal stillgelegt hatten. Die Geschichte des Hauses reicht aber über 1826, als die Vorgängerin der jetzigen Anlage errichtet wurde, sogar bis 1798 zurück. Heute gibt es vier *stills*, das Wasser kommt vom Ben Vrachin; Aelt Dour (d.h. Otterbach) heißt das Gewässer, das in den River Tummel fließt.

 Die Bells lieferten einen 8 Jahre alten Malt, der kaum noch erhältlich ist. Dann kam in der »Flora & Fauna«- Serie ein 12jähriger mit 43%, dem ein mit dem gleichen Otter geschmückter *cask strength* von 1981 und mit 55.5% folgte. Das 200. Jubiläum der Brennerei wurde 1998 mit zwei Abfüllungen gefeiert, einer 12jährigen *Commemorativ Limited Edition* und dem 18 Jahre alten *Bicentenary* mit 56.7%. Bei den »Rare Malts« ist Blair Athol mit einem 1981er mit 55.5% vertreten.

 Es gab schon bisher attraktive Angebote für Besucher: Führungen, einen Shop, ein Café. Nach dem Umbau im Sommer 1992 ist alles noch großzügiger. Geöffnet ist während des ganzen Jahres vom Montag bis Samstag 9.30 bis 17.00 Uhr; von Ostern bis Oktober auch sonntags von 12.00 bis 17.00 Uhr. Im Ort gibt es übrigens Robertson's, der eine sehr anständige Auswahl von Malts führt.

Bowmore
[bou-mór]

Großes Riff
Argyll
Bowmore, Isle of Islay
OS 60 31/60
Tel. 01496-810 671
Besitzer: Morrison Bowmore Distillers

■■■■   Islay

 Stolz hat man 1979 eine kostbar aufgemachte Abfüllung zum »Bicentenary« auf den Markt gebracht – beansprucht man doch, die älteste noch arbeitende Destillerie Schottlands zu sein – und ist mit Sicherheit die älteste noch arbeitende legale Destillerie der Whiskyinsel. Tradition wird also groß geschrieben: man leistet sich eine eigene Mälzerei mit *floor maltings* und bezieht das Wasser immer noch aus dem in Torfland entspringenden River Laggan. Seit Stanley Morrison 1963 die wie ein Bollwerk in der Bucht von Loch Indaal [*in-dohl*] am Rand der »Hauptstadt« der Insel gelegene Anlage übernommen und zum Flaggschiff von Morrison Bowmore Distilleries ausgebaut hat, setzt man aber auch auf Modernität: durch eine revolutionäre Heizungsmethode etwa, ein vorbildliches, einladendes *Visitor Centre* und ein in ein ehemaliges Lagerhaus eingebautes öffentliches Hallenschwimmbad. Seit Juli 1994 gehört Bowmore dem japanischen Großkonzern Suntory – ein Engagement, das anfangs auf viel Skepsis stieß, sich im Rückblick aber als sehr segensreich, weil zukunftssichernd herausgestellt hat. Daß Suntory für sein Insel-Juwel sorgt, kann man schon an den immer strahlend weiß getünchten Faßaden der Gebäude sehen. Bowmore hat zwei bedeutende Persönlichkeiten hervorgebracht: die *distillery cat* Smoky, die bei einer Wahl unter die schönsten sieben Katzen des Vereinigten Königreiches gekürt wurde, und James »Jim« McEwan, der einst als Küferlehrling begann, dann Manager »seiner« Brennerei wurde und nun seit einiger Zeit als Botschafter Bowmores und des Malt überhaupt seine Zuhörer auf der ganzen Welt bezaubert mit seinem Charme und dem Charisma, mit dem er die Vortrefflichkeit »seines« Malt darzustellen und seine Aromen durch die Kraft seiner Poesie (»rollen über die Geschmacksknospen wie die Wellen von Loch Indaal an einem Maimorgen«), zu vermitteln vermag.

 Die alte bauchige Flasche mit dem 12jährigen wurde durch die klassische Flaschenform ersetzt, die ein elegantes durchsichtiges Etikett hat. Neben dem erwähnten Jubiläumswhisky gab

und gibt es immer wieder Jahrgangsabfüllungen von älteren Malts – so zahlreich, daß es unmöglich ist, den Überblick zu behalten. Die »Basis-Reihe« besteht aus dem *Legend* und dem *Surf* ohne Altersangabe, dem 12jährigen, dem 15 Jahre alten *Mariner*, dem Klassiker mit 17 Jahren (nach Meinung von Jim McEwan der perfekteste *Bowmore*) und einem 21jährigen. Auch noch ältere Versionen gibt es, mit 22, 25 oder 30 Jahren, oft, wie der *Seadragon*, in wertvollen Steingutgefäßen. Damit nicht genug. Den Wert von Sondereditionen hat man in Bowmore schon mit dem *Bicentenary* entdeckt, aber erst der 30 Jahre alte *Bowmore*, der erste, der unter der Regie von Brian Morrison entstand, und vor allem die drei Editionen des *Black Bowmore* von 1993, 1994 und als *final edition* von 1995 mit jeweils etwa 2000 Flaschen (zu Sammlerstücken geworden, haben sie es zum Teil auf mehr als DM 3.000 gebracht), markierten eine neue Epoche in der Malt-Vermarktung. Ihnen folgte ein 40jähriger zu etwa DM 12.000 (in dem Preis ist ein Wochenende in Bowmore enthalten) und im Sommer 2000 ein 38 Jahre alter *Bowmore*, destilliert 1957 und abgefüllt 1996. An der Farbe des *Black Bowmore* orientierte sich der sherryfaßgelagerte *Darkest*; der *Cask Strength* hatte 56%. Dann entdeckte man die *finishings* und landete mit dem limitierten *Claret* auch sogleich einen Hit. Ihm ähnlich ist der *Voyage*, der ebenfalls keine Altersangabe hat, 56% in die Flaschen bringt und von dem es wiederum nur 12.000 Flaschen gibt. Dagegen ist der *Dusk* (50%) nicht limitiert; er reifte in Bordeaux-Fässern nach (Bowmore-Besitzer Suntory gehört dort Château Lagrange) und zwar sogar sechs Monate länger als der *Claret*.

Der von Christine Logan charmant geführte Shop ist werktags von 9.00 bis 16.00 Uhr (im Sommer auch an Samstagen) geöffnet. (Gruppen-)Besuche am Abend oder am Wochenende sind nach telefonischer Absprache möglich. Der Saal, in dem der abschließende Schluck gereicht wird, dient auch der Bevölkerung für viele Veranstaltungen.

Braes of Glenlivet (Braeval)

[bräs, brävál]
Hang am Tal des Livet
Banffshire
Chapeltown of Glenlivet
OS36 24/20
Telefon: 01542-783 342
Besitzer: The Chivas & Glenlivet Group

Highlands

Die Probleme sind also überwunden, es gibt den Whisky. »Cadenhead«, schrieb ich in der letzten Auflage, »hat längst mindestens ein Faß und möchte gerne abfüllen, hat aber Rechtsprobleme, angeblich, weil Seagram eine Verwechslung mit ihrem *Glenlivet* fürchtet«. Die Gefahr ist gebannt: Ihre Besitzer haben die erst 1973/74 als Schwester von Allt A' Bhainne gebaute Brennerei kurzerhand umbenannt. Sie firmiert jetzt unter Braeval. Eine offizielle Abfüllung dieses Namens indes gibt es noch nicht. Braeval ist eine sehr moderne Destillerie, was die Gründer freilich nicht gehindert hat, liebevolle Zitate alter Gebäude anzubringen. Wenige Mitarbeiter genügen, weil der Produktionsablauf vollautomatisch gesteuert wird. Andrerseits gibt es Pagoden, auch wenn sie nicht gebraucht werden, weil das Malz natürlich von großen *maltings* bezogen wird. Und die mittlerweile sechs *stills* (ursprünglich waren es nur drei) sind exakte Kopien von Strathisla.

Es gibt keine Eigentümerabfüllungen. Von den Unabhängigen waren die Symington-Brüder von Signatory (Brian hat die Firma mittlerweile verlassen) die schnellsten. Unsere Abbildung zeigt die erste jemals von Braes of Glenlivet abgefüllte Flasche. Sie enthält einen 15jährigen mit 43% aus dem Sherryfaß, dem kurz darauf ein *cask strength* mit 60% (1979/95) folgte. Für Dieter Kirsch füllten sie einen 15jährigen ab. Danach kam Cadenhead mit einem 1987 destillierten *Braes* mit 62,7%. Von den Hart Brothers gibt es eine Version aus dem Madeira-Faß.

Die sehr abgelegene Brennerei kann nicht besichtigt werden.

BRORA
(ehemals: Clynelish)
[*brora*]

Flußbrücke
Sutherland, Brora
OS 17 89/05
Tel. 01408-623 010
Besitzer: UDV
Geschlossen

■■■■   Highlands

 Nein, die Abbildung ist kein Versehen: die Flaschen kommen wirklich aus Brora. Oder aus Clynelish (siehe dort). Um die Verwirrung (hoffentlich) zu beseitigen und das Geheimnis zu erklären, muß Geschichte referiert werden. Es war der Marquis und spätere Herzog von Sutherland, der, um die soziale Situation (von ihm selbst!) zwangsumgesiedelter Bauern zu verbessern, 1817 zuerst eine Brauerei, dann 1819 eine Brennerei baute. Sie ging 1896 an James Ainslie, der Bankrott machte. 1930 übernahm die SMD, schloß die Anlage, die immer noch Clynelish hieß, in den Jahren 1931–1938 und vom Mai 1941 bis November 1945. 1967 entschloss man sich zum Bau einer neuen Destillerie, die zwei Jahre später eröffnet wurde – und auch Clynelish genannt wurde. Dafür taufte man die alte in Brora um, legte sie im Eröffnungsjahr der neuen still, eröffnete aber bald wieder, um die beiden *stills* nach mehreren kurzzeitigen Unterbrechungen 1983 endgültig dichtzumachen. Was bis 1969 aus ihnen floß, heißt Clynelish. So heißt aber auch der Whisky aus der neuen Anlage – und kurze Zeit trugen beide Malts den gleichen Namen. Brora kann also nur heißen, was zwischen 1970 und 1983 in der alten, umgetauften Destille hergestellt wurde.

 Zuerst gab es einen *Brora* nur von der Scotch Malt Whisky Society, dann brachten Gordon & MacPhail in der »CC«-Serie einen 1982er. Von ihnen kamen auch der oben gezeigte 12jährige (40 und 57%); sie werden von ihnen unter dem Namen des Lizenzinhabers abgefüllt und sind nicht sicher zuzuordnen. UDV selbst haben bei den »Rare Malts« (mindestens) vier Versionen herausgebracht: Sie wurden 1972 (60.02% und 58.7%), 1975 (59.1%) bzw. 1977 (56.7%) destilliert

 Der Komplex Brora/Clynelish hat ein *Visitor Centre*, das von Montag bis Freitag jeweils 9.30 bis 16.30 geöffnet ist.

BRUICHLADDICH
[*bruich-laddie*]

Ecke am Strand
Argyll
Bruichladdich, Isle of Islay
OS 60 26/61
Tel. 01496-850 221
Besitzer: Invergordon Distillers
Geschlossen

■■   Islay

 Seit der Schließung der Lochindaal Distillery (die heute zum Teil Jugendherberge ist, zum Teil von der Islay Creamery genutzt wurde), ist Bruichladdich die westlichste Brennerei Islays und damit Schottlands. Malerisch am Loch gegenüber von Bowmore und mit reizvollem Blick (*weather permitting*) darauf gelegen, ist sie auch die einzige auf der Insel, die nicht direkt am Meer ist – aber mehr als eine schmale Straße trennt sie auch nicht vom Wasser und dem längst nicht mehr benutzten Landesteg. Es wurde schon lange nicht mehr gemälzt, aber die gusseisernen Braukessel aus der Zeit der Gründung, die 1881 durch die Familie Gourlay Harvey erfolgte, waren bis 1995 noch in Gebrauch. 1975 wurde sie von zwei auf vier *stills* erweitert. Sie war schon öfter geschlossen (z. B. 1929 – 1937) und auch schon einmal in amerikanischem Besitz, und auch die neue amerikanische Mutter von Invergordon, JBB (Jim Beam Brands) hatte große Eile, sie sofort nach der Übernahme 1995 stillzulegen. 1998 gab es eine kurze Produktionsphase, aber sie diente nur dazu, Käufer anzulocken – bislang ohne Erfolg.

 Den fünfjährigen gibt es längst nicht mehr, dafür aber 10, 15 und 21 Jahre alten Whisky. Kurzfristig gab es auch einen 17jährigen. Schon vor einiger Zeit kamen zuerst ein 25jähriger, dann ein 26 Jahre alter und schließlich ein 27jähriger mit 45% auf den Markt, die zusammen mit Malts von Dalmore, von Jura, von Tamnavulin und von Tullibardine zur – extrem teuren – »Stillman's Dram«-Serie gehören. Auch der von Invergordon unter der Verballhornung *Druichan* in der Serie »The Malts of Scotland« herausgebrachte 10jährige Malt ist ein *Bruichladdich*, wie übrigens auch der *Loch Indaal*.

 Das Tor ist werktags immer offen, aber Besucher macht das abweisende *Strictly business only* am Tor überdeutlich, daß sie nicht mehr willkommen sind.

Bunnahabiḷḷin
[*bunna-héven* oder *bunna-háven*]

Mündung des Flußes
Argyll
bei Port Askaig, Isle of Islay
OS 60 42/73
Tel. 01496-860 646
Besitzer: The 1887 Group
In Betrieb

■ ■ □   Islay

 Gar nicht so unaussprechlich also, wie es sich zunächst liest: der Name weist darauf hin, daß die Brennerei an der nordöstlichen Spitze der Insel dort liegt, wo der River Margadale ins Meer fließt. Bevor dort, etwa drei, vier Meilen nördlich des Fährhafens Port Askaig, gegenüber von Jura, gebaut wurde, war die Gegend unbewohnt, weshalb auch Häuser für die Arbeiter, den Direktor und den *excise man* errichtet werden mußten. 1887 vereinigte man sich mit W. Grant von Glenrothes-Glenlivet, woraus die Highland Distillers wurden, die Besitzer waren, bis sie 1999 von der neuen Firma, hinter der die Edrington Group und William Grant & Sons von Glenfiddich stehen, übernommen wurden. 1963 wurden den zwei birnenförmigen *stills* zwei neue hinzugefügt. Daß der Stoff weniger *peaty* schmeckt als andere Islays, erklärt man sich damit, daß das Wasser über eine Pipeline von den Margadale Hills kommt, also weniger mit Torf in Berührung kommt. Auf dem Label sieht man einen Seebären und einen Hinweis auf »Westering home«, sozusagen die Nationalhymne von Islay, der Insel, wo man »den Sorgen *goodby* sagen kann«.

 Zum Jubiläum gab es einen 1981 im Decanter. Seit einiger Zeit ist der Whisky leicht zu finden, 12 Jahre alt (43%), in einer gedrungenen Flasche, deren Etikett einen salutierenden Seemann zeigt, was an die Ballade »Westering Home« erinnern soll, die so eine Art Corporate Identity abgibt. Ähnlich aufgemacht ist der 1963er *vintage*. Ein 1968 gehört zu der (bisher nur aus zwei Malts) bestehenden Kollektion »Family Silver«.

 Besucher sind willkommen. Nach den Zeiten für die Führungen sollte man sich telefonisch erkundigen. Ein Informationszentrum gibt es jetzt auch und man kann auch garantiert erholsam gelegene Ferienwohnungen buchen.

Caol Ila
[*kall-íela*]

Sund von Islay
Argyll
bei Port Askaig, Isle of Islay
OS 60 42/70
Tel. 01496-302 761
Besitzer: UDV
In Betrieb

 Islay

Dieser Malt war lange ein Geheimtip und sehr schwer zu bekommen. Er ist ein erfreulicher Beweis dafür, wie sehr sich die Chancen der Maltliebhaber verbessert haben, an den gesuchten Stoff zu kommen. Ein »*collector's item*« nannte ihn Prof. McDowell und Michael Jackson schrieb: »immer eine Probe wert, wenn man ihn bekommt«. Nicht einmal in der Destillerie gelang das immer – wenn man den schmalen Weg dorthin gefunden hatte, der von der Straße von Bridgend zum Fährhafen Port Askaig abzweigt. Caol Ila liegt unmittelbar an dem reißenden Sund, nach dem sie benannt ist, nördlich von dem Flecken, den eine Pendelfähre mit dem nur fünf Minuten entfernten Jura verbindet und von dem die CalMac-Fähren nach Kennacraig aufs Festland in See stechen – oft beladen mit dem Whisky von Caol Ila. Seit sie 1974 von zwei auf sechs *stills* vergrößert wurde (wobei ein nicht besonders schöner, aber funktioneller Neubau die alten Gebäude ersetzte) hat die 1846 errichtete Destillerie einen recht großen Ausstoß, der freilich immer noch überwiegend in die Blends von UDV geht, vor allem in die von Bulloch Lade, die Caol Ila 1863 gekauft hatten. Das Wasser kommt von Loch nam Ban.

 Italien hatte einen 12 und einen 15jährigen *Caol Ila*. Sonst gab es nur die Unabhängigen, aber dann wurde er Teil der »Flora & Fauna«-Kollektion: 15 Jahre, 43% und von 1981 in *cask strength* mit 63.8%. Nur den Mitarbeitern vorbehalten war eine Abfüllung zum 150. Geburtstag der Brennerei, dafür waren UDV mit ihren »Rare Malts« großzügig. Fünf Abfüllungen gab es, die indessen nur wenig voneinander abwichen (1975, 20 Jahre, 61.12%; 1975, 20, 61.18%; 1975, 21, 61.3%; 1977, 20, 61.3% und 1997, 21, 61.3%).

 Es gibt einen kleinen Shop und auch regelmäßige Führungen, nach deren Zeiten man sich aber besser telefonisch erkundigt.

CAPERDRONICH
[*kaper-dónich*]

Geheime Quelle
Morayshire
Rothes
OS 28 27/49
Tel. 01542-783 302
Besitzer: The Chivas and Glenlivet Group
In Betrieb

■ ◨   Highlands (Speyside)

 Sie liegen sich gegenüber, Caperdronich und Glen Grant, getrennt nur durch eine schmale Straße – und eigentlich nicht einmal das. Denn lange Zeit gab es eine Pipeline, die die beiden Destillerien verband und den *make* von Caperdronich zur größeren und älteren Schwester fließen ließ. Auch das Wasser haben sie gemeinsam (eine »caperdonich well« – gälisch für geheime, verborgene Quelle) sowie den Gründer und auch den heutigen Besitzer: Lange sprach man deshalb auch von »Glen Grant 2«. 1897/98 wurde sie von J. & J. Grant errichtet, aber schon 1902 im Zeichen der Rezession wieder geschlossen. Erst 1965 wurde wieder eröffnet, zwei Jahre später von zwei auf vier *stills* erweitert. Alles ist sehr modern, zwei Leute können die Anlage fahren; nur die Brennblasen sind alt. 1977 übernahm der kanadische Konzern Seagram das Zepter (und behält nach wie vor fast allen *Caperdonich* für seinen *Chivas Regal* selbst).

 Erhältlich nur von den Unabhängigen. z. B. gab es einen 23 Jahre alten von Cadenhead oder einen 1968er als »Connoisseurs Choice« von Gordon & MacPhail. Signatory hat ihn u.a. in den Serien »Sailing Ships« und »Dun Eidean« und in der »Millenium 2000 Edition«.

 Caperdronich ist nicht zu besichtigen, Besucher müssen sich mit der gegenüberliegenden Glen Grant Nummer 1 zufriedengeben, die dafür umso gastfreundlicher ist.

CARDHU
[*kar-dú*]

Schwarzer Fels
Morayshire
Upper Knockando, bei Aberlour
OS 28 18/43
Tel. 01340-872 555
Besitzer: UDV
In Betrieb

■■■   Highlands (Speyside)

 Manchmal liest man auch Cardow. Das war der Ort, bis man ihn 1981 so taufte, wie der Whisky (fast) schon immer hieß: Cardhu. Beides bedeutet das Gleiche und wird auch genauso ausgesprochen. Damals gehörte die Brennerei schon (bereits seit 1893) John Walker und blickte auf eine Geschichte zurück, die 1824 an etwas anderer Stelle begonnen hatte, als John Cumming und seine Frau (illegal) zu destillieren anfingen. 1884 wurde der zu groß gewordene Betrieb verlegt; das alte Equipment kaufte ein gewisser William Grant, um in Dufftown in einer Brennerei namens Glenfiddich mit der Arbeit beginnen zu können. Heute gehört Cardhu, die seit 1961 sechs *stills* hat und ihr Wasser aus den Mannoch Hills bezieht, UDV und ist eines ihrer Flaggschiffe: ein Whisky, der weltweit vermarktet wird und zu einem der bekanntesten Single Malts aufgebaut wurde. Er war lange der einzige, den UD, die Vorgänger von UDV, so herausstellten. Das stand Anfang der Neunziger Jahre mit am Beginn der Malt-Revolution, zu der auch, als Gruppe, die sechs »Classic Malts« und die »Flora & Fauna«-Serie gehörten und die dazu führte, daß heute praktisch von jeder Brennerei ein Single zu bekommen ist.

 Cardhu wird seit langem in einer unverwechselbaren Karaffe verkauft, die mit einem großen Stöpsel verschlossen ist. Er ist 12 Jahre alt (je nach Markt mit 40% oder 43%). Eine neue Ausstattung mit einem maronenfarbenen Etikett brachte auch eine etwas kleinere, zierlichere Flasche. In Italien findet man ihn auch fünfjährig. Der »Rare Malt« ist von 1973, 25 Jahre alt und hat 60.5%. Bei Cadenhead gab es manchmal einen *Cardow*.

 Natürlich hat eine so prominente Brennerei, die so spektakulär, hoch über dem Spey und zudem an dem (von Automobilclub eingerichteten!) »Whisky-Trail«, liegt, ein *Visitor Centre*. Es ist (von Mai bis September auch samstags) von 9.30 – 16.30 Uhr geöffnet. Am Sonntag: *by appointment*.

Clynelish
[klein-liesch]

Steiler Berg
Sutherland
Brora
OS 17 89/05
Tel. 01408-623 000
Besitzer: UDV
In Betrieb

■ ■ ■   Highlands

 Die (heute) Clynelish genannte Destillerie wurde erst 1967/8 gebaut und im Jahr darauf eröffnet. Sie entstand unmittelbar neben einer schon sehr alten Brennerei, die bis dato den gleichen Namen getragen hatte, mit der Eröffnung des Neubaus jedoch auf den Namen der nächsten Ortschaft, also Brora, umgetauft wurde (siehe auch dort) und seit 1983 wohl für immer geschlossen ist. Beider Wasser kam aus dem Clynemilton Burn, beider Lizenz gehört Ainslie & Heilbron, Glasgow – und beide sind, sieht man von Pultney ab, die nördlichsten Brennereien auf dem Festland. Sie gehören heute zur Portfolio von UDV, der Tochtergesellschaft des aus Guinness und Grand Metropolitan gebildeten Giganten Diageo. Anfang der Neunziger, im Zuge der besseren Verfügbarkeit von Single Malts, wurde auch *Clynelish* in die »Flora & Fauna«- Reihe aufgenommen. Und im Gefolge der Entdeckung, daß sich Touristen auch für die Produktion von Malt Whisky interessieren, entschloss man sich sogar zum Bau eines *Visitor Centre*.

 Wie schon (bei Brora) beschrieben, ist der neue 14 Jahre alte Whisky mit dem »Flora & Fauna«-Etikett nun eindeutig als Produkt der neuen Clynelish Distillery zu identifizieren wie auch der *cask strength* von 1982 mit 57,7%, während die von Gordon & MacPhail unter dem Lizenznamen angebotenen Flaschen (12 Jahre, 40 bzw. 57%) nicht sicher zuzuordnen sind. Ebenfalls aus der neuen Anlage kommen die beiden »Rare Malts« von UDV, die beide 1972 destilliert, aber mit 22 (58,95%) bzw. 24 Jahren (61,3%) abgefüllt wurden.

 Die in der beliebten Golf- und Angelregion nördlich von Brora gelegene Brennerei ist in den Monaten März bis Oktober jeweils Montag bis Freitag von 9.30 – 16.30 Uhr geöffnet. Die Führung schließt leider eine Besichtigung der schönen alten Gebäude der älteren Schwester nicht ein.

COLEBURN
[*kohl-börn*]

Bach an der Ecke
Morayshire
Coleburn, bei Elgin
OS 28 24/55
Besitzer: UDV
Geschlossen

Highlands (Speyside)

 Coleburn hat nie viel von sich reden gemacht, weder durch besondere historische Ereignisse noch durch Aufsehen, das ihr Whisky erregt hätte: Er war immer schwer erhältlich und höchstens in den sogenannten Händlerabfüllungen der »Unabhängigen« zu bekommen. Vielleicht verschwindet er bald ganz. Denn die Brennerei ist schon seit 1985 *silent* (nachdem die Mälzerei schon 1968 eingestellt wurde) und man hat leider immer noch nichts darüber gehört, ob UDV, nachdem uns schon UD vergeblich hoffen ließen, nicht auch in diesem Falle ein Einsehen zeigen (oder besser: neue Absatzmöglichkeiten finden). Viele andere, zwischen 1983 und 1985 geschlossene Destillerien wurden ja glücklicherweise wieder zum Leben erweckt! Dagegen spricht freilich, daß schon UD die Lizenz löschen ließen, und auch die geringe Größe von Coleburn, die 1897 gebaut wurde, kurz mit Clynelish vereinigt war und über John Walker zur DCL kam. Die Lizenz besaßen J. & G. Stewart – ein Indiz dafür, daß Coleburn für die berühmten Blends von Usher verwendet wurde und wird.

 Nur spärlich und nur von den Unabhängigen erhältlich, manchmal als »Connoisseurs Choice«, z. B. mit einem 1972er von Gordon & MacPhail, 12jährig und mit 43% von MacArthur. Signatory hat zwei Abfüllungen, 1983 destilliert und 1997 bzw. 1998 mit 43% abgefüllt.

 Coleburn sieht so aus wie zur Zeit der Gründung. Es liegt, in der Nähe eines *standing stone*, ziemlich genau in der Mitte zwischen Elgin und Rothes fast direkt an der A 941, gleich an der aufgelassenen Bahnlinie.

CONVALMORE
[*konval-mór*]

Groß-Conval
Banffshire
Dufftown
OS 28 32/41

Besitzer: William Grant & Sons
Geschlossen

■ ◨   Highlands (Speyside)

 Wenn man, überwältigt von einem so kleinen Ort mit einer so großen Zahl an Destillerien, Dufftown in nördlicher Richtung verlässt, um sich vielleicht im Craigellachie Hotel an der sensationellen Quaich Bar zu erholen, stößt man – doch noch auf eine Destillerie. Convalmore ist von den acht (oder zehn?) ortsansässigen wahrscheinlich die unbekannteste. Dabei hat sie für die größte Aufregung gesorgt: Am 29. Oktober 1909 brannte die 1893/94 errichtete Anlage fast vollständig ab – ein bis heute nicht vergessenes Ereignis, vor allem, weil, wie die Lokalzeitung berichtet, »to add to the other discomforts, snow commenced to fall, and the effect of the burning buildings on the white landscape provided a striking picture«. Damit nicht genug des Unglücks: in den folgenden Jahren experimentierte man mit kontinuierlicher Destillation, gab es aber bald wieder auf. Die Brennerei wurde noch von der DCL bzw. ihrer Tochter SMD 1964 auf vier *stills* erweitert. Sie kam mit allen anderen DCL-Destillen 1987 zu Guinness' UD, die sie sehr schnell schlossen und sie später, vollkommen leer geräumt, an William Grant & Sons verkauften, die sie heute nutzen, um in ihren Lagerhäusern Whisky aus ihren benachbarten Brennereien Glenfiddich, Balvenie und Kininvie reifen zu lassen. Convalmore bezog – wie Mortlach – ihr Wasser aus den Conval Hills und umfaßte auch eine Tierfutterfabrik.

 Nur (und nicht häufig) bei den Unabhängigen: zur Zeit gibt es nur einen 1981 gebrannten Whisky in der »Connoisseurs Choice«-Reihe von Gordon & MacPhail, einen 1983 destillierten *Convalmore* mit 43% von Signatory und einen gleich starken 15jährigen aus dem gleichen Jahr von Ian McLeod.

 Convalmore ist – seit 1985 – geschlossen und selbst der Namenszug, der früher von einem der Dächer grüßte, ist kaum mehr zu lesen.

47

CRAGGANMORE
[kràggan-mór]

Große Felsen
Banffshire
Cragganmore, bei Ballindalloch
OS 28 16/36
Tel. 01807-500 202
Besitzer: UDV
In Betrieb

■■■■☐   Highlands (Speyside)

 Bevor er den verdienten Platz unter den sechs »Classic Malts« von UD erhielt, wo er glanzvoll die Speyside repräsentiert, galt Cragganmore unter Kennern als der große Unbekannte – mit Betonung auf beiden Worten. Seine Größe verdankt er vielleicht seiner Geschichte, vielleicht aber auch der besonderen Technik. Gegründet wurde die Brennerei nahe der Stelle, wo Spey und Avon sich treffen, von keinem Geringeren als John Smith, der in Macallan gearbeitet, die neue Glenlivet-Anlage gebaut und Glenfarclas gemietet hatte, ehe er hoch über dem Fluß und (was ihm wichtiger war) direkt an der Eisenbahn diese Brennerei baute. Es war (und ist) eine kleine Destillerie, auch wenn sie seit 1964 vier *stills* hat, und sie benutzt noch immer die eigenartigen, T-förmigen *pipes* mit den zwei Kondensatoren am Kopf der Brennblasen. Auch die Nachfolger Smiths – White Horse Distillers seit 1923, später die DCL, danach UD und jetzt eben UDV – haben sie nicht verändert. Das Kühlwasser kommt aus dem Spey, das *process water* aus dem Craggan Burn.

 In der »Classic Malts«-Serie vertritt *Cragganmore* mit 12 Jahren und 43% hervorragend die Speyside. Wie von seinen »Stallgenossen« gibt es auch von ihm eine »Distiller's Edition«, einen Malt, der, 1984 destilliert, sein *finishing* im Portweinfaß erhielt. Schon vorher gab es ihn unter dem Namen des Lizenzträgers D. & J. McCallum, ebenfalls 12jährig, aber mit 45,7%. Bei den Unabhängigen ist er selten zu sehen, am ehesten noch bei Gordon & MacPhail.

 Die Eisenbahn ist längst wieder abgebaut und zu einem wunderbaren, auch fahrradtüchtigen Wanderweg, dem Speyside Way geworden – eine schöne Art, sich den Brennereien zu nähern. Cragganmore hat kein *Visitor Centre*, empfängt, nach telefonischer Anmeldung, aber durchaus Besucher.

CRAIGELLACHIE
[*kreg-e-láchie*]

Berg der Felsen
Banffshire
Craigellachie
OS 28 29/44
Tel. 01340-881 212
Besitzer: Bacardi
In Betrieb

■■■□   Highlands (Speyside)

 Der Ort Craigellachie liegt am Schnittpunkt von drei Straßen und wenn der Whiskyfan von der Suche nach den fünf Destillerien in Rothes oder den mindestens acht in Dufftown oder den vier in Keith ermattet ist, findet er in Craigellachie an den Ufern des von einer schönen alten Brücke überspannten Spey ein wunderbares, etwas altmodisches Hotel, wo er (bei einer Tasse Tee vielleicht, zur Abwechslung, aber es gibt auch eine hervorragend sortierte Bar) ausruhen – und Kraft schöpfen kann für die Besichtigung zweier weiterer Brennereien: Macallan auf der linken Seite des Spey und Craigellachie auf der rechten. Letztere ist sehr unbekannt, ging doch fast die gesamte Produktion in Blends, vor allem in den *White Horse*, dessen Schöpfer, der genialisch-besessene Peter Mackie 1891 zum Gründerkonsortium gehörte. Ab 1916 war er Alleinbesitzer und mit seiner Erbschaft kam sie zur DCL. Der Name White Horse ziert unübersehbar die weißen Mauern (was die FAZ zu dem hübschen Fehlschluss brachte, der Blend würde hier, wirklich, destilliert!), aber sie gehören heute den Rum-Königen, sie zusammen mit der Marke *Dewar's White Label* und vier Brennereien von UDV erwarben. Bei der Renovierung 1964/5 wurde sie auf vier *stills* erweitert. Das Wasser kommt nicht mehr vom Hill of Little Conval, sondern vom Blue Hill.

 Wenn überhaupt, war dieser »Herzmalt« von *White Horse* nur von den Unabhängigen zu erhalten, ehe es eine »Flora & Fauna«- Abfüllung mit 14 Jahren und 43% gab. Auch sie ist nicht mehr oft zu finden. Und auch vom »Rare Malt« von 1973, 22 Jahre alt, 60.2%, waren nur wenige Flaschen zu bekommen.

 Die Brennerei war immer nur von außen zu besichtigen. Ob Bacardi das ändern wird, steht in den Sternen.

DAILUAINE
[*dal-jú-en*]

Grünes Tal/lange grüne Wiese
Banffshire
Carron bei Aberlour
OS 28 23/41
Tel. 01340-872 500
Besitzer: UDV
In Betrieb

 Highlands (Speyside)

 Eine echte Herausforderung, für Linguisten allzumal: schon für die Bedeutung des Namens gibt es (mindestens) zwei Versionen. Auf der Flasche steht »green valley«, aber Schotten versichern, es heiße »lange grüne Wiese«. Die Aussprache differiert von *dah-lien* bis *da-lú-hain* (immer in deutscher Lautschrift), die der Eingeborenen kommt dem oben wiedergegeben Versuch am nächsten. Und beim Destilleriewasser, Bailliemullich Burn, lässt man besser gleich die Hoffnung fahren. Dabei muß man sich Dailuaine jetzt schon merken, nachdem der Whisky nicht mehr nur in Blends geht. Den Löwenanteil bekam immer John Walker, zu dem die 1852 eröffnete Brennerei ein besonderes Verhältnis hat, seitdem sie zusammen mit Talisker (und ihrer Nachbarin Imperial) in einer Gesellschaft war. Schon 1916 war Dailuaine Teil der DCL, die die Zahl ihrer *stills* 1960 von vier auf sechs erweiterte. Erst 1950 bekam die Brennerei elektrischen Strohm, dafür hatte sie aber schon früh Eisenbahnanschluß.

 Es gab ihn nur von den Unabhängigen, bevor auch ein *Dailuaine* in die schönen »Flora & Fauna«-Serie (16 Jahre, 43%) aufgenommen wurde. Ihm wurde ein *cask strength* von 1980 mit 63% zur Seite gestellt. Und schließlich haben UDV auch einen »Rare Malt« abgefüllt, 1973 destilliert, 22 Jahre alt und 60.92% aufweisend.

 Obwohl ohne *Visitor Centre* kann man ruhig vorbeischauen, vielleicht als Wanderer oder per Fahrrad – nicht die schlechteste Art, sich Destillerien zu nähern, besonders wenn sie so dicht gesät sind wie am Spey! Man findet Dailuaine direkt an der alten Eisenbahnlinie, die längst aufgelassen und zum schönen Speyside Way rückgebaut wurde. Autofahrer müssen sich ein wenig konzentrieren, um den schmalen Weg nicht zu verpassen, der von der A 95 zum Fluß hinunterführt.

Dallas Dhu
[*dallas dú*]

Schwarze Weide oder Wiese
Morayshire – Forres
OS 27 03/56
Tel. 01309-676 548
Besitzer: UDV
(in Verwaltung von Historic Scotland)
Geschlossen (Museum)

■■■　　　　　　　　　　　　　　Highlands

 Der Name klinge, merkt die »Scotch Malt Whisky Society« an, eher nach Texas als nach Schottland, das sei nur ein Beweis für die Effizienz der Schotten als Kolonialisten. Im schottischen Dallas sieht es fast immer noch aus wie zur Zeit der Gründung durch Alexander Edward 1899. Insofern eignete sich die Brennerei bestens für das, was sie heute ist: ein Museum. 1988 übergaben UD die schon vorher häufig geschlossene (1930–1936, dann, nach einem Feuer, 1939–1947, dann wieder 1983) und von der SMD übernommene Destillerie in die liebevolle Obhut von »Historic Scotland«. Deshalb kann man jetzt – mit viel Gewinn, aber noch mehr Wehmut – studieren, wie Malt gemacht wird. Ein Blick in die alten *warehouses* zeigt lange Reihen von Fässern, aber die sind zum größten Teil leer. Es sollte zugreifen, wer eine Flasche aus Dallas Dhu sieht. Auch wenn die Illusion aufrechterhalten wird, die Produktion könne jederzeit angefahren werden: die Umwandlung ist irreversibel – die beiden *stills* werden nie mehr produzieren und Altyre Burn wird sein Wasser nie mehr wundersam in Whisky verwandelt sehen.

 Gordon & MacPhail füllen ihn mit dem Einverständis des Besitzers ab, lange z. B. als 10 und 12jährigen mit 40%, jetzt als 1979 *vintage*, hatten ihn aber auch in der »CC«-Serie. UDV selbst boten zwei »Rare Malts« an, einen 21jährigen von 1975 (61.9%) und einen 24 Jahre alten von 1970 mit 60.6%. Und sie ließen zu, daß Historic Scotland den Mitgliedern drei Einzelfässer offerierte, alle drei von 1983: das letzte Faß, bevor die Brennerei geschlossen wurde, die beiden anderen zu ihrem 100. Geburtstag und schließlich zum Millennium.

 Dallas Dhu liegt südlich von Forres. Das Museum ist von Ostern bis September täglich von 9.30 bis 18.30, sonst nur von 9.00 bis 16.00 Uhr und sonntags nur von 14.00 bis 16.00 Uhr geöffnet. Im Laden gibt es natürlich den einst dort gebrannten Whisky und auch den Blend *Roderick Dhu*.

DALMORE
[*dal-mór*]

Großes Tal
Ross-shire – Alness
OS 21 66/68
Tel. 01349-882 362
Besitzer:
The Whyte & Mackay Group
In Betrieb

■■■   Highlands

Die wunderschöne Lage am Cromarty Firth mit dem Blick auf Black Isle brachte nicht nur Vorteile: Im 1. Weltkrieg nutzten die US-Marine und die Royal Navy die Brennerei als Stützpunkt – und zerstörten sie durch einen Brand fast vollständig. Aber die Familie Mackenzie, die die bereits 1839 erbaute Destillerie 1878 übernommen hatte, konnte sie 1922 wieder eröffnen. Anfang der sechziger Jahre tat sie sich mit Whyte & Mackay zusammen, zu denen schon lange Verbindungen bestanden. Heute ist die Firma Teil des amerikanischen Konzerns Fortune Brands, dessen bekannteste Marke *Jim Beam* ist und der diesen Namen, JBB (Greater Europe), seinen Whiskytöchtern gegeben hat. Bei all diesen modernen Fusionen und Neustrukturierungen ist es tröstlich zu wissen, daß man in Dalmore immer noch selbst (seit 1956 im *Saladin*-Verfahren) mälzt und daß unter den acht *stills* immerhin noch zwei von 1874 sind. Das Wasser kommt aus dem Loch Gildermory.

Dalmore gibt es, schon lange, in Destillerieabfüllungen, zur Zeit einen 12 Jahre alten (43%), der 1994 ein neues Label und eine neue Flaschenform erhielt. Weil Whyte & Mackay Spezialisten für originelle Behälter sind, gibt es nicht nur ihre Blends in Keramik-Eulen, sondern auch den *Dalmore*. Kaum in Deutschland zu finden sind der 21 Jahre alte und der *Cigar Malt*, dessen höherer Sherryfaß-Anteil besonders gut mit den Zigarren-Aromen harmonieren soll. Schon früher gab es zuweilen Sonderabfüllungen wie einen 30jährigen. In sehr kleinen Mengen werden immer wieder einige Karaffen mit dem nachtschwarzen 50 Jahre alten *Dalmore* gefüllt. In der Serie »Stillman's Dram« gab es einen 26 Jahre alten mit den obligaten 45%. Vermutlich ist auch der *Glenluig* in Wirklichkeit ein *Dalmore*.

Es ist eine Schande, aber die Brennerei ist immer noch nicht zu besichtigen, trotz ihres erfolgreichen Malts, trotz der alten Geräte und so manchem interessanten Detail.

Dalwhinnie
[*dal-wínnie*]

Treffpunkt
Inverness-shire
Dalwhinnie
OS 42 63/85
Tel. 01540-672 219
Besitzer: UDV
In Betrieb

■■ Highlands

Dalwhinnie wurde 1897 als »Strathspey« gegründet – was zeigt, daß man sich schon damals mit der regionalen Zuordnung schwertat. Denn obwohl von dort oben der River Truim zum Spey hinabfließt, liegt dieses liebevoll herausgeputzte architektonische Kleinod keineswegs in der Speyside, sondern so richtig im Herzen der schottischen Highlands – weswegen auch UD der Brennerei die Klassifikation »Northern Highlands« verpassten, als sie die »Classic Malts«-Serie einführten, deren sechs Malts jeweils einen Landschaftstypus repräsentieren sollen. Andere UD-Destillerien wie Clynelish oder Glen Ord liegen ja viel weiter im Norden. Der Fehler ist korrigiert, jetzt steht – und sehr würdig – der *Dalwhinnie* einfach für die Highlands. Sein Name, Treffpunkt, beschreibt exakt, welche Rolle der Ort generationenlang für Viehtreiber (und ganz sicher auch für Schmuggler) spielte – trotzdem ist er, nahe der Stelle gelegen, wo sich die Straße von Perth nach Inverness mit der Abzweigung nach Fort William trifft, eher das, was man *remote* nennt. Dalwhinnie hat zwei *stills*, bezieht das Wasser mittlerweile aus Allt an T'Sluic-Spring. Sie war übrigens die erste Brennerei, die, vorrübergehend, in amerikanischem Besitz war und kam zu den heutigen Besitzern über die DCL-Tochter James Buchanan & Co.

Der »Classic Malt« ist 15 Jahre, bei 43%. Auch von ihm gibt es eine »Distiller's Edition«, einen *Dalwhinnie*, von 1980, der im Oloroso-Faß nachreifen durfte. Früher gab es einen achtjährigen unter dem Namen des Lizenzträgers Buchanan.

Seit langer Zeit gehört es zu den Pflichten des Managers, die Daten der meteorologischen Meß-Station abzulesen. Dalwhinnie, 330m hoch gelegen und im Winter entsprechend schneereich, beansprucht zudem, »Scotlands highest distillery« zu sein. Ihre Besichtigung ist von Ostern bis Oktober jeweils von Montag bis Freitag von 9.30 bis 16.30 Uhr möglich.

DEANSTON
[*dienst'n*]

Starke Stadt (?)
Perthshire
Doune
OS 57 71/01
Tel. 01786-841 422
Besitzer: Burn Stewart
In Betrieb

   Highlands

 Gerade noch nördlich der imaginären, aber so entscheidenden, die Lowlands vom Rest Schottlands trennenden Linie liegt Deanston, die sich demnach mit dem Prädikat Highlands schmücken darf. Sieht man die alten grauen Steingebäude, mag man gar nicht glauben, daß diese Brennerei erst 1965/66 eröffnet worden sein soll. Tatsächlich ist die Anlage viel älter, nur wurde in den schon 1784 errichteten Gemäuern nicht Whisky erzeugt, sondern Baumwolle. Die alten Gewölbe eigneten sich freilich bestens für die Lagerung von Whisky. Der River Teith brachte das Wasser (ob nur für das Kühlen oder doch auch fürs Destillieren, ist unklar; sicherheitshalber verweist man auf die nahen Trossachs mit ihren Bergquellen). 1972 kauften sich Invergodon Distillers ein, aber schon Mitte der achtziger Jahre wurden die vier *stills* wieder stillgelegt. Schließlich kaufte die Blender-Firma Burn Stewart 1990 die Brennerei – und hat sich glücklicherweise entschlossen, den *make* als Single Malt in Eigentümer-Abfüllung anzubieten.

 Ein solcher ist, manchmal ohne Alterangabe, manchmal als achtjähriger etikettiert, von einem 12 Jahre alten Deanston abgelöst worden. Auch ein 17 Jahre alter Malt wurde herausgebracht. Dessen hübsche Flasche wird von dem kostbaren Decanter noch übertroffen, der in Samt gebettet, als 25jähriger kommt. Alle drei haben 40%.

Wer enttäuscht vor immer noch verschlossenen Türen steht, kann sich, je nach Vorliebe, mit den Ruinen von Doune Castle oder dem Oldtimer-Museum auf der Nordseite des Flusses und am anderen Ortsausgang gelegen trösten.

DUFFTOWN
[*dáfft'n*]

Duffs Stadt
Banffshire
Dufftown, Kirktown of Mortlach
OS 28 32/39
Tel. 01340-822 960
Besitzer: UDV
In Betrieb

■■■   Highlands (Speyside)

 Rome was built on seven hills – Dufftown stands on seven stills heißt der stolze Spruch – der nicht mehr stimmt, seit als Derivat von Dufftown Distillery 1974/5 Pittyvaich dazukam. Deren »Mutter« trägt den Namen des von Brennereien geradezu berstenden Ortes. Aber sie liegt gar nicht im Ort selbst, sondern außerhalb im Dullan Glen. Und auch der früher gern gebauchte Zusatz »Glenlivet« sprach nicht unbedingt für den Willen zur Klarheit. Entstanden ist die Destillerie 1896 durch die Umwandlung einer Getreidemühle. Die dazu notwendige Firma war von P. Mackenzie initiiert; ihr gehörte auch Blair Athol und beide zusammen wurden 1933 von Arthur Bell & Sons aus Perth übernommen. Der Dullan hat lange für die Energie gesorgt, für das Brauwasser kommt gibt es unterschiedliche Angaben: es soll von Jock's Well in den Conval Hills kommen, andrerseits aber das gleiche wie für Pittyvaich sein. Nach zwei Erweiterungen werden heute sechs *stills* verwendet.

 Dufftown gab es, in einer Blair Athol als Schwester sichtbar machenden, Verpackung, mit 8 Jahren. Ein 10jähriger in anderer Aufmachung kam dazu. Dann gab es einen 15 Jahre alten (mit 43%) in der »Flora & Fauna« Reihe von UD, die Bells 1985 aufkauften. UDV brachten drei zwei Abfüllungen als »Rare Malts« heraus, einen 20- (1976, den Jackson verkostet hat) und zwei 21jährige (1975 mit 54,8% und 1976 mit 55,5%) heraus.

 Man erreicht Dufftown Distillery entweder auf der Straße, die an Mortlach und der berühmten Kirche vorbei ins Tal führt. Schön ist auch der Spazierweg, der auf der anderen Seite des Dullan zur Brennerei führt. Leider werden beide Versuche, wenigstens vorläufig, nicht von einer Einladung gekrönt.

EDRADOUR
[*edra-dauer*]

Zwischen zwei Wassern
Perthshire
Moulin bei Pitlochry
OS 52 95/58
Tel. 01796-472 095
Besitzer: Campbell Distillers
In Betrieb

■ ■ ◻︎ Highlands

 Ein kleines Juwel – und eine Wohltat für Romantiker: Endlich eine Destillerie, die nicht aussieht wie eine Fabrik, sondern von ihren Besitzern penibel so erhalten wird, wie die alten *farmhouse*-Brennereien wohl gewesen sind, mit frisch geweißten Häusern, leuchtendrot gestrichenen Türen und vielen alten Gerätschaften, die noch benutzt werden. Eine Wohltat für die Augen, wirklich! Dazu eine liebliche Landschaft, außerhalb der quirligen Touristenstadt, in ländlicher Stille. Alles ist winzig: drei Mann genügen für die Produktion der zwei *stills*, die gerade zwölf Fässer pro Woche ergibt, eine verschwindend kleine Jahresproduktion, von der nur 24 000 Flaschen als Single Malt verkauft werden, während ein guter Teil in den firmeneigenen Blends *House of Lords* und *Clan Campbell* verschwindet. Edradour, das oft auch Glenforres genannt wurde, soll schon 1825 gegründet worden sein und gehörte von 1933 ab William Whitely, von dem sie 1982 Campbell Distillers übernahm, die Tochter des französischen Getränkemultis Pernod Ricard. Sie endlich machten den Whisky als Single Malt verfügbar.

 Gab es früher nur einen Vatted namens *Glenforres*, bekommt man heute einen 10 Jahre alten Single (mit 40%), den es auch im Steinkrug gibt. Er ist seit 1999 in neuer Aufmachung auf dem Markt

 Nicht leicht zu finden: Von Pitlochry zunächst die A 924 Richtung Braemar. Nach der Durchfahrt durch Moulin scharf rechts. Geöffnet von März bis Oktober täglich von 9.30 (sonntags von 12.30) bis 17.00 Uhr (November bis Februar ist nur der Shop geöffnet).

Fettercairn
[*fetter-cärn*]

Fuß des Steinmonuments
Kincardineshire
Fettercairn bei Laurencekirk
OS 45 64/73
Tel. 01561-340 244
Besitzer: The Whyte & Mackay Group
In Betrieb

■■   Highlands

 Ein Wallfahrtsort für jeden Malt-Liebhaber. Nicht nur wegen der landschaftlichen Lage: Fettercairn liegt, umgeben von Moorebenen am südlichen Hang der Cairngorms. Auch nicht nur, weil diese Destillerie in Anspruch nehmen darf, eine der ersten gewesen zu sein, die nach dem Gesetz von 1823 legal betrieben wurden. Nein, der Grund ist Mr. Gladstone, auf den und zu dessen Ehre man das am Ende der Besichtigung im *Visitor Centre* offerierte Glas erheben sollte. War er es doch, der als britischer Premierminister 1860 den »Spirits Act« erlassen hat, der der Whiskyindustrie und uns Genießern so viel Segen gebracht hat. Uns, weil er endlich den Export des edlen Stoffes in Flaschen erlaubt hat. Der Industrie, weil er z. B. die Steuer auf Malz abgeschafft hat. Was Gladstone mit Fettercairn zu tun hat? Nun, seiner Familie gehörte das Land und er war mit den Betreibern, die ihn sogar zum *chairman* gemacht haben, verwandt; man darf wohl vermuten, daß das ihm das Verständnis für die Sorgen und Nöte der Brenner sehr erleichtert hat. Das alles ist lange her; heute gehört die Destillerie, die 1966 auf vier *stills* erweitert und technisch erheblich modernisiert wurde, Whyte & Mackay, die auch Tomintoul und Dalmore betreiben und Invergordon besitzen (seit 1994). Das Wasser kommt aus Gebirgsquellen.

 In Eigentümerabfüllung heißt der Malt *Old Fettercairn*. Den 8jährigen findet man kaum noch. Er wurde abgelöst von einem 10 Jahre alten mit 43%. In der »Stillman's Dram«-Serie gibt es ihn mit 26 Jahren und 45%. Auch von den Unanhängigen nicht oft zu sehen. Signatory hatte einen sensationellen 1980er und Cadenhead einen *cask strength* (10 Jahre, 58.6%).

 Das *Visitor Centre* ist von Mai bis September täglich (außer am Sonntag) von 10.00 – 16.30 Uhr geöffnet.

Glen Albyn
[*glen albin*]

Tal von Schottland
ehemals: Inverness-shire
Inverness, Great North Road
OS 26 65/45

Besitzer: ehemals DCL
Abgerissen

Highlands

Einstmals galt Inverness als ein Zentrum der Mälzerei und selbst Anfang der achtziger Jahre gab es noch drei Destillerien. Geblieben ist keine. Millburn ist heute ein Restaurant und wo einst Glen Albyn und ihre (jüngere) Schwester Glen Mhor produzierten, steht heute ein Einkaufszentrum. Beide lagen sich gegenüber an der Great North Road, da, wo sie den Caledonian Canal überquert, der die Nordsee, über Loch Ness führend, mit dem Atlantik verbindet. Aus Loch Ness kam das Wasser für beide. Auch sonst wurde das gleiche Material verwendet: ein weiteres Beispiel dafür, wie individuell ein Whisky trotzdem sein kann. Glen Albyn hat die interessantere Geschichte: Schon 1846 gegründet, wurde sie öfter anders genutzt. Einmal, als sie wegen Schmuggels geschlossen worden war, als Mühle, dann, Ende des 1. Weltkriegs, als Stützpunkt der US-Marine. Das hat die Brennerei überlebt, denn jedesmal noch wurden die beiden *stills* wieder in Gang gesetzt. Damit ist es jetzt für immer vorbei. 1988 wurde sie abgerissen.

Glen Albyn gab es, abgesehen von der oben abgebildeten Abfüllung für Italien, immer nur von den Unabhängigen. Signatory hatte ihn von 1954 mit 58% und bei den »Silent Stills«, aber auch einen 43%igen 1977er, Cadenhead einen *highproof* (1964, 27 Jahre, 51.4%). Gordon & MacPhail haben ihn (immer noch) als »Connoisseurs Choice«, im Augenblick von 1972 und 1973.

Mehr als eine Gedenkminute am Grand Canal ist nicht mehr möglich.

Glen Elgin
[*glen elgin*]

Tal von Elgin
Morayshire
Longmorn bei Elgin
OS 28 23/57
Tel. 01343-860 100
Besitzer: UDV
In Betrieb

■■■   Highlands (Speyside)

 Glen Elgin entstand als eine der letzten Brennereien in den Zeiten des Whisky-Booms kurz vor der Wende zum 20. Jahrhundert. Sein abruptes Ende führte dazu, daß sie ein halbes Jahr nach der Inbetriebnahme 1900 gleich wieder verkauft wurde; es ist, als ob man ihrer kompakten Bauweise den drohenden Finanzmangel ansieht. Seit den dreißiger Jahren war sie bei SMD, und – schon das Etikett macht es, ganz unüblich, überdeutlich – unter der Lizenz von White Horse. 1964 wurde beim Umbau die Zahl der *stills* auf vier verdoppelt; mittlerweile sind es sechs. Das Wasser kommt von den Quellen am Millbuies Loch – und nicht aus dem River Elgin, den es gar nicht gibt. Sie liegt südlich von Elgin und ihr Name zollt einer Stadt Tribut, in deren Einzugsbereich immerhin acht, rechnet man Coleburn dazu, sogar neun Destillerien liegen. Elgin ist, neben Dufftown, die zweite Kapitale des Malt – vor allem auch, weil sie bedeutende Abfüllanlagen beherbergt, wie die von Gordon & MacPhail.

 Glen Elgin gibt es als Herstellerabfüllung. Die bisherige mit 12 Jahren und 43% ist ersetzt worden durch eine neue, auf deren Etikett kein Alter mehr angegeben ist. Sie ist eigentlich nur in Japan erhältlich, dank der Tüchtigkeit von Dieter Kirsch aber auch in Deutschland. Von den Unabhängigen, die ihn nicht oft anbieten, gab es z. B. Abfüllungen durch Cadenhead, G&M, Hart Brothers und Signatory.

 Weit vom Lossie entfernt, aber nah am Millbuies Country Park, ist sie über die A 491 zu erreichen. Obwohl ihr Malt bekannt und vor allem in Japan groß herausgestellt wird, werden keine Besucher empfangen.

Glen Garioch
[*glen gíerie*]

Tal des Garioch
Aberdeenshire
Oldmeldrum
OS 38 80/27
Tel. 01651-873 450
Besitzer: Morrison Bowmore
In Betrieb

■■□ Highlands

Die nach ihrer Lage im fruchtbaren Tal des Garioch benannte Destillerie war die zweite nach Bowmore, die Stanley Morrison kaufte (1970). In der Zwischenzeit rundete er seinen Besitz von einer Islay- und einer Highland-Brennerei noch mit der zu den Lowlands zählenden Auchentoshan Distillery ab; im Juli 1994 sah sich die Familienfirma, zur Zukunftssicherung, allerdings gezwungen, an den japanischen Giganten Suntory zu verkaufen. Als Morrison sie erwarb, war die schon 1797 gegründete Anlage nach vielen Eigentümerwechseln (u. a. William Sanderson, Booth's Distillers, SMD) gerade zwei Jahre vorher stillgelegt worden – weil das Wasser aus den Percock Hills versiegt war. Morrison bohrte einen Tiefbrunnen und praktizierte seine berühmte Mischung von Tradition und Innovation: Er behielt die *floor maltings*, vergrößerte nur behutsam von zwei auf vier *stills* – und nutzte die Abwässer zur Beheizung von Treibhäusern. 1995 wurde die Brennerei geschlossen und zum Verkauf ausgeschrieben, fand keinen Käufer, woraufhin sich die Besitzer glücklicherweise entschlossen, selbst zu investieren und sie wieder zu eröffnen.

Wie auch bei seinen »Geschwistern« *Auchentoshan* und *Bowmore* fällt es schwer, die Übersicht zu behalten, so oft bringen Morrison Bowmore (auch Einzelfaß-)Abfüllungen heraus. Die Grundreihe besteht aus dem *Highland Tradition* ohne Altersangabe, dem 8jährigen (mit und ohne Jahrgangsangabe 1984), dem 12-, 15- und 21jährigen, der in Holzkiste oder in Keramikflasche lieferbar ist. Dazu kommen *Selected Cask Vattings* (18, 27 und 29 Jahre alt). Zum 200. Geburtstag gab es eine »Limited Edition« mit 43%.

Die Auskünfte waren und sind verwirrend. Scottish Tourist Board hält einen Besuch »by arrangement« für möglich, aber die Eigentümer schreiben immer noch lakonisch: »no«.

GLEN GRANT
[glen grant]

Tal der Grants
Morayshire
Rothes
OS 28 27/49
Tel. 01542-783 318
Besitzer: The Chivas & Glenlivet Group
In Betrieb

■■■   Highlands (Speyside)

 Einer der Giganten, in jeder Hinsicht: Respekt vor altem Whiskyadel von ehrwürdigster Tradition verbindet sich mit Lobliedern auf die Qualität und mit Bewunderung für das wirtschaftliche Selbstbewußtsein. Glen Grant, 1840 von den beiden bereits vorher als Brenner ausgewiesenen Brüdern James und John Grant gegründet, war schon Anfang des vorletzten Jahrhunderts und damit als eine der ersten Destillerien überhaupt (und Jahrzehnte bevor die anderen Grants, die von Glenfiddich, ihre gleichwohl verdienstvolle Offensive starteten) mit ihrem Malt auf dem Markt. Heute ist er weltweit die Nr. 2; allein der 5jährige bringt es in Italien auf 70% Marktanteil bei Malts und ist der meistverkaufte Einzelwhisky überhaupt! Alles ist sehr gediegen in Rothes, wie bei den Trägern eines so berühmten Namens nicht anders zu erwarten, der auch nach der Vereinigung mit Glenlivet (1953), Longmorn (1970) und dem Ankauf durch Seagram (1977) seine Identität nicht verloren hat. Das Wasser kommt von Caperdonich Well (oder doch vom Glen Grant Burn?). Die Gebäude, gruppieren sich wunderschön um einen Hof – und einige der 1977 auf acht erweiterten *stills* werden – eine Seltenheit – immer noch mit Kohle beheizt. Eine kuriose Besonderheit ist der *Dram Safe* im liebevoll restaurierten viktorianischen Garten, in dem für Ehrengäste immer ein Fläschchen *Glen Grant* samt Glas bereitsteht.

 Es gibt wohl keinen anderen Malt, der in so vielen Abfüllungen erhältlich ist. Allein Gordon & MacPhail bieten (mindestens) ein Dutzend an, mit dem gleichen Label wie die Eigentümer übrigens. Neben verschiedenen Jahrgangswhiskies gibt es ihn mit 5, 8, 10, 12, 14, 21, 25, 35, 38, 45, sogar 50 Jahren – und das bei verschiedenen Alkoholgraden. Vollständigkeit kann in diesem Fall nicht garantiert werden – zumal auch andere Unabhängige immer wieder *Glen Grant* haben – wie

etwa Signatory den spektakulären 40jährigen. Vom Eigentümer kommt ein *no age*, der, mit gewaltigem Werbeaufwand, vor allem in Deutschland angeboten wird

🛈 Als einzige von den fünf Brennereien in Rothes hat Glen Grant ein *Visitor Centre*. Es ist Mitte März bis Oktober von Montag bis Samstag jeweils zwischen 9.30 und 16.00 Uhr geöffnet, am Sonntag erst ab 12.30 Uhr.

GLEN KEITH
[*glen kieß*]

Tal des/von Keith
Banffshire
Keith
OS 28 42/51
Tel. 01542-783 000
Besitzer: The Chivas & Glenlivet Group
Geschlossen

■■■   Highlands

 Von Keith (und einem *headquarter* in Paisley) aus lässt der kanadische Multi Seagram seine schottischen Interessen dirigieren, zu denen die in der Chivas & Glenlivet Group zusammengefaßten Malt-Destillerien Benriach, Caperdonich, Glen Grant, Glen Keith, Glenlivet, Longmorn und Strathisla samt den beiden supermodernen Brennereien Allt à Bhaine und Braes of Glenlivet gehören, vor allem aber ihre Weltmarken wie *Queen Anne*, *100 Pipers* und besonders das Flaggschiff *Chivas Regal*. Dessen Name geht auf die bescheidenen Anfänge des James Chivas mit einem kleinen Laden in Aberdeen zurück. Um den gewaltigen Nachschubbedarf für die Markenblends zu befriedigen, wandelten Chivas Bros. 1957 eine Getreidemühle in eine Brennerei um – die erste, die seit den Zeiten Queen Victorias neu geschaffen wurde. Das Wasser nahmen sie von Quellen in den Balloch Hills, die sechs *stills* waren die ersten, die in Schottland mit Gas befeuert wurden – und es war in dieser Anlage, wo man zum ersten Mal den Produktionsprozeß von Computern kontrollieren ließ. Aber die Modernität hat nichts genutzt: Im Februar 1999 befanden ihre Besitzer, daß Glen Keith nicht mehr gebraucht würde, und schlossen sie.

 Fast die gesamte Produktion geht in die firmeneigenen Blends, von denen einige in der Nähe von Keith in riesigen *bottling plants* abgefüllt werden. *Glen Keith* bekam man manchmal von Gordon & MacPhail (1963, 1965, 1967, 1968) in der »Connoisseurs Choice«-Serie. Im September 1994 kam erstmals eine Destillerie-Abfüllung auf den Markt, mit der Angabe »distilled before 1983«. Sie gehört zur »Heritage Selection« von Seagram, hatte 43% und wurde mittlerweile von einer Abfüllung mit der Altersangabe 10 Jahre abgelöst.

 Glen Keith, am rechten Ufer des River Isla gelegen, kann nicht besichtigt werden – dafür aber die ältere Schwester Strathisla im gleichen Ort.

Glen Mhor

[*glen wor*]

Das große Tal
ehemals: Inverness-shire
Inverness, Great North Road
OS 26 65/45

Besitzer: ehemals DCL
Abgerissen

Highlands

Glen Mhor, das ist gälisch für Great Glen und meint den Graben, der sich von Inverness durch Loch Ness, Loch Lochy und Loch Linnhe zum Atlantik zieht. Gesprochen wird es *glen wor*. Aber das ist nur wichtig für Philologen und Historiker, leider aber nicht mehr für Whiskytrinker. Denn Glen Mhor gibt es nicht mehr. Wie ihre auf der gegenüberliegenden Seite der Great North Road gelegene Schwester Glen Albyn wurde sie 1983 geschlossen und, schlimmer noch, 1988 abgerissen. Die einstmals bedeutende Whiskystadt Inverness hat jetzt keine einzige Destillerie mehr: auch Millburn ist zerstört. 1892 von John Mackinlay und John Birnie gegründet, hatte Glen Mhor die ersten mechanischen *maltings*; Neil Gunn, der Autor von »Whisky and Scotland« war dort lange *excise man*. Sie ist ein halbes Jahrhundert jünger als Glen Albyn, aber sonst hatten sie vieles gemeinsam: die Zahl von zwei *stills*, das Wasser aus dem Loch Ness, die Lage am Caledonian Canal und die Besitzer. Seit 1972 waren das DCL, das Konglomerat, das sie schließlich »opferte«.

Glen Mhor gab es kaum als Destillerie-Abfüllung und wenn, dann nur für Italien. Unter dem Namen des Lizenzträgers, Mackinlay & Birnie, gibt es ihn (noch) bei Gordon & MacPhail mit 8 (40 und 57%), 12 und 15 Jahren, außerdem als *cask strength* mit 63.8% von 1978, bzw. mit 66.7% von 1979. Signatory hatte einen 14 Jahre alten (43%) und bei den »Silent Stills« einen 1977er mit 59.3%.

Die Gebäude von Glen Mhor sind abgerissen und haben einem Einkaufszentrum Platz machen müssen.

Glen Moray
[*gen móräi*]

Tal der Siedlung am See
Morayshire
Elgin, Bruceland Road
OS 28 20/62
Tel. 01343-542 577
Besitzer: Glenmorangie plc
In Betrieb

■■ Highlands (Speyside)

 Glen Moray steht, völlig unverdient, immer noch zu sehr im Schatten der »Schwester«-Destillerie Glenmorangie, mit der sie sich nicht nur einen, zumindest oberflächlich, ähnlichen Namen und die Besitzer-Familie teilt, sondern auch die Tatsache, daß beide früher Brauereien waren. Glen Moray wurde 1897 Brennerei. 1910 wurde geschlossen, 1923 kam die Übernahme durch Macdonald & Muir, die sich nach dem Zukauf von James Martin & Co. und schließlich nach ihrem bekanntesten Produkt in Glenmorangie umbenannten, aber immer noch von der Familie Macdonald kontrolliert werden. Die Firma ist auch sehr aktiv im Markenwhiskygeschäft; der bekannteste Blend dürfte *Highland Queen* sein. Glen Moray wurde 1979 umgebaut und von zwei auf vier *stills* erweitert. Sie liegt am westlichen Rand von Elgin und ist die einzige Brennerei am Westufer des Lossie, aus dem angeblich auch das Wasser kommt. Sie schmückt sich wie viele andere mit dem Prädikat »Glenlivet«.

 Von den hübschen Blechbüchsen, in denen der 12 jährige seit 1988 mit vier verschiedenen Motiven von Highland-Traditions-Regimentern kam, ist nun überhaupt keine übrig geblieben und selbst die Abfüllungen mit dem 12, dem 15, dem 16 und dem 17 Jahre alten *Glen Moray* sind nur noch schwer zu finden. Dafür gibt es jetzt die modischen *finishings*: einen 12 und einen 16 Jahre alten, die im Chenin Blanc-Faß nachgreift sind, während der *no age* von einem Chardonnay-Faß parfümiert wurde. 1997 gab es zum 100. Geburtstag der Brennerei einen *vintage 1974* aus der *Port pipe*. Auch andere *vintages* kommen immer wieder, z. B. 1959, 1962, 1963, 1964, 1966, 1971 und 1973. In Italien gibt es auch einen 8jährigen.

 Glen Moray kann endlich besucht und besichtigt werden. Es gibt Führungen um 9.30, 10.30, 11.30, 14.00, 15.00 und 16.00 Uhr, der Laden hat ganztags geöffnet. Der nette Feinkost- und Whisky-Laden von Gordon & MacPhail ist also nicht mehr die einzige Attraktion, die die Stadt Whiskyliebhabern zu bieten hat.

GLEN ORD
[*glen ord*]

Tal des runden Hügels
Ross-shire
Muir of Ord
OS 26 51/50
Tel. 01463-872 004
Besitzer: UDV

■■■   Highlands

 Wer von der schottischen Westküste, etwa von den traumhaften Inverewe Gardens, kommt oder gar von den puritanisch-trockenen *Outer Hebrides* und schon unter Entzugserscheinungen leidet, wird glücklich sein über das Auftauchen der ersten Destillerie auf dem Weg ins gepriesene Speytal: Kurz vor Inverness stößt er, nach einer Fahrt durch das reizvolle Tal des Oran auf Muir of Ord, eine Gemeinde, die einstmals auf neun (legale!) Brennereien stolz sein konnte und deren gesamte Gersten-Ernte in die Destillation ging. Geblieben ist nur die 1838 gegründete Ord Distillery. Zu ihr gehören große *maltings*, die auch andere Brennereien versorgen. Seit 1966 hat sie sechs *stills*; das Wasser bezieht sie aus den Lochs nan Euan und nam Bonnach. Sie ist nicht nur deshalb so unbekannt, weil ihr Whisky selten zu bekommen war, sondern weil es fast der Fähigkeiten eines Historikers bedarf, sie zu identifizieren. Muir of Ord, Ord, Glen Ord, Glenordie: das alles muteten John Dewar & Sons bzw. die SMD den Liebhabern dieses Whisky zu. 1991 haben sich United Distillers, die Vorgänger der heutigen Besitzer, für Glen Ord entschieden. Hoffen wir, daß es dabei bleibt!

 Den Dewar-*Glenordie* (12 Jahre/40%) wird man kaum mehr finden. Er wurde abgelöst von einer adrett verpackten Flasche mit *Glen Ord* als Herkunftsbezeichnung und 12 Jahren. UDV brachten einen »Rare Malt« von 1974 mit 23 Jahren und 60.8% heraus. Auch Cadenhead hat hin und wieder einen Whisky dieser Destillerie. Bei ihm heißt er *Ord*.

 Leicht zu finden: gleich an der A 832 gelegen. Führungen gibt es montags bis freitags im Juli und August zwischen 9.00 und 16.30 Uhr, am Samstag wird erst eine Stunde später aufgemacht, am Sonntag nur von 12.00 bis 16.00 Uhr. Die große Mälzerei kann man leider nur von außen ansehen.

Glen Scotia
[*glen scoscha*]

Tal von Schottland
Argyll
Campbeltown, High Street
OS 68 72/21
Tel. 01389-752 781
Besitzer: Glen Catrine Bonded Warehouse
Zeitweilig in Betrieb

■■■   Campbeltown

 Fünf lange Jahre mußte man fürchten, daß auch die vorletzte Campbeltown-Destillerie dahingegangen sei: Seit 1984 war Glen Scotia geschlossen. Aber 1990 wurde wieder eröffnet – durch eine Gesellschaft, die aus einem *management buy out* entstanden war und Glen Scotia zusammen mit Littlemill übernahm. Leider ging die Gesellschaft bankrott. 1994 kaufte Glen Catrine die, wieder stillgelegte, Brennerei. Glen Scotia und Springbank (wo mittlerweile drei verschiedene Malts destilliert werden) sind die letzten Exemplare einer einstmals großen Zahl von Brennstätten, die Campbeltown zu einer wahren Whisky-Metropole machten; allein in der Stadt sollen es etwa zwanzig gewesen sein und von manchen sieht man noch die Gebäude. Die Rezession in Großbritannien und nicht zuletzt die Prohibition in den USA in den zwanziger Jahren brachten Absatzschwierigkeiten, die die meisten Destillen nicht überlebten. Auch Glen Scotia war von 1918 – 1933 dicht. Entstanden war sie 1832 und zeitweilig gehörte sie mit Scapa zusammen, auch im Besitz Hiram Walkers war sie einmal. Sie hat zwei (klassisch geformte) *stills* und holt ihr Wasser aus einem Brunnen auf ihrem Gelände und aus dem Crosshill Loch. 1999 begann man wieder mit einer kleinen Produktion, die vom Team der Nachbarin Springbank betreut wird.

 Unter dem Namen des Lizenzinhabers (seit 1955) A. Gillie & Co. gibt es ihn mit 8, seit 1992 mit 12 und seit 1993 mit 14 Jahren und 40%. 1999 wurde ein *vintage* von 1973 abgefüllt. Auch die Unabhängigen haben ihn manchmal und auch der *Vintage Campbeltown Malt* von Signatory ist ein *Glen Scotia*.

 In Campbeltown steht man meist vor verschlossenen Türen: Glen Scotia ist nicht zu besichtigen, in Springbank gibt es im Sommer, gegen Voranmeldung, eine Führung pro Tag.

GLEN SPEY
[*glen spej*]

Tal des Spey
Morayshire
Rothes
OS 28 27/49
Tel. 01340-832 000
Besitzer: UDV
In Betrieb

■■■　　　　　　　　　　　　　　　Highlands (Speyside)

　Glen Spey gehört zum Strauß der fünf Destillerien in dem kleinen Ort Rothes und liegt nahe an den Ruinen des gleichnamigen Schlosses. Erbauer war James Stewart, der auch einmal Besitzer von Macallan war, aber schon wenige Jahre nach der Gründung übernahm die schon damals bedeutende und vor allem für ihren Gin bekannte Firma W. & A. Gilbey das Kommando. Sie wurde von International Distillers & Vintners (IDV) aufgekauft, der Tochter der damals besonders im Hotelgeschäft engagierten Grand Metropolitan; Grandmet war einer der Giganten, die sich mit Guinness' UD, Seagram, Allied und Pernod Ricard den Weltspirituosenmarkt nahezu allein aufteilten (was friedlicher klingt als es ist) und baute seine Position durch die Fusion mit Guinness noch weiter aus. Die neu gebildete UDV ist bei weitem der größte Spirituosenhersteller der Welt. IDV ließen ihre schottischen Maltinteressen von einer der ältesten Getränkehandlungen, Justerini & Brooks, wahrnehmen. Die sehen aus wie ein alterwürdiges Weingeschäft mit zwei Filialen in London und Edinburgh, vertreten aber tatsächlich nicht nur eine Weltmarke, den *J & B Rare*, sondern betreuen auch vier Brennereien, eben Glen Spey, dann Knockando, Auchroisk und Strathmill. Glen Spey wurde 1970 umfaßend restauriert und hat seitdem vier *stills*. Das Wasser kommt von Doonie's Spring.

　Glen Spey war mit 8 Jahren (40%) zu bekommen – aber es wird immer schwieriger, besonders seit Grand Metropolitan nicht nur ihre Getränkekette Peter Dominic aufgegeben hat, sondern selbst nicht mehr existiert. Selbst von den Unabhänigen ist er nur schwer zu bekommen, aber von MacArthur gibt es einen 21jährigen mit 56,4%.

　Ein Besuch ist, wie bei allen Destillerien von Justerini & Brooks leider nicht möglich, aber vielleicht ändert sich das unter der Oberhohheit von UDV.

Glenallachie

[*glen-al-láchie*]

Tal der Felsen
Banffshire
Aberlour
OS 28 26/41
Tel. 01340-871 315
Besitzer: Campbell Distillers
In Betrieb

■■□ Highlands (Speyside)

 Erst 1967 gebaut, wurde der moderne Zweckbau schon zwanzig Jahre später wieder geschlossen – und hatte trotz dieser kurzen Zeit mehrere Besitzer. Delme Evans, der auch Isle of Jura und Tullibardine entworfen hat, erhielt den Auftrag von Mackinlay/McPherson, die damals im Besitz der Scottish & Newcastle Breweries waren. Es gab noch mindestens eine weitere Eintragung ins Handelsregister, ehe Glenallachie mit Mackinlay und all seinen Blends zu Invergordon kam – die sie ganz schnell dichtmachten. Jetzt arbeitet sie wieder, unter einem sehr schottisch klingenden Besitzernamen, hinter dem aber französisches Kapital steht: Campbell Distillers sind eine Tochter der Groupe Pernod Ricard, der auch die nicht weit entfernte und in der Ortsmitte gelegene Aberlour Distillery gehört sowie Edradour (und alle irischen Destillerien außer Cooley!). Glenallachie hat vier *stills*, das Wasser kommt vom »Hausberg«, vom Ben Rinnes.

 Es gab ihn mit 12 Jahren. Und Campbell Distillers teilen auf die Frage nach der Verfügbarkeit lakonisch mit: nicht mehr. Zum Glück gibt es die Unabhängigen, die ihn zwar auch nicht oft, aber doch hin und wieder haben: z. B. Signatory einen 1985er und einen sherryfaßgelagerten 1991er.

 Besucher werden leider nicht mehr empfangen. Glenallachie fristet in jeder Hinsicht ein Schattendasein.

GLENBURGIE
[*glen börgi*]

Tal des Burgie, Tal mit Feste
Inverness-shire
Alves bei Forres
OS 27 09/60
Tel. 01343-850 258
Besitzer: Allied Distillers
In Betrieb

Highlands

 Glenburgie, scheint es, stapelt gern hoch: Man nennt sich Glenlivet, obwohl man von dort gute 30 Kilometer und damit am weitesten unter allen sogenannten »Glenlivets« von der Großen Mutter entfernt ist. Und man schmückt sich mit dem Gründungsjahr 1810, obwohl höchstens 1829 nachgewiesen ist – und auch das nur unter dem Namen Kilnflat. Und noch etwas stimmt nicht: daß sie die am längsten kontinuierlich produzierende Brennerei sei, weil sie nie geschlossen gewesen sei. Selbstverständlich war sie das: von 1870 – 1878 und, im vergangenen Jahrhundert, von 1927–1935, also, nachdem sie Hiram Walker übernommen hatte. 1958 wurde sie erweitert, von zwei auf vier *stills*, aber die beiden neuen waren sogenannte *Lomond stills* und produzierten, um alles noch ein bißchen undurchsichtiger zu machen, einen Whisky, der unter anderem Namen, als Malt von Glencraig (siehe dort), verkauft wird. Die neuen *stills* wurden wieder abgebaut und heute arbeiten in Glenburgie vier herkömmliche Brennblasen. Woher das Wasser kommt, wird, ganz unüblich, nicht verraten.

 Glenburgie gab es hin und wieder (nicht in England) als 5jährige Herstellerabfüllung. Sie wurde eingestellt, dafür kam ein 18 Jahre alter mit 43% heraus, der aber nicht überall zu bekommen ist. Als mit Allied abgesprochene Lizenzabfüllungen liefern G&M einen achtjährigen und einen *vintage* von 1968. Sie haben aber auch Versionen in der Reihe »Connoisseurs Choice« (1960, 1968) und als *cask strength* einen 1990 abgefüllten 66er mit 61.2 % und einen 1984er mit 59.2 %. Sonst von Cadenhead und Signatory.

ℹ️ Glenburgie steht Besuchern offen. Es gibt ein *Visitor Centre*, aber die Führungen, die an Werktagen zwischen 8.00 und 16.30 Uhr möglich sind, müssen vorher vereinbart werden.

Glencadam
[*glen cádam*]

Tal der wilden Gans
Angus
Brechin
OS 45 60/60
Tel. 01356-622 217
Besitzer: Allied Distillers
Geschlossen

 Highlands

 Glencadem zählt zu den »Eastern Highlands« und ist die zweite Destillerie in dem alten Marktflecken Brechin, liegt aber nicht wie North Port innerhalb des Städtchens, sondern, nicht leicht zu finden, in östlicher Richtung eher am Stadtrand in der Nähe des River Esk. Sie ist nur einige Jahre jünger als die andere und hatte nach ihrer Gründung eine ganze Schar wechselnder Besitzer: 1954 kam sie zu Hiram Walker, der sie fünf Jahre später gründlich modernisierte, aber nicht vergrößerte. Sie hat immer noch zwei *stills*, deren Produktion vor allem in den *Cream of the Barley* genannten Blend ihres jetzigen Lizenzinhabers Stewart & Sons of Dundee geht. Im September 2000 hat auch Glencadam das traurige Schicksal vieler anderer Brennereien von Allied ereilt: sie wurde geschlossen. Das Wasser kam schon lange nicht mehr aus dem Moorfoot Loch, sondern aus Loch Lee.

 Dieser Malt war und ist selten erhältlich. Stewarts legten eine »Limited Edition« in Kristallkaraffe auf, die nur noch bei Auktionen zu bekommen sein dürfte. Auch die Unabhängigen verwöhnen nicht gerade mit *Glencadam*. G&M haben in der »Connoisseurs Choice«-Reihe z. B. einen 1974er und einen 1987er, Signatory einen *cask strength* mit 57% von 1976.

Besucher, die früher wenigstens werktags empfangen wurden, stehen jetzt vor verschlossenen Türen.

GLENCRAIG
[*glen cräig*]

Tal des Stein-Monuments
Inverness-shire
Alves bei Forres
OS 27 09/60
Tel. 01343-850 258
Besitzer: Allied Distillers
Geschlossen

Highlands

 Eine Brennerei mit dem Namen Glencraig wird man auf der Malt-Landkarte vergeblich suchen: ein Fall wie Brora/Clynelish, Springbank/Longrow, oder Tobermory/Ledaig – oder besser Miltonduff/Mosstowie. Glencraig entstand in Glenburgie Distillery. Als Hiram Walker diese Destillerie 1958 erweiterte, wurden die beiden neuen *stills* als sogenannter *Lomond*-Typ ausgeführt. Man erhoffte sich von der neuen Erfindung, daß sie der Brennerei ermöglichen sollte, zwei verschiedene Whiskies zu produzieren und erwartete, daß der neue schwerer, körperreicher und öliger werden würde. Er wurde es nicht, unterschied sich aber dennoch so eindeutig von dem Malt, den die beiden alten *stills* lieferten, daß man sich konsequenterweise dazu entschloß, dafür einen neuen, eigenen Namen zu wählen, und taufte ihn nach dem Produktionsleiter von Hiram Walker Willie Craig einfach Glencraig. Er wurde nie als Destillerieabfüllung abgegeben, aber von den Unabhängigen bekam man ihn schon. Niemand weiß, wie groß deren Vorräte sind, sicher ist nur: die *Lomond stills* wurden bereits 1980 wieder entfernt.

 Im Augenblick sind offensichtlich nur noch zwei Abfüllungen in der »Connoisseurs Choice«-Reihe von Gordon & MacPhail zu bekommen. Eine wurde 1970, die andere 1975 destilliert und beide haben, wie immer in dieser Serie, 40%.

 Die ehemalige »Heimat« von Glencraig, Glenburgie Distillery, liegt auf halbem Weg zwischen Elgin und Forres und kann nur werktags zwischen 8.00 und 16.30 nach Vereinbarung besichtigt werden.

Glendronach
[*glen drónach*]

Tal des Dronach (der Brombeerhecken)
Aberdeenshire
Forgue bei Huntley
OS 29 42/43
Tel. 01466-730 202
Besitzer: Allied Distillers
Geschlossen

 Highlands

 Eine der ältesten – und immer noch sehr traditionell ausgerichteten – Destillerien. Gegründet wurde sie 1826 von einem Mann, der mit dem Duke von Gordon befreundet war, dem Mann, der Wesentliches zum Legalisierungsgesetz von 1823 beigetragen hatte. Trotz der Modernisierung (und Erweiterung von zwei auf vier *stills*) durch Teachers, die sie den Grants von Glenfiddich abgekauft hatten, blieb viel beim Alten. Es gibt, eine Seltenheit, noch einen eigenen Mälzboden, für den die Gerste von firmeneigenen Farmen kam. Das Wasser wurde sechs Meilen weit aus einer Quelle, die schlicht *The Source* heißt, herangeführt. Die *stills* wurden mit Kohle beheizt. Die Lagerhäuser haben Fußböden aus gestampfter Erde. Glendronach ist, inmitten von Farmland, auch landschaftlich schön gelegen, am Dronach Burn im Valley of Forgue nordöstlich von Huntley. Schon Teacher & Sons, bekannt für den hohen Anteil von Malt in ihren Blends, vermarkteten *Glendronach* sehr konsequent. Das tut auch ihre heutige Mutter Allied – was sie nicht hinderte, die schöne Brennerei 1996 zu schließen. Trotz ihrer Liebe zum Althergebrachten wird leider nicht mehr das alte Etikett verwendet, das den Whisky als »most suitable for medicinal purposes« anpries.

Viele bedauern, daß besonders der im Sherryfaß ausgebaute 12jährige nicht mehr angeboten wird. Er und sein *Original* genannter Zwilling wurden 1992 von einem *Traditional* und diese schließlich von dem 15jährigen aus dem Sherryfaß abgelöst. Außerdem wird ein 18 Jahre alter *Glendronach* angeboten und auch von dem 25jährigen, der 1968 destilliert und 1993 abgefüllt wurde, gibt es, vor allem in der Brennerei, noch Flaschen. Von den Unabhängigen haben Cadenhead und Signatory immer hin und wieder ein Faß.

 Trotz der Schließung kann Glendronach das ganze Jahr über besucht werden. Für die Führungen (Montag bis Freitag um 10.00 und 14.00 Uhr) ist telefonische Anmeldung erwünscht.

GLENDULLAN
[*glen dallen, glen dullen*]

Tal des Dullan
Banffshire
Dufftown
OS 28 32/40
Tel. 01340-820 300
Besitzer: UDV
In Betrieb

■■□ Highlands (Speyside)

 Sieben Destillerien wurden in dem kleinen Dufftown noch vor der Jahrhundertwende 1800/1900 gebaut – Glendullan war die letzte (1897). Erst in den siebziger Jahren des vergangenen Jahrhunderts kam die achte, Pittyvaich, dazu – wenn man davon absieht, daß in Glendullan bereits vorher eine neue Brennerei errichtet worden war. Sie wurde als Glendullan B zwischen die alten Gebäude und die Wohnhäuser der Beschäftigten gesetzt und hatte sechs *stills*. Sie liegt nicht am Dullan, sondern am Fiddich, der heute das Kühlwasser liefert, während das »Whiskywasser« aus den benachbarten Conval-Bergen kommt. Obwohl die neuen Gebäude nicht besonders attraktiv sind, ist Glendullan einen Besuch wert, nicht nur, weil ihr Whisky, so die »Scotch Malt Whisky Society«, bei weitem nicht so *dull*, so fade, sei, wie der Name suggeriert, sondern weil die gesamte Anlage mitten im Grünen und am Fluß mit der hübschen Pagode einen angenehmen Anblick bietet. Die alte Glendullan Distillery (A genannt) dient heute als Reperaturwerkstatt für die anderen UDV-Brennereien im Ort und in der Umgebung.

 Der meiste *make* ging immer in den *Old Parr* des Lizenzinhabers Macdonald Greenless, der ihn aber auch als Single Malt mit 12 Jahren mit 43% verkaufte. Die neuen Besitzer, UD, nahmen ihn in die »Flora & Fauna«-Palette auf. Sie feierten 1998 das 100. Jubiläum ihrer Brennerei mit einer 16 Jahre alten *Centenary*-Abfüllung mit 62.2% und brachten gleich vier »Rare Malts« heraus: von 1972 mit 22 und 62.2% bzw. 23 Jahren und 62.43%, einen 1973er, 23 Jahre, 58.8% und einen 1974er, der ebenso alt war und 63.1% hat.

 Besuche sind möglich. Man fährt von Glenfiddich über die aufgelassene Bahnstrecke und dann, sich nach rechts wendend, weiter am Fiddich entlang. Die Brennereien liegen jenseits des Flusses, aber von der großen Straße diesseits hat man einen guten Blick auf das *stillhouse*.

GLENESK
[*glen esk*]

Tal des Esk, des Wassers
Angus
Hillside bei Montrose
OS 45 71/61

Besitzer: ehemals UDV

■■ Highlands

 Die besonders wilde Geschichte dieser Brennerei spiegelt sich schon in der besonders großen Zahl von Namen, die sie getragen hat. Bevor sie 1897 als »Highland Esk« Maltdestillerie wurde, war sie Flachsmühle gewesen. Im 1. Weltkrieg diente sie als Kaserne. Nach einem Brand wurde sie 1938 wieder eröffnet und hieß Montrose Distillery, dazu wurde sie umgerüstet zur Herstellung von Grain Whisky. 1954 übernahm DCL das Kommando, brannte nur noch mit Unterbrechungen und gab an SMD weiter, die wieder zum Malt zurückkehrten, diesmal unter dem Namen Hillside (siehe dort). 1980 entschloß man sich zu Glenesk – und stellte fünf Jahre später den Betrieb ganz ein. Bis dahin waren vier *stills* in Benutzung, das Wasser kam aus dem River North Esk. Die riesigen *maltings*, die alle UDV-Brennereien im Westen Schottlands versorgen und wie ein Kraftwerk inmitten der Gerstenfelder liegen, sind noch in Betrieb.

 William Sanderson *(Vat 69)* als Lizenzträger füllte einen 12jährigen Single ab, der nur noch schwer zu bekommen ist. UDV, die neuen Besitzer, zogen für die »Rare Malts« den anderen Namen, also *Hillside*, vor.

 Glenesk liegt zwei Meilen nördlich der Hafenstadt Montrose und nicht weit von der Mündung des North Esk ins Meer. Ein Besuch ist nicht möglich.

GLENFARCLAS
[glen fárcles]

Tal des grünen Graslandes
Banffshire
Marypark bei Ballindalloch
OS 28 21/38
Tel. 01807-500 209
Besitzer: J. & G. Grant
In Betrieb

■■■■ Highlands (Speyside)

 Eine der ganz seltenen Destillerien, die sich mit Recht »unabhängig« nennen dürfen, ist Glenfarclas seit fünf Generationen im Besitz der (mit anderen Trägern des Namens, z. B. denen von Glenfiddich, nicht verwandten) Familie Grant, wenn auch nicht seit der Gründung 1836. Die vollzog ein Robert Hay – auf dem Gelände der Rechlerich-Farm, im *Valley of the green grass* zu Füßen des Ben Rinnes, von dessen Quellen auch das Wasser kommt. 1865 übernahm der erste Grant, John, den Betrieb, verpachtete ihn aber auf fünf Jahre an John Smith. Seitdem haben die Grants nur noch einmal für kurze Zeit (1895 – 1900) das Heft aus der Hand geben müssen (sie waren Opfer des spektakulären Zusammenbruchs der Pattisons). Mit viel Liebe und Sorgfalt (und auch Geschäftstüchtigkeit) haben sie seither ihren Whisky zu einem der ganz großen Malts gemacht. Um alles kümmert man sich selbst; etwa alle zwanzig Jahre werden die gasbeheizten *stills* erneuert, von denen es sechs – die größten in der Speyside – gibt. Zur Lagerung werden vor allem Sherryfässer verwendet. Die Abfüllung allerdings wird mittlerweile nicht mehr vor Ort in einem eigenen *bottling plant* selbst vorgenommen, sondern in Broxburn nahe des Edinburgher Flughafens. Liebe zum Detail zeigt das vorzügliche *Visitor Centre*, zeigen sogar die Führungen in Glenfarclas – und die Werbung, die nachgerade poetische Höhen erklimmen kann.

 Glenfarclas gibt es in mittlerweile so vielen Abfüllungen, daß manche Händler für die Aufzählung mehr als eine Seite brauchen. Einfach ist es noch bei den sieben »regulären« Abfüllungen, die verschiedene Alkoholvolumina aufweisen: 10 Jahre (40%), 12 Jahre (43%), 15 Jahre (46%), 17, 21, 25 und sogar 30 Jahre (alle mit 43%). In Italien gibt es auch noch den jungen *Glenfarclas*, den das neue Marketingkonzept eigentlich ausschließt. Eine Besonderheit ist der 60prozentige *Glenfarclas 105*, der keine Altersangabe hat – ebensowenig wie der neue *Heritage*. Gab es früher nur hin und wieder Sonder-

abfüllungen wie etwa den »Jubiläumswhisky« oder zuweilen einen *vintage* wie den 1961er, so kommen heute in kaum mehr überschaubarer Anzahl Jahrsgangsmalts meist in *cask strength* und oft nummeriert ebenso heraus wie Spezialabfüllungen für einzelne Kaufhäuser. Besonders rührig ist dabei der deutsche Importeur von Glenfarclas, die Hanseatische Weinhandelsgesellschaft in Bremen, die zuerst zu ihrem Geschäftsjubiläum einen 20 Jahre alten 1974er auflegte und seitdem eine Serie nach der anderen herausbringt (wie etwa »Berühmte Schotten«, die bisher Bonnie Prince Charlie, Robert Burns, David Livingstone, Conan Doyle und Mary Queen of Scots ehrte). Immer wieder kommen neue *Family Reserves*. Natürlich ließ man auch das Millennium nicht ungenutzt und brachte den *Glenfarclas 2000* und den 22 Jahre alten *Spirit of the Millenium* heraus und ließ sogar von schottischen Künstlern verschiedene Labels entwerfen. Bei allen neuen Abfüllungen verzichtet man übrigens auf künstliche Färbung. Daneben verkauft die Destillerie unter anderem Namen ihren Malt auch billiger, etwa den *Eagle of Spey*, der eindeutig ein Glenfarclas ist – aber im Eichenfaß gelagert wurde, den *Meadhan* oder den *Highland Cattle*.

Das großzügige *Visitor Centre* liegt zwischen Grantown-on-Spey und Craigellachie südlich der A 95. Es hat bis auf die obligate Weihnachtspause (die auch bis Mitte Januar dauern kann) das ganze Jahr geöffnet und zwar Montag bis Freitag von 9.30 (im Winter 10.00 Uhr) bis 16.00 Uhr. Von Juni bis September kann man auch samstags zwischen 10.00 und 16.00 Uhr kommen. Es gibt Infos, eine Ausstellung, einen Film und Führungen.

Glenfiddich
[*glen fíddich*]

Tal des Fiddich (Hirschtal)
Banffshire
Dufftown
OS 28 32/41
Tel. 01340-820 373
Besitzer: William Grant & Sons
In Betrieb

■■ Highlands (Speyside)

 Lob und Preis sei ihm gesungen! Denn es nicht hoch genug zu schätzen, was Glenfiddich für die (Wieder-)Entdeckung des Malt getan hat. Mit Spott und Häme reagierten die anderen Brenner, als William Grant & Sons 1963 beschlossen, ihren Whisky als Single Malt zu verkaufen, und zwar international und begleitet von einem sorgfältigen Marketing: in einer dreieckigen, dunkelgrünen Flasche mit einem einprägsamen Etikett, auf dem – angeregt durch den Heimatort, dem *valley of the deer* – ein Hirsch prangte. Belohnt wurde man damit, daß Glenfiddich heute absolut die Nr. 1 ist – und für viele immer noch der erste Malt, den sie in den Mund bekommen. Dafür ist der eher leichte, gefällige Whisky tatsächlich ideal. Auch das erste *Visitor Centre* einer Destillerie wurde in Glenfiddich eingerichtet. Rundum ein Erfolg also! Da übersieht man großzügig, daß manches ein bißchen an Disneyland erinnert, daß z. B. Pagoden auf Gebäuden sitzen, wo sie nicht hingehören – und wo außer dort kann man in Schottland einen Japaner im Kilt bestaunen? Mit Recht allerdings ist man stolz auf die ehrwürdige Tradition, ist man doch eine der wirklich raren Firmen, die sich noch in Familienbesitz befinden, heute in der fünften Generation. Der alte William Grant gründete die Brennerei, nachdem er zwanzig Jahre lang bei Mortlach im

gleichen Ort Erfahrungen gesammelt hatte. Er kaufte ein Grundstück mit der Quelle Robbie Dubh und übernahm die alten *stills* von Cardhu. An Weihnachten 1887 floß der erste Whisky. Heute hat man 30 *stills* und ist der einzige Betrieb in den Highlands, der am Herstellungsort selbst abfüllt. Eisern hält man auch an der teuren Kohlebefeuerung fest. Zur Firma gehört auch die nur einen Steinwurf entfernte Balvenie Distillery. Um sich ganz unabhängig von anderen Zulieferern zu machen und den Nachschub für den eigenen Blend zu sichern, brennt man selbst auch den Grain Whisky (in Girvan, siehe auch Ladyburn). Und 1990 eröffnete man, auch dies eine Pioniertat, mit Kininvie die erste neue Destillerie seit langer Zeit, unmittelbar neben Glenfiddich und Balvenie.

Der Standardwhisky ist der *Special Reserve*, der früher einmal 8 Jahre alt war, dann aber lange ohne Altersangabe kam, seit dem Sommer 2000 aber nun 12 Jahre alt ist. Eingestellt wurde der *marriage* im »Royal Heritage Decanter« (drei Motive, die Form seit 1992 neu), der 18jährige *Ancient Reserve* im »Spode

Decanter«, der 21jährige in himmelblauer Wedgwood-Karaffe und der Kristalldecanter mit versilbertem Hirschkopf. Den *Classic* findet man manchmal noch ebenso wie auch den 50 Jahre alten *Glenfiddich*, der nur in sehr wenigen Exemplaren und bei der Einführung zum stolzen Preis von 3500 Pfund angeboten wurde, mittlerweile aber schon 5000 Pfund kostet. Neu kamen zur *range* der 15jährige *cask strength* und der gleichaltrige *Solera Reserve*. Er, der *Special Reserve* und der 18jährige *Ancient Reserve* sind die Herzstücke beim neuen *Glenfiddich*-Auftritt, ein 21jähriger und ein 30jähriger sind starke Säulen und hin und wieder ein *vintage* in Einzelfaßabfüllung rundet sie großartig ab. Manche Flaschen sind auch nur in der Brennerei zu bekommen.

Ganzjährig (bis auf die Weihnachtspause natürlich) geöffnet von 9.30 bis 16.30 Uhr an Werktagen, von Ostern bis Mitte Oktober auch an Samstagen (gleiche Zeiten) und Sonntagen (12.30 bis 16.30 Uhr). Gruppen müssen sich anmelden.

GLENFLAGLER
[*glen flágler*]

Tal des Flagler
Lanarkshire
Moffat Mills, Airdrie
OS 64 79/64-65

Besitzer: ehemals Inver House
Geschlossen

Lowlands

 Wer hätte gedacht, daß dieser Malt noch einmal in unseren *Guide* aufgenommen werden muß! Denn seine Destillerie ist schon lange geschlossen und zerstört. Nur ein kurzes Leben war ihr beschieden: 1964 kaufte Inver House die Moffat Paper Mills am Rande des östlich von Glasgow gelegenen Industrieorts Airdrie, um dort nicht nur eine riesige Grain-Brennerei zu errichten, sondern auch (die damals größten in Europa) *maltings*, 32 *warehouses*, und eine Blend- und Abfüllanlage. Aber auch Malt sollte produziert werden, sogar zwei. Während der eine, *Glenflagler*, durchaus als Single Malt verkauft wurde, war der andere ausschließlich zum Blenden bestimmt. Mit ihm, *Killyloch* genannt, verbindet sich eine Kuriosität: Das Wasser für beide kam nämlich aus dem See Lillyloch. Irgend jemand machte einen Fehler und lieferte eine Schablone (für die Faßbeschriftung) mit dem falschen Namen, den man dann einfach behielt. Die schottische Sparsamkeit sollte sich nicht auszahlen: Die *stills* von Killyloch wurden schon in den siebziger Jahren abgebaut, Glenflagler 1985 geschlossen. Den alten Besitzern Inver House Distillers, die ihre Firmenzentrale immer noch in Airdrie haben, gehören heute Balblair, Balmenach, Knockdhu, Pulteney und Speyburn.

 Es waren die beiden Symington-Brüder von Signatory, die das Unwahrscheinliche möglich machten und nicht nur einen *Glenflagler* in 350 Flaschen abfüllten (1970/94, 50.1%), sondern, eine wahre Sensation, sogar einen *Killyloch* (230 Flaschen, 1972/94, 52.6%), der vorher noch nie in eine Flasche gekommen war. Von ihm war kein zweites Faß zu bekommen, wohl aber vom *Glenflager*. Er war von 1972 und hatte 52.3%. Das dritte Faß gehörte zur »Silent Stills«-Serie, wiederum von 1972, mit 52%. Diesmal zog es Andrew Symington vor, den Malt in zwei Worten, also *Glen Flagler* zu schreiben.

 An die einst mächtige Anlage erinnern heute nur noch die *warehouses*. Alles andere ist abgerissen.

GLENGLASSAUGH
[glen glássoh]

Tal des Glassaugh, der Aue
Banffshire
Portsoy
OS 29 56/65

Besitzer: Highland Distillers
Geschlossen

■■■   Highlands

 Fast die Hälfte ihres Daseins war die 1875 gegründete Destillerie geschlossen: 1907-1931, 1936-1959 und zeitweilig auch in den achtziger Jahren des letzten Jahrhunderts. Entsprechend selten war der Whisky zu bekommen, in Deutschland sogar noch besser als in Großbritannien, wo es ihn fast gar nicht gab. Die Produktion der nur zwei *stills* war immer relativ gering. Benannt ist der Destillerie nach dem Tal des Glassaugh, aus dem auch das Wasser bezogen wird; lokale Quellen liefern das Wasser zum Maischen. Die Brennerei liegt, weswegen ihr Malt ein *seaside* genannt wird, nahe am Meer (und zwischen dem Spey und dem Deveron) in der Nähe von Portsoy – inmitten einer Gegend, die schon lange für ihren Getreideanbau bekannt ist. Seit vielen Jahren, seit 1890, sind Highland Distillers die Eigentümer. 1959 überholten sie grundlegend die Brennerei, die ihnen auch heute noch gehört. Sie selbst sind 1999 in der »The 1887 Company« genannten Firma aufgegangen, die von der Edrington Group und William Grant & Sons gebildet wurde. Die Brennerei ist bereits seit 1986 geschlossen.

 Manchmal mit (12 Jahre), manchmal ohne Altersangabe, aber mit Nennung der Stärke (43%) auf dem Label. Die Serie »Family Silver« besteht bisher nur aus gerade zwei Abfüllungen, aber zu ihr gehört dankenswerterweise auch ein *Glenglassaugh*. Er ist eine *Vintage Reserve* von 1973 und wurde leider mit nur 40% abgefüllt. Ansonsten gibt es diesen Malt nur (und nicht oft) bei den Unabhängigen, etwa als »Connoisseurs Choice« von Gordon & MacPhail (z. B. 1977 und 1983) und in der »MacPhails Collection (1986/98).

 Die nördlich der A 98 gelegene Destillerie kann leider nicht besichtigt werden.

GLENGOYNE
[*glen goin*]

Tal des Pfeils, der Wunde (?)
Stirlingshire
Dumgoyne bei Killearn
OS 57 52/82
Tel. 01360-550 254
Besitzer: Robertson & Baxter
In Betrieb

■ Highlands

Glengoyne ist nach Strathisla die Lieblingsdestillerie des Verfassers. Weil sie ebenso liebevoll gepflegt wird. Weil sie noch immer viel von ihrem traditionellen Aussehen erhalten hat und weil sie sehr gastfreundlich ist. Und vor allem, weil man fast den Atem anhält, wenn man durch den Hof nach hinten gegangen ist und plötzlich vor dem Wasserfall steht; der liefert auch das Arbeitswasser. Das *process water* dagegen kommt aus einer Quelle, die schlicht *The Distillery Burn* genannt wird. Das Ganze spielt sich ab vor der großartigen Kulisse der Campsie Fells. Auch mit ihrem Alter kann sie renommieren: Sie, die früher auch Glen Guin und Burn Foot genannt wurde, existiert vielleicht schon seit 1833, gesichert ist jedenfalls 1837. Schon seit 1897 gehört Glengoyne, die gerade noch zu den Highlands zählt, den Lang Brothers.

Heute wird *Glengoyne* mit 10 (40%), (selten) 12 und 17 Jahren (jeweils 43%) abgefüllt. Zu ihnen gesellten sich mittlerweile eine Abfüllung mit einem 21- und einem 30jährigen – und gleich eine ganze Reihe Sonderabfüllungen, von denen die ersten 1992, 1993 und 1994 in Holzkisten und kleiner Auflage, als sogenannte »Weihnachtsabfüllungen« herausgebracht wurden. Ihnen folgten weitere Versionen, oft auch in witziger Verpackung wie der 30 Jahre alte *Middle Cut* etwa einem *spirit safe* oder die ebenso geschmückte Sonderauflage für den scheidenden Manager oder der *Glengoyne* in der Großvateruhr zum Millennium. Zwei Sechserserien aus verschiedenen Jahrgängen hatten Faß-Stärke.

Das *Visitor Centre* hat von April bis Novemeber von 10.00 Uhr (am Sonntag ab 12.00 Uhr) bis 16.00 Uhr geöffnet. Es bietet einen schönen Blick auf den Wasserfall. Außerdem gibt es einen Shop. Die Führungen (zur vollen Stunde) kosten Eintritt: 2 Pfund. Es werden auch *nosings* angeboten – eine gute Gelegenheit, seine Fähigkeiten zu testen und die Sinne zu schärfen.

Glenkinchie
[*glen kindschie*]

Tal der Quinceys
East Lothian
Pencaitland
OS 66 44/66
Tel. 01875-342 004
Besitzer: UDV
In Betrieb

■ ◐   Lowlands

Ein guter Einstieg für Whiskyneulinge – und für Touristen, die vom Süden an der Westküste entlang kommend, auf ihrem Weg nach Edinburgh Glenkinchie als erste Destillerie besuchen können. Inmitten von weiten Getreidefeldern, nahe an den Lammermuir Hills gelegen, hatte sie schon immer eine starke Affinität zur Landwirtschaft. Zeitweise war sie für die dort gezüchteten Tiere berühmter als für ihren Whisky. Vielleicht haben die intensiven Kenntnisse über Landdüngung und ihre Folgen für das Wasser zur Entscheidung geführt, sich nicht mehr aus dem nahen Kinchie Burn zu bedienen. Alles ist sehr proper in dem 1835 gegründeten Unternehmen (das vielleicht identisch ist mit der vorher gebauten Milton Distillery). Zeitweise war Glenkinchie eine Sägemühle. Sie war eine der wenigen Brennereien, die im 2. Weltkrieg nicht geschlossen waren. 1968 wurden die *floor maltings* geschlossen. Der Raum wird jetzt für ein Museum genutzt, in dem man sich interaktiv über Malt kundig machen kann und wo es schöne, alte Objekte zu bewundern gibt.

Glenkichie vertritt, mit 10 Jahren und 43% die Lowlands in der »Classic Malts«-Serie von UDV. Sie stellten ihm eine »Distiller's Edition« an die Seite, die 1986 destilliert und im Amontillado-Faß nachgereift war. Auch der *Jackson's Row* ist ein *Glenkinchie*. Bei den Unabhängigen ist er, Herzmalt des *Dimple*, selten zu finden.

Shop und Museum (mit einem eindrucksvollen Modell einer Destillerie) sind, mittlerweile auch gut ausgeschildert, über die A 68/A 6093 zwischen Dalkeith und Haddington zu erreichen und von Mai bis September täglich von 9.30 (am Sonntag nur vormittags) bis 16.30 Uhr geöffnet. Das firmeneigene Bowling-Green dürfen leider nur Mitarbeiter benutzen.

The Glenlivet
[*glen lívet*]

Tal des Livet
Banffshire
Ballindalloch
OS 36 19/29
Tel. 01542-783 202
Besitzer: The Chivas & Glenlivet Group
In Betrieb

■■■■ Highlands

*Glenlivet it has castles three
Drumin, Blairfindy and Deskie
And also one distillery
More famous than the castles three.*

So ist es! Glenlivet ist so berühmt, daß selbst weit vom Tal des Livet entfernte Konkurrenten ihrem Namen gerne einen Bindestrich und dahinter das »Glenlivet« anfügen. Das Original wehrte sich dagegen schon 1880 mit einem Prozeß und erstritt sich das distinguierte »The« auf dem Etikett. Wem Charakter und Qualität des Whisky nicht schon einzigartig genug sind, kann sich auch an die Geschichte halten. Wobei man dezent darauf hingewiesen wird, daß George Smith als erster Brenner überhaupt 1824 eine Lizenz erwarb, daß aber sein Vater schon seit 1747 destillierte. Besonders stolz ist man darauf, daß King George IV. 1822 bei einem Besuch in den Highlands nur (also noch illegalen!) *Glenlivet* trinken wollte. Am jetzigen Platz ist die Anlage seit 1858; sie gehört heute, nach dem Zusammenschluß mit den Verwandten von Glen Grant, zum Seagram-Konzern. Gearbeitet wird mit acht, gasbeheiz-

ten, *stills*, man verwendet zu einem Drittel Sherryfässer. Das Wasser wird wie seit je aus dem aus unterirdischen Wasserläufen gespeisten Josie's Well entnommen.

»Offiziell« gab es lange nur den 12jährigen, der Marktführer in Amerika ist, und – ganz selten – einen 21jährigen und den *George & J.G. Smith's Glenlivet*, den G&M in einer ganzen Anzahl lieferten, als Jahrgangswhiskies und als Abfüllungen von 8, 12 und 15 Jahren (letzteren mit 40, 46 und 57%), dazu einen 21 Jahre alten mit 40% und einen *cask strength* mit 59.5%. Aber dann besannen sich Seagram auf ihr Flaggschiff und brachten zunächst den *Archive* ohne Altersangabe, mit 15 und 21 Jahren auf den Markt. Eine hübsche Kassette mit fünf

vintages von 1967, 1968, 1969, 1970 und 1972 enthielt nur kleine Flaschen, aber dann fand sich genug Malt, um wenigstens vom 1969 und 1972 auch Normalflaschen zu füllen. Schließlich kam mit dem *French Oak Finish* sogar eine Novität heraus.

Daß es in Glenlivet ein bestens ausgestattetes *Visitor Centre* gibt, ist fast eine Selbstverständlichkeit. Es bietet Ausstellungen, einen Shop und ein Restaurant und ist von Mitte März bis Oktober von 10.00 bis 16.00 Uhr (am Sonntag erst ab 12.30 Uhr) geöffnet. (Kinder unter 8 dürfen nicht an den Führungen teilnehmen.) Glenlivet erreicht man über die B 9008, die von Aberlour über Tomnavoulin nach Tomintoul führt oder über die B 9009 von Dufftown.

GLENLOCHY
[glen lochy]

Tal des Lochy
Inverness-shire
Fort William
OS 41 11/74

Besitzer: ehemals DCL
Abgerissen

Highlands

 Der Caledonian Canal, die aus natürlichen Lochs und künstlichen Teilen bestehende Wasserstraße, verbindet die Nordsee mit dem Atlantik und trennt landschaftlich die Northern von den Western Highlands – eine Trennungslinie, die auch zur Zuordnung von Whiskies dient. Whiskyliebhaber assoziieren mit dem Canal dennoch keine angenehmen Gedanken. Denn an ihm herrscht das Destilleriesterben: Die drei von Inverness sind schon nicht mehr, im Süden, in Fort William, haben Japaner wenigstens Ben Nevis gerettet, aber die zweite Brennerei nördlich des Ortes ist, wie leider oft in ihrer Geschichte, wieder einmal zu; seit 1983. Sie ist, wie das genannt wird, *dismantled*, und seit mit der Umwandlung in Appartements begonnen wurde, ist es äußerst unwahrscheinlich, daß jemals wieder Wasser aus dem River Nevis genommen wird, um die beiden *stills* zu beschicken. Nur die Farm, die ein Manager während des Krieges aufbaute, floriert. Der Whisky, der aus der am Fuß des Ben Nevis, Schottlands höchstem Berg, liegenden Brennerei kam, wird wohl bald erschöpft sein.

 Bevor UDV zwei »Rare Malts« herausbrachten, gab es nur Abfüllungen von Unabhängigen wie Gordon & MacPhail, Cadenhead oder Signatory, wobei besonders der 30 Jahre (1963/93) Malt aus dem Sherryfaß, den Signatory entsprechend feierlich (mit Urkunde) anbot, eine kleine Sensation war; Signatory hatte *Glenlochy* auch bei den »Silent Stills«. Die beiden Destillerie-Abfüllungen enthalten einen 25 (62.2%) und einen 26 Jahre alten (58.8%), beide von 1969.

 Die Anlage ist gut herausgeputzt, bietet für Maltliebhaber aber dennoch eine traurige An- und Aussicht; aber wenn man sich umdreht, hat man den wunderbaren Anblick des Berges.

Glenlossie
[*glen lóssie*]

Tal des Lossie
Morayshire
Birnie bei Elgin
OS 28 21/57
Tel. 01343-862 005
Besitzer: UDV
In Betrieb

■ ■ ■   Highlands (Speyside)

 Kaum zwei Kilometer westlich von den Zwillingen Benriach/Longmorn liegt, ein Stück näher am Lossie, ein zweites Pärchen: Glenlossie und Mannochmore. Letztere wurde erst 1971 gebaut, während Glenlossie schon 1876 von John Duff errichtet wurde. Zwanzig Jahre später umgebaut, kam letzt genannte bereits 1916 unter den Einfluß der mächtigen SMD, die sie 1962 auf sechs *stills* erweiterten. Genauso viele hat Mannochmore, die auch das gleiche Wasser aus dem Bardon Burn in den Mannoch Hills benutzt. Auch die Lizenz beider gehörte einer Firma: John Haig in Markinch. Beide waren selten (der *Mannochmore* praktisch nie) zu bekommen, aber dann wurde wie sein Zwilling auch *Glenlossie* in die »Flora & Fauna«-Serie aufgenommen, die eigentlich ganz gut zu bekommen ist, wenn auch nicht immer und überall.

 Diese Abfüllung birgt einen 10 Jahre alten Whisky mit 43% und obwohl es schon einige Jahre her, daß sie auf den Markt kam, gibt es sie immer noch – wenn auch nicht mehr in der schönen Holzkiste. Daneben gibt es von fast allen Unabhängigen relativ viele Abfüllungen.

 Es gibt weder ein *Visitor Centre* noch Führungen. Wer Glenlossie wenigstens von außen ansehen möchte, fährt am besten von Elgin auf der A 941 nach Süden und biegt dann kurz nach Longmorn nach rechts ab in die schmale Straße zu ihr.

GLENMORANGIE
[*glem mó-rangschie*]

Tal der tiefen Ruhe
Ross-shire
Tain
OS 21 76/83
Tel. 01862-892 477
Besitzer: Glenmorangie plc
In Betrieb

■■□   Highlands

Glenmorangie, 1843 von einer Brauerei zur Destille umgewandelt, 1887 neu gebaut und seit 1918 im Besitz von Macdonald & Muir (denen auch Glen Moray und Ardbeg gehören und die sich 1997 entschlossen, ihr Unternehmen nach ihrem bekanntesten Produkt zu benennen) ist immer noch der Malt, der in Schottland am meisten verkauft wird. Die Entscheidung, ihn als Single zu verkaufen, fiel schon 1920. Heute ist Glenmorangie die einzige Brennerei, die ihre gesamte Produktion als Malt Whisky abfüllt – und von der es niemals eine »unabhängige« Abfüllung gegeben hat. Sie war auch die erste, die einen *cask strength* groß herausbrachte, unter dem etwas seltsamen Namen »The Native Ross-shire Glenmorangie«. All das sind Aktivitäten, die der Marke das besondere Wohlwollen der Liebhaber verschaffen – und Glenmorangie versteht mit dem Pfund zu wuchern, wenn stolz die handwerkliche Tradition der *Sixteen Men of Tain* gepflegt wird oder wenn auf die ungewöhnlichen *stills* (es sind mittlerweile acht und sie sind die höchsten in Schottland) hingewiesen wird. Eine Besonderheit ist das besonders harte, mineralreiche Wasser, dessen Quellen im firmeneigenen Tarlogie Hill Forest unweit der Brennerei liegen. All das und das kaum getorfte Malz verleihen dem *Glenmorangie* seine fruchtige Leichtigkeit. Glenmorangie war und ist der Pionier der »Holz-Philosophie«, des sorgsamen Umgangs mit bestimmten Faßtypen. Für den Klassiker, den 10 Jahre alten, werden ausschließlich ehemalige Bourbon-Fässer verwendet. Aber sonst kennt der Einfallsreichtum keine Grenzen: man hat gleich reihenweise sogenannte *finishings* herausgebracht, Malts, die in einem zweiten Faß nachreifen durften, um auch von seinem Charakter zu profitieren; neben Portwein- kamen auch Rotwein-, Madeira und sogar Cognac-Fässer zum Einsatz. Sie alle dürfen in aller Ruhe lagern, an einem Ort, dessen *nomen* wirklich *omen* ist: Glenmorangie heißt Tal der tiefen Ruhe, des großen Friedens.

 Lange gab es nur den »normalen« *Glenmorangie* mit seinen 10 Jahren, dann aber, seit Anfang der Neunziger Jahre des letzten Jahrhunderts, kamen zaghaft zuerst, dann immer schneller, neue Versionen auf den Markt: ein *highproof* mit 57.6%, ein 18jähriger; hin und wieder werden auch *vintage-Malts* angeboten (1971, 1972, 1974,1976, 1977, 1979). Gerne nutzte man auch besondere Ereignisse wie die Einweihung der Brücke über den Durnoch Firth und auch den eigenen 150. Geburtstag vergaß man nicht und feierte ihn mit einem 21jährigen in einer Keramikflasche. Die »Culloden«- Replika-Flasche wurde schnell zu einer Rarität für Sammler. Aber das alles war nur der Anfang: Mit den *fishinings* landete man einen Hit – und bediente den gierigen Markt immer schneller und mit zum Teil extrem limitierten Mengen: Der Port-, Madeira- und Sherry-*Glenmorangie,* auch der 15jährige sind breit verfügbar, aber es gab auch einen *Portwood Vintage* (für die Concorde!), einen *L'Hermitage* aus dem französischen Tain, den *Claret* aus dem Mouton-Rothschild-Faß, den *Cognac matured* (850 Flaschen) und den in größerer Menge verfügbaren *Sherry Fino*. Es folgten der *Special Reserve* und der *Traditional* (10 Jahre, 52.7%), der *Cellar 13* aus eben diesem Lagerhaus, und der *Elegance* im mundgeblasenen Decanter von Caithness Glass. Zur Jahrtausendwende gab es den preiswerten *Millenium First Cask* und den *Glenmorangie Original* mit 24 Jahren, von dem es nur 2000 (0.5-Liter!) Flaschen gab. Besonders gesucht: die *Distillery Manager's Choice* (1981/1998, 54.5%).

 Unsere Wünsche wurden erhört: endlich gibt es ein *Visitor Centre*, das von April bis Oktober geöffnet hat und (werk-)täglich sechs Führungen durch das Schmuckstück am Durnoch Firth anbietet.

GLENROTHES
[*glen róßes*]

Tal der (Earls of) Rothes
Morayshire
Rothes
OS 28 27/49
Tel. 01340-872 152
Besitzer: Highland Distillers
In Betrieb

■■■ Highlands (Speyside)

 Als Alfred Barnard 1887 den damals winzig kleinen Ort Rothes zwischen Dufftown und Elgin besuchte, gab es immerhin schon drei Destillerien. Heute sind es fünf, von denen aber nur Glen Grant wirklich bekannt ist. Zu den unbekannten vier gehört die 1878 von William Grant & Co. gegründete Brennerei, die schon seit 1890 im Besitz der heutigen Gruppe ist. Sie hat leider nur sehr wenig dafür getan, ihren Whisky als Single Malt verfügbar zu machen. Das hat sich freilich sehr geändert, seit Berry Bros. & Rudd, die altehrwürdige Weinhandlung (seit 1690 am gleichen Ort!) an der Londoner St. James's Street, die ihn ja schon lange als Malt abfüllten, eine *Vintage*-Abfüllung nach der anderen herausbringen. Daß sie von Marketing etwas verstehen, haben sie ja schon seit Jahrzehnten mit ihrem *Cutty Sark* bewiesen. Die Brennerei wurde in mehreren Stufen auf heute zehn *stills* vergrößert und holt sich ihr Wasser von den Hügeln über ihr.

 Lange nur von unabhängigen Abfüllern (von Gordon & MacPhail auch in Lizenzabfüllung) erhältlich, gab es schließlich zuerst einen 8-, dann einen 12jährigen von Berry Bros. & Rudd. Die haben bekanntlich besonders enge Beziehungen zu den Eigentümern und handeln gewiß in deren Auftrag mit ihren Abfüllungen, die in einer sehr originellen Flasche und immer sehr begrenzter Stückzahl angeboten werden. Die erste war ein 25jähriger, 1979 destilliert und 1994 abgefüllt, leider nicht in *cask strength*. Danach kamen, ohne Gewähr für Vollständigkeit, Malts von 1978 (1999), 1981 (1999), 1984 (1996), 1985 (1997 und 1998), 1987 (1999) und, besonders rar, 1971 (1999) und 1972 (1996).

 Das immer wieder angekündigte *Cutty Sark Visitor Centre* in Glenrothes (manchmal auch in zwei Worten geschrieben) ist immer noch nicht eröffnet. Besuche sind, wenn überhaupt, nur *by appointment* möglich.

GLENTAUCHERS
[*glen tóchers*]

Tal des Windes
Banffshire
Mulben bei Keith
OS 28 37/49
Tel. 01542-860 272
Besitzer: Allied Distillers
In Betrieb

■ ■ □   Highlands

 Lange waren es gute Nachrichten, die uns aus Mulben erreichten: Man freute sich, daß Glentauchers, seit 1983 geschlossen, von Allied sechs Jahre später nicht nur gekauft, sondern mit seinen sechs *stills* tatsächlich auch wieder in Betrieb genommen wurde. Dann überraschten Gordon & MacPhail zuerst mit einem 1979er in neuer Aufmachung. Dieser wurde noch in der Zeit destilliert, als Glentauchers der SMD gehörte; davon soll es, wie man hört, nicht mehr sehr viel geben. Der neue *make* müßte mittlerweile ausgereift sein, aber anders als viele andere Brennereien wurde Glentauchers 1998 zum 100. Geburtstag nicht mit einem Jubiläums-Malt geehrt – allerdings blieb ihr das Schicksal anderer Allied-Brennereien wie etwa Glendronach, Imperial oder Scapa erspart, ihre Produktion einstellen zu müssen oder gar wie Ardbeg, Balblair und Pulteney verkauft zu werden – vielleicht, weil Jim Murray ihren Malt als einen der fünf besten Schottlands gelobt hatte. Die Brennerei, auf halbem Weg zwischen Mulben und Keith und zwischen Spey und Isla gelegen, wurde 1898 von einem der »Big Five«, von James Buchanan, gegründet. Der wurde später für seine Verdienste um seinen *Black and White* zum Lord Woolavington gemacht.

 Früher gab es *Glentauchers* 5- und 12jährig. Lange sah man ihn selten und nur bei Cadenhead oder der »Scotch Malt Whisky Society«. Die neue Lizenz-Abfüllung weist, wie leider immer bei Gordon & MacPhail, kein Alter aus.

 Ein offizielles *Visitor Centre* fehlt und es gibt auch keine Führungen nach Vereinbarung. Dennoch kann man den Versuch machen und einmal höflich anklopfen.

Glenturret

[*glen túrret* oder *tarret*]

Tal des Turret
Perthshire
The Hosh bei Crieff
OS 52 85/23
Tel. 01764-656 565
Besitzer: Highland Distillers
In Betrieb

■■   Highlands

Nachdrücklich pocht man darauf, »Scotland's oldest distillery« zu sein – was keineswegs unmöglich ist, wenn das auch, mit gleichem Recht, von Littlemill und Strathisla beansprucht werden kann. Unstreitig dagegen ist Glenturret eine der kleinsten Brennereien, mit nur zwei *stills*. Und unstrittig ist auch, daß es tatsächlich schon 1775 auf dem Gelände eine Brennerei gab, die zeitweilig auch Hosh hieß (während eine andere sich Glenturret nannte). Der heutige Name wurde 1875 übernommen und er überlebte auch die Schließung in den zwanziger Jahren. Einem Whisky-Enthusiasten, James Fairlie, ist die Wiedereröffnung zu verdanken. Glenturret liegt malerisch außerhalb von Crieff am River Turret (das Wasser kommt aber vom gleichnamigen Loch). Der Bekanntheitsgrad von Glenturret und die wirtschaftliche Blüte gehen auf Fairlie und seinen Sohn Peter zurück, sind aber auch der offensiven Öffentlichkeitsarbeit (und dem Zusammengehen mit Cointreau von 1981 – 1990) zuzuschreiben – und der geradezu vorbildlichen Liebe, mit der man sich der Besucher annimmt. Sie werden von einem Denkmal begrüßt, das die berühmteste aller Distillerie-Katzen feiert: Towser, *mouser* von Glenturret, ging ihrem Beruf so vorbildlich fleißig nach, daß sie mit genau 28899 Mäuse ins »Guinness Buch der Rekorde« aufgenommen wurde. Unser Abbildung zeigt ihre Nachfolgerin, die Hübsche Amber. Peter Fairlie übrigens, nach dem man kurz zuvor noch einen Likör benannt hatte, wurde zuerst zum Chef von Macallan befördert, dann aber entlassen – überhaupt hat man den Eindruck, daß Glenturret bei Highland mittlerweile ein ungeliebtes Kind ist. Vielleicht wird man bald von einem Besitzerwechsel lesen.

 Es gab und gibt zahlreiche Angebote in der Normalflasche, zwar nicht mehr den 8jährigen, aber mit 12 und 18 Jahren mit 40%, 15jährig mit 40 bzw. 50%) und noch mehr in der Miniaturbottle (10 Jahre bei 57%, einen 5000 Tage alten). Dazu kommen ein 21jähriger in der Karaffe, die den früher in den Brennereien verwendeten Kannen nachempfunden ist, ein 25 Jahre alter in einer Keramik-Weltkugel (wirklich) und einige *vintages* (1966, 1967, 1972) in besonderer Verpackung. Die Zusammenarbeit mit Cointreau führte auch zu einem Malt Liqueur; der *Fairlie's* kam erst danach.

 Eine preisgekrönte Destillerie: Glenturret hat Shop, Bar, Restaurant und Museum. Die Zahl ihrer Gäste ist rekordverdächtig und kann es mit Attraktionen wie Edinburgh oder Stirling Castle aufnehmen. Geöffnet ist März bis Dezember von Montag bis Samstag von 9.30 bis 17.00 Uhr (am Sonntag ab 12.00 Uhr) Sonst werktags von 11.30 bis 16.00 Uhr. Außerdem können Feste, Parties etc. gebucht werden.

Glenugie
[*glen júgie*]

Talsenke, geschütztes Tal
Aberdeenshire
Peterhead
OS 30 12/44

Besitzer: ehemals Long John
Teilweise abgerissen

■ ◨   Highlands

Diesen Whisky gab es nie »offiziell«, nur von den Unabhängigen, den »Händlern«. Die Frage ist nur, wie lange noch. Denn auch Glenugie ist seit 1982 nicht nur geschlossen, sondern mittlerweile ist auch ein Teil ihres Equipments abgebaut worden. Die Gebäude wurden an ein Unternehmen verkauft, das mit Whisky oder wenigstens der Getränkeindustrie nichts zu tun hat. Glenugie war einmal die östlichste Brennerei Schottlands, die Gebäude liegen südlich von Peterhead an der A 92 nach Aberdeen, nahe am Meer und stammen von 1875, aber Brennereiaktivitäten sind an diesem Ort älter. Eine Vorgängerin wurde in eine Brauerei umgewandelt – eine Besonderheit, denn sonst war es meist umgekehrt. Brauereien waren auch später das Schicksal von Glenugie: 1937 wurde sie von Seager Evans übernommen, die später über mehrere Zwischenstationen (u.a. Long John International) bei Whitbread landeten. Glenugie hatte zwei *stills* und entnahm ihr Wasser dem Wellington Spring.

Es gibt ihn – noch – von Gordon & MacPhail, als »Connoisseurs Choice«, nach dem Jahrgängen 1966 und 1968 ist jetzt 1967 im Angebot. Auch andere wie etwa die Hart Brothers haben ihn zuweilen und Signatory hatte mindestens vier Abfüllungen, von den besonders die beiden in der »Silent Stills«-Serie herausragten: ein 1978er, 1997 mit 57.4%, und ein 1966, ein Jahr später mit 53.9% abgefüllt.

In Glenugie gibt es nicht nur die Reste einer Windmühle, auch Architekturfreunde kommen auf ihre Kosten: weil die Gebäude mit Gußeisen verkleidet sind.

GLENURY ROYAL
[*glen jurie*]

Tal der Eiben
Kincardineshire
Stonehaven
OS 45 87/86

Besitzer: UDV
Geschlossen

■■■   Highlands

 In den Steuerlisten tauchte Glenury zum ersten Mal 1833 auf; sie ist aber älter. Sie wurde von einem Mann initiiert, den die »Scotch Malt Whisky Society« vornehm einen »colourful character« nennt: Capt. Robert Barclay, Laird of Ury, war ein fortschrittlicher Farmer und seine Brennerei sollte die Absatzchancen seiner Pächter verbessern. Er erwarb sich auch Verdienste, weil er eine neue Schafsrasse einführte. Und er war ein gewaltiger Läufer vor dem Herrn, der 1808 als erster 1000 Meilen in 1000 Stunden lief; kein Wunder also, daß seine Brennerei bei Guinness landete! Auch Parlamentsmitglied war er – mit einem wichtigen Freund bei Hofe, den er »Mr. Windsor« nannte – und der ihm die Erlaubnis von König Wilhelm IV. vermittelte, seinen Whisky mit dem werbeträchtigen *Royal* zu schmücken. Leider hatte Barclay keine Erben – das weitere Schicksal Glenury's war denn auch weniger farbig und sieht im Moment ziemlich rabenschwarz aus: Seit 1985 stehen die vier *stills* still. Das endgültige Todesurteil kam am 23. 9. 1993.

 »Den Whisky bekommt man noch leicht« schrieb Jackson in seinem großen Whiskybuch. Das war einmal. Den von John Gillon abgefüllten 12jährigen bekommt man nur durch Zufall oder viel Geld bei einer Auktion. Immerhin gab es aber drei Originalabfüllungen bei den »Rare Malts« von UDV: einen 23 Jahre alten von 1971 (61.3%), einen mit 25 Jahren (1969, 62.2%) und einen sogar mit 29 Jahren (1970, 57%).

 Die Destillerie liegt am nördlichen Rand von Stonehaven, an der Eisenbahn und am linken Ufer von Cowie Water, aus dem früher das Wasser für sie wie für die örtliche Wasserleitung kam.

Highland Park
[*hailand paak*]

Hochland Park
Orkney Mainland
Kirkwall
OS 6 45/09
Tel. 01856-873 107
Besitzer: Highland Distillers
In Betrieb

■■■■   Islands

 Die nördlichste Destillerie überhaupt, wenn auch nur knapp: Scapa liegt nur ein bißchen weiter »unten«. Von Highland Park kann man nicht sprechen ohne Magnus Eunson zu erwähnen. Der brannte am gleichen Platz illegal – und war gleichzeitig ein Mann der Kirche, der auch seine Kanzel und sogar Särge als Verstecke nutzte. Die heutigen Besitzer wählten 1998 als Datum für den 200. Geburtstag, aber schon 1795 baute ein David Robinson eine Brennerei. Genau 100 Jahre später wurde sie an James Grant verkauft, der sie von zwei auf vier *stills* vergrößerte. Seit 1935 sind Highland Distillers Besitzer. Sie schwärmen in ihren Prospekten ganz zu Recht von der »Achtung vor Tradition und dem Respekt vor dem Brauchtum«, unterhalten wirklich auch noch *floor maltings*, benutzen beim Mälzen neben Torf auch Heidekraut und pumpen immer noch das Wasser aus einem tiefer gelegenen Reservat. Die Mannen von Highland Park haben übrigens 1999 auch kurz einmal in Scapa destilliert.

 Von der Destillerie kam lange nur ein 12jähriger (40%) und der fulminante und nun leider vergriffene *1967 vintage*. Aber dann erweiterte man die Palette durch einen 18- und einen 25jährigen, feierte den 200. Geburtstag der Brennerei durch einen *Bicentenary*, brachte mit dem *Highland Park 1958* in der feierlichen Holzschatulle einen richtigen teuren Malt heraus und legte zum ersten *online tasting* der Whiskygeschichte eine Spezialedition auf – allerdings nur für die Teilnehmer (228 Flaschen). Gordon & MacPhail hat besondere Beziehungen zur Orkney-Destillerie und bringt deshalb zahlreiche Abfüllungen.

 Seit 1987 gibt es ein Informationszentrum in der Brennerei mit Blick auf das berühmte Scapa Flow im Süden und die Insel-Hauptstadt Kirkwall. Im Winter gibt es nur eine Führung um 14.00 Uhr, von April bis Oktober ist werktags von 10.00 bis 17.00 Uhr geöffnet. Ein vorheriger Anruf ist immer zu empfehlen.

HILLSIDE
[*hill said*]

Hang, Lage am Hügel
Angus
Hillside bei Montrose
OS 45 71/61

Besitzer: UDV
Geschlossen

■■■   Highlands

 Ob es Sympathie zu den Malt-Liebhabern war oder doch der 1995 zu bedrohlicher Größe, um nicht zu sagen, zum Hochwasser, angeschwollene »Whisky Loch« war, was die damalige UD zur Kreation einer neuen Serie veranlasste? Die Industrie litt unter Absatzmangel und erfreute uns deshalb mit neuen Angeboten. »Rare Malts Selection« heißt die Reihe der Whiskies, von denen sehr viele, und das ist besonders verdienstvoll, aus *lost distilleries*, also für immer dahingeschiedenen Brennereien, kommen. Das Glück wird noch gesteigert dadurch, daß der Whisky naturbelassen, also nicht kühlgefiltert und meist sehr alt ist und immer *cask strength* aufweist. Der neuen Reihe verdankt auch die zuletzt unter dem Namen Glenesk (siehe dort) arbeitende Destille, die noch unter ihrem früheren Namen in dieses Buch kam, daß sie nun doppelt vertreten ist. Er nimmt Bezug darauf, daß in Montrose selbst Lochside Distillery zu finden ist. Daß so manche Brennerei im Laufe ihrer Geschichte umbenannt wurde, fiel den meisten ja auch erst auf, seit ihr Malt glücklicherweise nicht mehr nur zum Blenden verwendet wird.

 Als *Hillside* war der Whisky nie zu bekommen, ehe UD der 1985 für immer geschlossenen Brennerei die Ehre der Aufnahme in die »Rare Malts Selection« widerfahren ließen. Sie wählten dafür den Jahrgang 1969, das Volumen betrug 61.9%. Und sie, bzw. die Nachfolgerin UDV, scheinen noch mehr Vorräte zu haben, denn es folgten gleich drei weitere Abfüllungen: der *Hillside* 1970 (25 Jahre, 60.1%), ein 1971 mit 25 Jahren (61.9%) und einer von 1972, 25 Jahre alt und mit 62%.

 Weder die großen Glenesk Maltings noch die alte Brennerei, inmitten von Gerstenfeldern nahe Montrose gelegen, können besichtigt werden.

Imperial
[*impíriel*]

Die Kaiserliche
Morayshire
Carron bei Aberlour
OS 28 22/41
Tel. 01340-810 276
Besitzer: Allied Distillers
Geschlossen

■■ Highlands (Speyside)

 Eine weitere, in den 80er Jahren stillgelegte Brennerei, die von Allied gekauft und wieder eröffnet wurde. Und wie bei Glentauchers ging damit auch das Angebot einer neuen Abfüllung durch Gordon & MacPhail einher. Bis dahin war *Imperial* einer der am schwersten zu bekommenden Malts – auch deshalb, weil die Destillerie im Verlauf ihrer noch nicht ganz 100jährigen Geschichte fast häufiger geschlossen als offen war. Bereits ein Jahr nach der Gründung wurde sie für 20 Jahre wieder zugemacht. Vom Krieg, in dem sie als Truppenunterkunft diente, abgesehen, wurde sie seit 1925 nur noch zur Herstellung von Malz benutzt. Es gibt historische Beziehungen zu Dailuaine, die fast gegenüber am anderen Ufer des Spey liegt: Dailuaine-Talisker Distillers waren der Besitzer, ehe, ebenfalls 1925, DCL einstiegen. In Benutzung waren vier *stills*, das Wasser kam aus Ballintomb Burn. Die Brennerei war die Mutterbrennerei des Blends *Black Bottle* (der dadurch Aufsehen erregt, daß er Malts von allen sieben arbeitenden Islay-Destillerien enthält); das Schild am Eingang wurde übermalt, als Allied die Marke verkauften – kurz bevor sie 1998 Imperial wieder einmal schlossen.

 Die neue Lizenz-Abfüllung trägt die Jahreszahl 1979, aber keine Altersangabe. MacArthur hatte einen 12jährigen Hochprozenter, mit 65%, dem ein 15 Jahre alter mit nur 43% folgte. Auch ein »Connoisseurs Choice« von Gordon & MacPhail ist noch zu finden; er wurde 1970 gebrannt. Cadenhead hatte einen *highproof* mit 64.9% von 1980 und auch den »normalen« Signatory von 1976 gibt es noch.

 Imperial kann nicht besucht werden. Wer auf dem Speyside Way wandernd oder fahrradfahrend auf sie stößt, kann sich nur von außen einen Eindruck verschaffen.

Inchgower

[*insch gáuer*]

Ziegeninsel
Banffshire
Buckie
OS 28 42/64
Tel: 01542-836 700
Besitzer: UDV
In Betrieb

■■■□   Highlands

 Inchgower kann man zu den »Speysides« zählen – gerade noch. Die Brennerei liegt mehrere Meilen östlich der Flußmündung. Dort hat sie ein Alexander Wilson 1871 errichtet; sie ersetzte seine ältere Anlage namens Tochineal. Kurioserweise gehörte Inchgower einmal der Stadt Buckie. Sie übernahm den Betrieb von seinen in Liquidation befindlichen Besitzern, verkaufte ihn aber nach zwei Jahren 1938 an Arthur Bell & Sons, die ein Schnäppchen machten, obwohl auch die Stadtväter immerhin das Dreifache des Einstandspreises von £1000 kassierten. 1966 wurde von zwei auf vier *stills* erweitert. Inchgower ist eine der Brennereien, die nie viel von sich reden machten, die immer nur zu den Arbeitspferden der Industrie gehörte und brav Malt lieferte, der von vielen Masterblendern geschätzt wurde.

 Seit 1972, also schon seit Bell-Zeiten, gibt es den *Inchgower*, dessen Wasser vom Letter Burn in den Menduff Hills kommt, als Single Malt. Einen 12jährigen gab es in zwei verschiedenen Aufmachungen. Dann wurde ein 14 Jahre alter Whisky, mit 43%, in die »Flora & Fauna«-Kollektion aufgenommen. Eine weitere Eigentümerabfüllung kam in der »Rare Malts«-Reihe, 22 Jahre alt, 1974 destilliert und mit 55.7% abgefüllt.

 Inchgower, zwischen Fochhabers und Buckie an der A 98 und damit etwas außerhalb der meist benutzten (Whisky-)Touristenpfade gelegen, spielt auch in dieser Hinsicht eine Nebenrolle: Sie ist nicht zugänglich.

Inverleven
[*inver líeven*]

Mündung des Leven
Dunbartonshire
Dumbarton
OS 63 39/75
Tel. 01389-765 111
Besitzer: Allied Distillers
Geschlossen

■■   Lowlands

 Am Leven, genau auf der imaginären Lowlands-Highlands-Linie, erhebt sich ein mächtiger Komplex, der die letzten Träume von einer Brennerei als einem handwerklich-bäuerlichen Kleinbetrieb endgültig auszutreiben geeignet ist: Die Fabrik von George Ballantine, 1938 von Hiram Walker & Sons errichtet, ist ein Konglomerat aus Türmen und Schornsteinen und ähnelt mehr einer Raffinerie als einer Destillerie. Tatsächlich wird dort, und das in großem Maßstab, vor allem Grain Whisky hergestellt. Aber schiere Größe muß handwerklicher Sorgfalt und der Pflege von Tradition keineswegs im Weg stehen. Man hatte dort drei *stills*, die zwei verschiedene Malts produzierten. Der eine, von einer Blase im sogenannten *Lomond*-Stil, führte firmenintern den Namen *Lomond* und ist, soweit bekannt, erst einmal abgefüllt worden (von der Scotch Malt Whisky Society). Der andere, eben *Inverleven*, ging vor allem in die Blends und war und ist entsprechend selten zu finden. Mittlerweile ist die kleine Installation außer Dienst gestellt. Die Vorräte werden also bald aufgebraucht sein.

 Galt als extrem schwer zu bekommen und war, wenn überhaupt, nur als Cadenhead-Abfüllung (17 bzw. 21 Jahre, bei 46%, 27jährig mit 51.4%) zu finden. 1995 haben aber Gordon & MacPhail die Lizenz erhalten, ihn in die sogenannte »Allied«-Reihe aufzunehmen, Malts, die von der unabhängigen Firma mit Erlaubnis des Brennereibesitzers abgefüllt werden wie etwa auch der *Glentauchers* und der *Imperial*, ebenfalls aus dem Hause Allied. Der erste Jahrgang war von 1979, dann folgten 1984 und 1985.

 Hier, in Dumbarton, könnte man über die Whiskyherstellung alles lernen, wenn man nur hineingebeten würde. Denn hier werden Malt und Grain produziert. Aber Besucher sind leider nicht zugelassen.

Isle of Arran
[eil of arran]

Insel der Schafe (?)
Argyll
Isle of Arran, Lochranza
OS 69 94/50
Tel. 01770-830 264
Besitzer: Isle of Arran Distillers
In Betrieb

■ ■   Islands

 Isle of Arran ist die jüngste Destillerie in diesem Buch. Sie wurde erst 1995 eröffnet, ein Jahr später als geplant, weil ein Paar der majestätischen *Golden Eagles* sich ausgerechnet die Stelle zum Brüten erkoren hatte, die auch Harrold Currie als Platz für sein Projekt ausgespäht hatte. Er erfüllte sich, nach erfolgreichen Jahren in der Industrie, wo er es bis zum Direktor von Chivas brachte, einen Traum, als er nach mehr als hundert Jahren Unterbrechung den Whisky auf die Insel zwischen dem Festland und Kintyre zurückbrachte. Das nötige Kapital brachte er durch den Verkauf von Anteilscheinen auf, die später gegen Whisky getauscht werden sollten. Auch sonst erwies er sich als exzellenter Marketing-Manager: Er gründete eine Society, um frühzeitig für sein Kind zu werben, und auch Fässer konnte man zur Zukunftssicherung (der Brennerei und der Käufer) erwerben. Vor allem errichtete er ein *Visitor Centre*, zu dessen Eröffnung sogar die *Queen* vorbeischaute. Und bei allem vergaß er nicht, auf die Qualität seines Malt zu achten, dem man schon früh ein großes Potential vorhersagte.

 Jährlich kommende Miniaturen belegten den Fortschritt des *new spirit*. Nach der gesetzlich vorgeschrieben Mindestreifezeit von drei Jahren ließ Currie eine Sonderabfüllung mit einem von ihm selbst signierten Label anbieten, die die Faßstärke von 60.3% aufwies. Bald danach kam die erste reguläre Abfüllung als *Arran*, aus dem Sherryfaß und ohne Altersabgabe. Weitere Abfüllungen werden, von Bildern schottischer Künstler begleitet, als *Scottish Painters' Collection* angeboten.

 Die Brennerei liegt, wunderschön, an der nordwestlichen Spitze der Insel, unweit von der Ruine, der Walter Scott ein literarisches Denkmal gesetzt hat. Die Insel lohnt einen Besuch immer und nun hat sie eine Attraktion mehr. Geöffnet ist das *Visitor Centre* täglich von 10.00 bis 18.00 Uhr.

Isle of Jura
[*eil of dschura*]

Insel des Rotwildes
Argyll
Isle of Jura, Craighouse
OS 61 52/67
Tel. 01496-820 240
Besitzer: The Whyte & Mackay Group
In Betrieb

■■■   Islands

 Schwer zu entscheiden, wofür Jura berühmter ist: für seine Paps (altschottisch-derb für Brüste) genannten drei (!) Berge, für die einzige Destillerie, die es beherbergt – oder dafür, daß Orwell hier »1984« schrieb. Überhaupt ist die kleine, zwischen Islay und dem Festland gelegene, nur über die Fähre von Port Askaig zu erreichende Insel, die von nicht einmal dreihundert Menschen bewohnt wird, ein idealer Platz für Geschichten. Schon 1502 soll schwarz gebrannt worden sein. Und als der Pächter James Ferguson & Sons, der die Destillerie von der Besitzerfamilie gepachtet und zum Blühen gebracht hatte, sich mit diesen Campbells nicht einigen konnte, hat er kurzerhand seine *stills* samt dem Dach darüber abgebaut. Von 1904 bis in die fünfziger Jahre passierte nichts. Die neue Anlage im Weiler Craighouse wurde von W. Delme Evans für Mackinlay/McPherson, also Scottish & Newcastle Brewery, konzipiert; der erste Whisky floß 1963. Seit 1978 gibt es vier *stills*. Das Wasser liefert Market Loch, das sich auf gälisch viel schöner »a' Bhaile Mhargaidh« schreibt.

 Der früher angebotene 8jährige hat einem 10 Jahre alten Platz gemacht, der mehrmals neu ausgestattet wurde. Er wurde ergänzt durch 15, bzw. 16 und 21 Jahre alte *expressions*. Zusammen mit seinen Stallgenossen von Dalmore, Bruichladdich, Tamnavulin und Tullibardine gehören ein 26- und sogar ein 33jähriger *Isle of Jura* (45%) zur kostspieligen »Stillman's Dram«-Serie. 1993 wurde zum ersten Mal ein Faß auf der Insel selbst abgefüllt. Die 261 Flaschen mit dem 20 Jahre alten und 54% starken Malt sind von Willie Tait, dem damaligen Distillery-Manager, persönlich signiert. Ebenso rar ist natürlich der *Single Barrel*, von dem es 304 Flaschen gibt. Auch der *Craignure* kommt aus Craighouse.

 Besucher sind willkommen, sollten sich aber auf jeden Fall vorher anmelden.

KINCLAITH
[*kin-kläiß*]

Kopf des Clyde
ehemals: Glasgow
Moffat Street
OS 64 59/64

Besitzer:
Abgerissen

Lowlands

 In den neuesten Preislisten von Gordon & MacPhail ist der Whisky nicht mehr enthalten und auch sonst ist lange keine Abfüllung mehr aufgetaucht. Vielleicht erscheint die Brennerei deshalb in dieser Ausgabe des »Malt Guide« zum letzten Mal. Sie existiert ja schon seit 1975 nicht mehr – und ist damit nicht einmal volljährig geworden. Denn sie wurde erst 1957 gegründet, von Seager & Evans, die damals der amerikanischen Firma Schenley gehörten und Mitte der fünfziger Jahre groß ins Malt-Distillery-Geschäft investierten (u.a. durch den Neubau von Tormore) und auf dem Gelände ihrer Grain-Brennerei Strathclyde in Glasgow Kinclaith errichteten. Seager & Evans wurden 1975 an Whitbread verkauft, die sofort eine Vergrößerung von Stathclyde in Angriff nahmen. Diese Pläne ließen keinen Platz für die kleine Malt-Produktion und Kinclaith mußte weichen. Sie hatte nur zwei *stills* und bezog ihr Wasser aus Glasgows Wasser Reservoir, dem am Fuße der Trossachs gelegenen romantischen Loch Katrine.

 Kinclaith hat es immer nur von den Unabhängigen gegeben. Gordon & MacPhail verkauften als letztes den Jahrgang 1967 – ohne zu vermerken, daß es sich um eine begrenzte Menge handle. Das ließ hoffen, daß sie noch mehr Vorräte haben, aber bisher wurden die Erwartungen enttäuscht.

 Kinclaith war die letzte Malt-Destillerie auf dem Boden Glasgows; geblieben ist von ihr nichts.

KNOCKANDO
[*nock-án-du*]

Siehe unten
Morayshire
Knockando bei Aberlour
OS 28 19/41
Tel. 01340-882 000
Besitzer: UDV
In Betrieb

■■□ Highlands (Speyside)

 Über die Bedeutung des Namens streiten sich die Professoren des Gälischen. Justerini & Brooks, die die 1898 gebaute Destillerie auch unter der neuen »Mutter« führen, übersetzen »Knockandhu« mit »schwarzes Hügelchen«. Kenner des Speyside-Dialekts allerdings beharren auf der Übersetzung: »Hügel mit den Vogelbeerbäumen«. Welcher Hügel auch immer, die Brennerei liegt in der Nähe von Cardhu und gleich neben Tamdhu am linken Ufer des Spey. Justerini, die durch ihre Verschmelzung mit Gilbeys' an Knockando gekommen und heute samt ihren beiden schönen Läden in London und Edinburgh eine Tochter von UDV und damit von Diageo sind, wenden bei diesem Whisky eine ziemlich einmalige Verkaufspolitik an: auf dem ungewöhnlich gesprächigen Etikett wird nie das Alter angegeben, sondern das Jahr der Herstellung und das der Abfüllung; das Alter variiert also zwischen 11 und 16 Jahren. Dahinter steht natürlich ein Anspruch: einen Malt nur dann abzufüllen, wenn er absolut reif ist – und nicht, wie die Konkurrenz, automatisch mit einem bestimmten Alter. Knockando hat vier *stills*. Das Wasser kommt von Cardnach Spring.

 Der geschilderte Whisky ist sozusagen die Normaledition der Destillerie. Es gibt zur Zeit den Jahrgang 1987/1999. Daneben gibt es den aufwendig verpackten *Extra Old Reserve* im Decanter, der zwischen 21 und 25 Jahre alt zu sein pflegt. Zwei spezielle Versionen waren der 1980 destillierte und 1998 abgefüllte *Slow Matured* und der 21 Jahre alte *Single Cask*, von Manager Innes Shaw signiert, mit dem der 100. Geburtstag von Knockando gefeiert wurde.

 Leider gibt es keine offiziellen Besuchszeiten. Interessenten sollten trotzdem unter der angegebenen Telefonnummer versuchen, einen Termin zu bekommen – und sich ansonsten damit trösten, daß allein die Wanderung nach Knockando am Fluß entlang lohnend ist.

Knockdhu
[*knock-dúh*]

Schwarzes Hügelchen
Aberdeenshire
The Knock, bei Huntley
OS 29 54/52
Tel. 01466-771 223
Besitzer: Inver House Distillers
In Betrieb

■ □   Highlands

 Der »normale« Malt aus dieser Brennerei trägt, seit 1993, nicht mehr, wie es üblich ist, den Namen seiner Destillerie, sondern heißt *An Cnoc*. Auf Wunsch (oder Druck?) von Justerini & Brooks, die der Verwechslung mit ihrem *Knockando* vorbeugen wollten, wurde (ein einmaliger Vorgang!) der Malt umgetauft – und ist immer noch ein fast unbekannter Whisky aus einer fast unbekannten Destillerie. Immerhin wußte man, daß ihre Produktion schon von je her dazu bestimmt war, in die Blends von Haig zu gehen. Zu diesem Zweck wurde sie sogar gebaut. Sie war die erste Maltbrennerei, die die 1877 von sechs Lowlands-Grain-Brennern gebildete DCL (Distillers Company Limited) baute – ein Zusammenschluss, der in der Geschichte der Whiskyindustrie eine, vielleicht die, entscheidende Rolle spielte und den man einmal in einer soziologisch-ökonomischen (und kulturgeschichtlichen) Monographie würdigen sollte; sie wäre gewiß so faszinierend wie erhellend und ernüchternd! 1924 wurde Knockdhu von einer DCL-Tochter übernommen, der Distillers Agency, die ursprünglich nur die Exportinteressen der Mutter wahrnehmen sollte. Als DCL 1930 ihre Maltdestillerien neu ordnete, kam auch Knockdhu unter das Dach der SMD (Scottish Malt Distillers). 1983 wurde sie geschlossen, dann aber von Inver House erworben und neu eröffnet. Ihr Wasser kommt von Knock Hill; es gibt zwei *stills*.

 Der jetzt *An Cnoc* genannte ehemalige *Knockdhu* wurde als Single Malt zum ersten Mal 1990 herausgebracht, mit 12 Jahren und 40%. Glücklicherweise haben sich die Leute von Inver House entschlossen, wenigstens die 21 Jahre alte »Limited Edition« in der Faß-Stärke von 57.5% unter dem alten, ursprünglichen Namen herauszubringen.

 Die Brennerei liegt zwischen Spey, Isla und Deveron und ist in dem Dreieck zu finden, das die A 95 von Keith nach Banff und die Abzweigung von ihr nach Huntley bilden. Sie kann aber nicht besichtigt werden.

LADYBURN
[läidi-börn]

Bach der Dame
Ayrshire
Girvan
OS 76 20/99

Besitzer: William Grant & Sons
Abgebaut

■■ Lowlands

 Nur ein kurzes Leben war ihr beschieden: Zehn Jahre betrieben die Grants (von Glenfiddich und Balvenie aus Dufftown) die erst 1966 errichteten vier *stills*, ehe sie sie 1976 wieder *silent* machten. Ladyburn war Teil des riesigen Komplexes in Girvan, den die Firma 1963 gebaut hatte, um ihre eigenen Grain Whiskies zu produzieren und sich so völlig unabhängig zu machen von fremden Zulieferungen für ihren Blend *Grant's Stand fast* (heute *Family Reserve*). Für diesen gab es in Girvan auch eine Abfüllanlage, wo jährlich 20 Millionen Kisten versandfertig gemacht werden konnten – heute haben die Grants die Abfüllung aller ihrer Whiskies, bis auf den *Glenfiddich*, in Motherwell konzentriert. In Girvan kann auch Gin und Wodka produziert werden. Ladyburn war als Malzbrennerei für den Eigenbedarf gedacht, also zum Blenden und nicht zur Produktion von Single Malt. Zur Palette der Aktivitäten in Girvan gehört auch eine Tierfutteranlage. An einem klaren Tag kann man bis zur Insel Arran sehen.

 Bei *Ladyburn* muß man vorsichtig sein. Es gab einmal einen 12 Jahre alten, der vor allem für die Arbeiter in der Brennerei und den amerikanischen Markt bestimmt war, aber der 8jährige *Pure Malt* ist eben kein *Single*, sondern ein *Vatted*. Der im August 2000 von G & M herausgebrachte *Ayrshire* ist ein *Ladyburn*. Vorher gab es, abgesehen von einigen Einzelflaschen, u. a. für den Autor, diesen Whisky zweimal von Cadenhead: Die abgebildete Flasche enthält Whisky aus dem »Jungfernjahr«, abgefüllt mit 20 Jahren und der ehedem bei Cadenhead üblichen Standardstärke von 46% und enthält einen der gesuchtesten Malts überhaupt: bei Christie's wurde bereits 1993 ein Rekordpreis von £ 500 erzielt. Schon vorher hatte es einmal einen 14jährigen gegeben.

 Das *Visitor Centre*, das es lange gab, ist leider geschlossen worden. Gäste werden also nicht mehr empfangen.

Lagavulin
[*laga-vúlin*]

Talsenke mit Mühle
Argyll
Bei Port Ellen, Isle of Islay
OS 60 40/45
Tel. 01496-302 746
Besitzer: UDV
In Betrieb

■■■■■ Islay

 Lagavulin liegt an der Südküste der mit Destillerien reich gesegneten kleinen Insel Islay. Sieben sind es noch heute, aber zehn sollen einmal, in den »illegalen« Zeiten, allein in der kleinen Bucht gewesen sein. Zwei wurden schließlich legal gegründet: eine 1816 von John Johnston, die andere 1817 von Archibald Campbell. Auch später gab es neben dem »Stammhaus« noch einmal eine zweite Brennerei, genannt Malt Mill. 1924 wurden aus der Besitzerfirma Mackie & Co. die White Horse Distillers, die noch vor wenigen Jahren die Lizenz hielten. Das stolze weiße Pferd (das im Sommer 1999 verschwand) neben dem Eingang führte dazu, den ewigen Wettbewerb Lagavulins mit der Nachbarin Laphroaig mit dem der Bordeaux-Schlösser Ausone und Cheval Blanc zu vergleichen. Beider Malts sind schwer *peaty*, aber während der andere früher viel eckiger war, war Lagavulin immer rund und harmonisch: ein Fürst. Seit 1962 gibt es neues Brennhaus, in dem vier *stills* stehen. Die Zeiten, in denen noch firmeneigene Schiffe an den Landungssteg kamen, sind längst vorbei und auch die *floor maltings* sind längst geschlossen, aber die Ruinen von Danyvaig Castle bewachen immer noch die *seaside*. Das Wasser, torfschwer, kommt aus den Solan Lochs.

 Lagavulin stellt einen der sechs »Classic Malts« von UDV. Er ist 16 Jahre alt und hat den inzwischen gesuchten 12jährigen Vorgänger und den noch selteneren im weißen Tonkrug abgelöst. Auch von ihm wurde eine »Distiller's Edition« aufgelegt, 1979 destilliert und im Pedro Ximenez-Faß nachgereift. Von den Unabhängigen ist er nicht häufig zu bekommen, aber der *Vintage Islay Malt* von Signatory ist ein *Lagavulin*.

 Die Brennerei hat neuerdings ein *Visitor Centre* und bietet regelmäßig Führungen an. Nach den Anfangszeiten sollte man sich telefonisch erkundigen.

Laphroaig
[*la-fróyg*]

Senke an der weißen Bucht
Argyll
Bei Port Ellen, Isle of Islay
OS 60 38/45
Tel. 01496-302 418
Besitzer: Allied Distillers
In Betrieb

■ ■ ■ ■ ■   Islay

 »First among equals« nennen die heutigen Besitzer ihren Whisky, und mit Recht. Denn unter den verbliebenen sieben Islays ist dieser etwas Besonderes; an ihm und seinem distinktiven Geschmack scheiden sich die Geister und während die einen über Jodgeschmack und Krankenhausgeruch schimpfen, schwärmen die anderen von ausgeprägtem Rauch und wunderbarem Torf. Besondere Rivalität verbindet die Brennerei mit ihrer Nachbarin Lagavulin, an die sie indes sogar eine Zeitlang vermietet war. Aber sonst war Laphroaig fast immer im Besitz der Gründerfamilie Johnston, deren Name noch heute auf dem Etikett steht. Dort ist auch 1815 als Gründungsjahr vermerkt, doch nachweisen lässt sich erst 1826. Natürlich darf man nicht unerwähnt lassen, daß dieser »männliche« Whisky zu den raren Exemplaren gehört, der von einer Frau erzeugt wurde: Miss Williamson leitete die Brennerei, bis sie von Long John übernommen wurde, die heute ein Teil von Allied sind. Laphroaig bezieht das Wasser aus dem Kilbride Dam, hat eigene Torfflächen und immer noch *floor maltings*. Laphroaig hat sieben *stills*, verwendet für die Eigenabfüllungen ausschließlich Ex-Bourbon-Fässer und hat als erste Brennerei Schottlands ein Zertifkat für umweltgerechte Produktion erhalten.

 Der traditionelle ist der 10jährige *Laphroaig*, von dem Kenner sagen, daß er nicht mehr so extrem wie früher ist – was auch immer die Werbung sagt. Dafür bietet der gleichaltrige *cask strength* das volle, ungebremste Aroma. Zusammen mit dem 15 Jahre alten gibt es die drei auch im handlichen Halbfaschenpack. Meist nur in der Destillerie bekommt man ältere Versionen wie den 30jährigen oder *vintages* wie den 1974, 1976 und 1977. Unabhängige Abfüllungen gibt es kaum – Allied prozessieren gerne. Eine Kuriosität ist der *Leapfrog* von Murray McDavid.

 Besucher sind willkommen. Ein kurzer Anruf empfiehlt sich, um die aktuellen Öffnungszeiten zu erfahren.

LEDAIG
[lt-dég oder léddig]

Sichere Zufluchtsstätte
Argyll
Tobermory, Isle of Mull
OS 47 50/55
Tel. 01688-302 645
Besitzer: Burn Stewart Distillers
In Betrieb

■■■   Islands

 Warum Ledaig eigentlich Tobermory heißt, ist dort erklärt. Tatsächlich waren es, im vergangenen Jahrhundert jedenfalls, nur die Jahre von 1972 bis 1976, in denen die Brennerei Ledaig genannt wurde. Der unter diesem Namen angebotene Whisky war aus diesen Jahren; neuerdings hat man sich entschlossen, eine eindeutige Trennung zu machen: *Ledaig* heißt jetzt ein schwerer getorfter Malt. Seit 1990 arbeitet der Betrieb wieder (wenn auch seit 1993 schon wieder unter einem neuen Besitzer) und das ist die Hauptsache. Denn Mull ohne Brennerei, das wäre ein Verlust; besonders, weil diese sehr alt ist und die Gebäude, die man heute zu sehen bekommt, aus den zwanziger Jahren des vorletzten Jahrhunderts stammen – und weil schon die Anfahrt Freude macht, wenn man steil in die »Hauptstadt« der Insel hinunterfährt, am Wasserfall vorbei, und dann scharf rechts die Destillerie findet – oder sie übersieht, gefangen von dem Blick auf die Bucht mit den bunten Häusern und aufs Wasser hinaus.

 Als *Ledaig* gab es den Whisky von Tobermory nur von den Unabhängigen, ehe 1993 plötzlich zwei Abfüllungen mit unterschiedlichem Volumen (40% und 56%) auf den Markt kamen, 1974 destilliert und eindeutig *Singles*. Später erschienen eine 1979-Version, ein 20- und ein 15jähriger (alle mit 43%). In Frankreich gibt es einen *Peated Scotch Malt* ohne Altersangabe. Auch der *Vintage Mull Mull* von Signatory ist ein *Ledaig*.

 Man kann Tobermory besichtigen und zwar von Ostern bis Ende Oktober werktags zwischen 10.00 und 16.00 Uhr. Nach den Zeiten für die Führungen sollte man sich vorher erkundigen.

LINKWOOD
[*link wud*]

Strebholz
Morayshire
Elgin
OS 28 23/61
Tel. 01343-553 800
Besitzer: UDV
In Betrieb

■■■ Highlands (Speyside)

 Obwohl bis auf die alten Lagerhäuser fast alles neu ist seit dem letzten Umbau, gilt Linkwood als pittoresk. Wie der Name sagt, ist es von Wald umgeben. Zum Anwesen gehört ein Wasserreservoir, auf dem Schwäne schwimmen. Vom Lossie ist es, am südöstlichen Stadtrand von Elgin, nur durch die Bahnschienen getrennt. Für den Ruf der Beständigkeit hat vor allem auch der legendäre Roderick Mackenzie gesorgt, der nach der kriegsbedingten Schließung lange Chef in Linkwood war und den Neubau leitete, bei dem den beiden alten vier neue *stills* hinzugefügt wurden und der aus der einen faktisch zwei Brennereien machte. Mackenzie hat, so die Fama, die natürlich auch wir tradieren müssen, nicht einmal Spinnweben entfernen lassen, so sehr glaubte er an die Macht der Beständigkeit. Linkwood wurde schon 1821 gegründet, wieder niedergerissen und 1872 vom Sohn der Gründers wieder aufgebaut. Von 1933 ab gehörte sie der SMD. Das Wasser kommt von Quellen nahe Loch Millbuies.

 Linkwood war und ist relativ gut zu bekommen: Der Lizenzinhaber John McEwan verkaufte einen 12 Jahre alten in einer originellen sechseckigen Schachtel. Für McEwan füllten auch G&M mehrere Altersstufen ab: 15 (diesen auch mit 57%), 21 und 25 Jahre alt – mit einem Etikett, das dem alten für die *Mortlachs* verwandt war. Dazu kamen mehrere Jahrgangswhiskies. Dann nahmen ihn UD mit 12 Jahren und 43% in die »Flora & Fauna«-Serie auf, gefolgt von einem *cask strength* von 1983 mit 59.8% und von (mindestens) drei »Rare Malts«: 1972, 22 und 23 Jahre alt, 59.3% und 53.4% und 1974, 23 Jahre und 61.2%.

 Es gibt kein *Visitor Centre*. Besuche sind höchstens nach höflicher Anmeldung möglich.

LITTLEMILL
[*little mill*]

Kleine Mühle
Dunbartonshire
Bowling
OS 6444/73

Besitzer: Glen Catrine Bonded Warehouse
Geschlossen

■ ■ □   Lowlands

 In der am besten recherchierten Genealogie der schottischen Brennereien, in »The Making of Scotch Whisky« von Michael S. Moss, in diesem Standardwerk also hat Littlemill einen der längsten »Stammbäume«. Das liegt nicht nur an ihrem Alter – das offiziell genannte Jahr 1772 wird von einer anderen Autorität der Whiskyhistoriographie, von Prof. McDowall, noch übertroffen, der von 1750 spricht – was unterstreicht, daß Littlemill eine sehr alte, vielleicht die älteste Destillerie des Landes ist. Aber die vielen Zeilen bei Moss indizieren auch einen ungewöhnlich häufigen Wechsel von Besitzern – der in der jüngeren Vergangenheit keineswegs geringer geworden ist. Die amerikanische Firma Barton Brands wird genannt, ADP (Amalgamated Distillers Products), die Argyll Group, der einige Manager die 1985 geschlossene Brennerei abkauften. Sie haben auch Glen Scotia übernommen und dafür gesorgt, daß beide wieder produzierten, gingen dann aber in Konkurs. 1994 übernahm sie Glen Catrine, die sie stillegten und am liebsten verkaufen würden. Littlemill hat zwei *stills* (bis 1930 wurde noch das Dreifachverfahren angewendet), eine modifizierte Form von *Saladin maltings* und bezog ihr Wasser aus den Kilpatrick Hills, also aus den Highlands, liegt aber eindeutig in den Lowlands, am Clyde, an der Straße von Glasgow nach Dumbarton.

 Den fünfjährigen hat man (sagte da jemand »Gottseidank«?) eingestellt. Den 8 Jahre alten (mit 43%) gibt es noch – seit 1994 in neuer Ausstattung. Auch ein *vintage* ist zu haben, 1979 destilliert und mit 20 Jahren abgefüllt, leider nur 40%. Signatory legten einen 33jährigen zu ihrem 10. Firmengeburtstag auf.

 Die denkmalgeschützen Gebäude bilden einen traurigen Anblick. Es gibt keine Möglichkeit, sie von innen zu sehen, da aber etliche noch aus dem vorletzten Jahrhundert stammen, ist eine Besichtigung von außen nicht uninteressant.

Loch Lomond
[*loch lómend*]

Lomond (leuchtender?) See
Dunbartonshire
Alexandria
OS 63 39/80
Tel. 01389-756 297
Besitzer: Glen Catrine Bonded Warehouse
In Betrieb

■ ■ Highlands

 Die erst 1976 gebaute Destillerie Loch Lomond stiftet viel Verwirrung. Man muß höllisch aufpassen, um sie nicht mit Lomond zu verwechseln, der Anlage innerhalb von Hiram Walkers/Ballantine's Grainkombinat in Dumbarton. Um es noch komplizierter zu machen, gibt es hier wie dort, in Loch Lomond und in Lomond, spezielle *stills*, die jeweils verschiedene Malt-Whiskies erzeugen können. Lomond produziert den *Inverleven* und den *Lomond*. Loch Lomond kann sogar mit verschiedenem Ausgangsmaterilal und veränderten Köpfen der *stills* sechs verschiedene Malts machen, von denen aber nur der *Inchmurrin* und der *Old Rhosdhu* abgefüllt werden – und jetzt auch ein Malt unter dem Namen der Brennerei. Loch Lomond liegt mitten im Industriegebiet von Alexandria und nur ein paar Fuß nördlich der imaginären Linie entfernt, durch die sie den Highlands zuzurechnen ist! Heute gehört sie wie Littlemill und Glen Scotia zu Glen Catrine. Zum Komplex gehört auch eine Grain-Brennerei. Der *Inchmurrin* ist übrigens benannt nach einer Insel, der *Rhosdhu* nach einer Sandbank im See, der ihr auch das Wasser liefert.

 Inchmurrin war manchmal (wie auch der Vatted *Old Rhosdhu*) ohne Jahresangabe als *pure malt* zu finden, was normalerweise einen vatted meint. Es gibt aber auch einen *Inchmurrin* mit »Destilled 1975« und »Single Malt« auf dem Etikett und »12 years old« auf der Halsbinde. Es gab ihn auch ohne diese Altersangabe und mit 10 Jahren. Unter dem Destillerienamen wird ein etwa 7 Jahre alter *Loch Lomond* angeboten, dazu ein 23 Jahre alter in nummerierten Decantern. Ebenso »eingekleidet« sind die beiden *Old Rhosdhus* von 1967, die 1997 bzw. 1999 abgefüllt wurden, beide mit 40%.

 Die Brennerei liegt unweit der A 82 von Glasgow nach Fort William und bietet, mitten in einem etwas heruntergekommenen Industriegebiet, nicht weit vom berühmten Loch Lomond, einen depressiv anmutenden Anblick.

LOCHSIDE
[loch said]

Seenplatte, Seegegend
Angus
Montrose
OS 54 71/59

Besitzer: Allied Domecq
Geschlossen

■ ■   Highlands

 Die zweite Destillerie bei Montrose, der Seglerhochburg. Beide liegen im Norden der Stadt. Als die andere noch nicht Glenesk, sondern noch Hillside genannt wurde, konnte man sich das Pärchen noch leichter merken. Lochside ist freilich, als Destillerie, viel jünger als Glenesk. Sie wurde erst 1957 ihrer letzten Verwendung zugeführt; vorher war sie eine Brauerei, die nach wechselnden Vorgängern zuletzt im Besitz von Deuchar's war. MacNab, die heute noch die Lizenz haben, richteten ursprünglich neben den vier *pot stills* auch eine *Coffey still* ein. Die Produkte beider Brenn-Methoden wurden an Ort und Stelle geblendet. Aber schon 1970 wurde die Grain-Anlage wieder stillgelegt. Dann wurde Lochside von der spanischen Firma Destilerias y Crianza aufgekauft, die sowohl auf dem heimischen wie auf dem schottischen Markt aktiv war und mittlerweile zum Allied Domecq-Imperium gehört (ohne daß Allied Distillers sich für die Brennerei verantwortlich fühlten). Lochside ist geschlossen und verfällt. Ihr Wasser kam aus einer Quelle auf dem Destillerie-Gelände. Ihren Namen hat sie übrigens von einem zugeschütteten See in ihrer Nähe.

 Früher gab es *Lochside* als Herstellerabfüllung mit 8 und 12 Jahren. Dann wurde, 1990, ein 10 Jahre alter mit 40% herausgebracht, den es in Spanien immer noch gibt. Vorher und seither gab und gibt es den Malt nur von den Unabhängigen, z. B. einen 1966 und einen 1981 von G&M. Signatory hatte ihn im Programm, ebenfalls von 1966, dann einen 1959 und einen weiteren 1966 in der 3. Serie der »Silents Stills«.

 Lochside kann man nur (wie lange noch?) von außen besichtigen.

LOMOND
[*lomend*]

Lomond (nach dem naheliegenden See)
Dunbartonshire
Dumbarton
OS 63 39/75
Tel. 01389-765 111
Besitzer: Allied Distillers
Geschlossen

■ ■ ▯   Lowlands

 In Hiram Walkers/George Ballentine's gigantischem Komplex, einer riesigen Grain-Fabrik, gibt es auch die Möglichkeit, Malt zu destillieren, zwei verschiedene sogar. Ein Angestellter der Firma, Fred Whiting, hat die später auch andernorts eingesetzte sogenannte *Lomond still* erfunden und damit ermöglicht, auch hier (wie z. B. in Miltonduff/Mosstowie) ein »Pärchen« zu produzieren, den *Inverleven* und den konsequenterweise so genannten *Lomond*. Während der erstgenannte ziemlich gut zu bekommen ist, ging der *Lomond* bisher nur in die Blends. Ein *Lomond* sei noch nie zum kommerziellen Verkauf abgefüllt worden, schreibt z. B. Michael Jackson. Er irrt, glücklicherweise. Zumindest einmal gab es ihn, als Abfüllung der »Scotch Malt Whisky Society«. Die darf den Namen der Brennerei nicht auf ihre Etiketten drucken, aber die Beschreibungen, mit denen ihre ausschließlich als *cask strength* und ohne Kühlfiltrierung in die Flaschen gebrachten Whiskies den Mitgliedern angeboten werden, ermöglichen eine eindeutige Identifikation des Herstellers: 98.1, das Signet auf der oben abgebildeten Flasche, meint Lomond Distillery, die 1 bezeichnet das erste von der Society erworbene Faß. Ein zweites hat es bis heute nicht gegeben.

 Die abgebildete Flasche entstammt der einzigen (zumindest bekannt gewordenen) Abfüllung eines *Lomond*. Dieser Whisky wurde 1972 gebrannt, 1992 knapp vor seinem 20. »Geburtstag« mit 19 Jahren von der Society auf Flasche gezogen und weist 58.3 % Alkohol auf.

 Besuche sind nicht möglich. Aber wer zum geschichtsträchtigen, Legenden-umwobenen, besonders auch mit King Arthur verbundenen Dumbarton (d.h. Fort der Briten, womit die alten Waliser gemeint sind!) -Rock fährt, kann von außen einen Blick auf die mächtige Anlage werfen.

Longmorn
[*long morn*]

Platz des heiligen Mannes
Morayshire
Longmorn bei Elgin
OS 28 23/58
Tel. 01542-783 401
Besitzer: The Chivas & Glenlivet Group
In Betrieb

■■■ Highlands (Speyside)

 Der Name verheißt einen langanhaltenden (Sommer-)Morgen, bedeutet aber im Gälischen sehr viel prosaischer *place of the holy man*: Longmorn wurde 1894/5 von John Duff auf einem Platz gebaut, wo lange vorher einmal eine Kapelle gestanden – und dreihundert Jahre eine Mühle gearbeitet hatte. Schon 1898 wurde die Nachbar-Destillerie Benriach übernommen. Die Vereinigung 1970 mit Glen Grant und Glenlivet machte eine Erweiterung von vier auf sechs, später auf acht *stills* möglich. Eingeweihte wußten längst, daß der Whisky von Longmorn es ohne weiteres mit den eigenen »Stallgenossen« und mit fremden Konkurrenten aufnehmen konnte (und bei Blendern ebenso begehrt war), nur eben leider viel zu selten zu bekommen war. Auch nach der Übernahme durch Seagram (1977/8) hat man die alte Dampfmaschine und das Wasserrad nicht ausgemustert. Das Wasser wird von einer örtlichen Quelle bezogen, der man ewiges Sprudeln nachsagt – vielleicht ein später Segen des Heiligen Mannes.

 1986 wurde endlich eine eigene Abfüllung (mit 15 Jahren, 43%) auf den Markt gebracht; diese verzichtete auch auf den Zusatz »Glenlivet«. Der war allerdings immer noch auf dem Etikett des 12jährigen von Gordon & MacPhail, die immer noch mehrere Versionen liefern, obwohl Seagram den verkannten Klassiker 1994 in ihre »Heritage Selection« aufnahmen, ebenfalls mit 15 Jahren, aber mit 45%.

 Longmorn, etwa vier Kilometer südlich von Elgin an der A 941 nach Rothes, ist für das Publikum nicht offen. Vielleicht führt die neue Politik der Aufgeschlossenheit auch bei Seagram zu einem Sinneswandel.

LONGROW
[*long ro*]

Lange Reihe
Argyll
Campbeltown, Mull of Kintyre
OS 68 71/20
Tel. 01586-552 085
Besitzer: J. & A. Mitchell & Co.
In Betrieb

■■■■ Campbeltown

 Eine moderne Destillerie des Namens Longrow wird man auf den Landkarten vergeblich suchen. Longrow ist ein Whisky, der aus dem Hause Springbank kommt und nach den gleichen, streng traditionellen Methoden hergestellt wird wie sein »Bruder«, von dem er sich dadurch unterscheidet, daß für ihn Malz verwendet wird, das ganz extrem torfgetrocknet ist. Springbank hat drei *stills*, die für die beiden Malts mit unterschiedlicher Abtrennung benutzt werden. Deswegen ist es durchaus berechtigt, sie mit einer eigenen Seite in diesem Buch vorzustellen. Der *Longrow* soll aber auch an eine längst vergangene Destillerie erinnern, die Longrow hieß und praktisch auf dem gleichen Gelände lag – und daran, daß auf der kleinen Halbinsel Kintyre einst sehr viele Brennereien angesiedelt waren; Michael Moss nennt mehr als dreißig. Von ihnen existieren heute nur noch Glen Scotia und eben Springbank, das die Erinnerung an die gloriosen Zeiten auch durch eine Serie von Miniaturen wachhielt, die unter dem Signet »Campbeltown Commoration« auf den Labels die alten Namen bewahrte.

 Die zweite Brenn-Variante wird selten benutzt. Entsprechend selten ist der Whisky. Dennoch wurden im Laufe der Jahre doch einige Abfüllungen bekannt: mit 14, mit 16 und mit 18 Jahren. Sie kamen in bescheidener Aufmachung, dann merkte man offensichtlich an der Nachfrage, welches Juwel der *Longrow* ist. Der 19-, der 21- und der 25jährige waren in der Holzkiste, auch der 1963 (alle anderen sind von 1964). Teuer war besonders der *Bond Reserve*. Als »Standard« gibt es einen 10jährigen, selten den gleichaltrigen aus dem Sherryfaß.

 In Springbank bietet man jetzt von Mai bis Oktober täglich eine Führung an, für die man sich unbedingt anmelden muß. Außerdem sollte man bei Eaglesome vorbeischauen; der Laden gehört der Firma und es gibt alles, was von Springbank und Longrow zu bekommen ist (wie auch bei Cadenhead in Edinburghs Royal Mile und in London).

Macallan
[mak-állen]

Sohn von Allan
Banffshire
Easter Elchies, bei Craigellachie
OS 28 27/44
Tel. 01340-871 471
Besitzer: Highland Distillers
In Betrieb

■■■□   Highlands (Speyside)

 Schier endlos die Zahl derer, die ihn ihren Lieblings-Whisky nennen, kaum zu zählen die Hymnen und Prädikate. Den »Rolls Royce unter den Malts« hat man ihn genannt – und das Image des Besonderen, Exklusiven, Kostbaren ist ebenso verdient wie es sorgsam, konsequent und liebevoll bis ins kleinste Detail gepflegt wird: durch dezidiertes Qualitätsbewußtsein in der Herstellung, durch die (für Eigenabfüllungen) ausschließliche Verwendung nicht nur von Sherry-, sondern von Olorosofässern, die in Spanien auf eigene Kosten erst einmal mit Wein gefüllt und dann zur Whiskylagerung höchstens ein- bis zweimal verwendet werden. Auch das an ein kleines Schloß erinnernde alte Manorhouse gehört dazu, das von alters her zum Besitz gehört und, aufwendig restauriert, als Gästehaus dient. Es ist auch, gleichsam als Logo, auf den eleganten weißen Verpackungen der »Normal«-Flaschen abgebildet. Stolz ist man darauf, daß die Brennerei, die in der Nähe der alten Telford Bridge auf einem Hügel über dem Spey liegt, schon 1824, also im gleichen Jahr wie Glenlivet, die Lizenz erworben hatte – und daß wahrscheinlich auch vorher schon dort gebrannt wurde. Stolz war man, daß Macallan, das sich auf den Flaschen selbstbewußt vom »Glenlivet«-Zusatz befreit und sich stattdessen ein hoheitsvolles *The* zugelegt hat, zwar seit 1966 an der Börse gehandelt wurde,

daß aber immer noch Mitglieder der Familie von Roderick Kemp, der sie 1892 übernommen hatte, maßgeblich beteiligt waren – bis zum Juli 1995, als Macallan durch ein *hostile takeover* an Highland Distillers fiel, die zusammen mit Suntory schon vorher beteiligt waren. In den fünfziger Jahren zweimal erweitert und inzwischen auf immerhin 21 *stills* angewachsen, kokettiert man damit, daß dieselben aber ziemlich klein seien. Seit 1980 ernsthaft auf den Markt gebracht, ist der Macallan zu einer Edelmarke geworden – was einer geschickten Strategie (und Werbung) und der Tatsache zu verdanken ist, daß der Malt in einigen spektakulären Blindverkostungen sogar teure Renommier-Cognacs hinter sich gelassen hat.

Einen 7jährigen gibt es in Italien, einen 8jährigen in Frankreich. Allgemein erhältlich ist Macallan mit 10 Jahren (40%), 12 und 18 Jahren (beide mit 43%, letzterer in vielen Jahrgängen). Ein 25 Jahre alter wird auch in der Karaffe verkauft. Verdienstvoll ist der *highproof*, mit 10 Jahren. Daneben gibt es häufig *special editions* und Jubiläumsabfüllungen, etwa zum »Silver jubilee« der Queen, zur »Royal Marriage« von Prinz Charles und Lady Di oder für die Zeitschrift »Private Eye«. Auch der bislang teuerste Whisky kommt aus dem Hause Macallan, 60 Jahre alt, immer in winzigen Auflagen; die Etiketten sind von verschiedenen Künstlern gestaltet. Die letzte Version der alten Besitzer war der *1874* in der Replika-Flasche. Nach dem Besitzerwechsel gab viele neue *expressions* wie den 30- und den 15jährigen oder den 18 Jahre alten *Gran Reserva*, zum Teil auch von sehr alten Jahrgängen wie den 1946 (40%), 1948 (46.6%) oder den 50 Jahre alten *Millenium* (46%). An Sammler wenden sich die vier Versionen der «Decades Serie». In enger Abstimmung mit den Eigentümern brachten G&M in der Serie »Speymalt« *vintages* von (1990, 1978, 1966, 1950, 1940) heraus.

Besuche sind jetzt ganzjährig an Werktagen möglich, müssen aber vorher vereinbart werden. Die Führungen finden in der Regel um 9.30, 11.00, 13.30 und 15.00 Uhr statt und lohnen sich sehr, weil Macallan eine grandiose Videoshow hat und auch einen Blick in die *warehouses* bietet.

MACDUFF
[*mac-daff*]

Sohn von Duff
Banffshire
Banff
OS 29 69/63
Tel. 01261-812 612
Besitzer: Bacardi
In Betrieb

■ ■ □   Highlands

 Weil sie östlich von Banff am Ostufer des Deveron liegt, nur einige Schritte vom Moray Firth entfernt, heißt ihr Whisky *Glen Deveron*; unter dem Namen der Destillerie, als *Macduff*, wird er nur von den »Unabhängigen« abgefüllt. Die Brennerei wurde erst 1962 gebaut und wurde, nachdem sie auch Stanley Morrison (Bowmore, Auchentoshan, Glengarioch) besessen und von zwei auf drei, dann auf vier *stills* erweitert hatte (jetzt sind es fünf), 1972 von William Lawson übernommen – mit dem Hauptzweck, den Blends der Firma zuzuliefern. 1980 wurde Lawson und damit auch Macduff von einem in Luxemburg ansässigen Konzern erworben, der sein Geld vor allem mit den Produkten von Martini & Rossi machte – und später vom Bacardi-Konzern übernommen wurde. Der kaufte 1998 zusammen mit vier schottischen Brennereien die Marke *Dewar's White Label* und ließ den altehrwürdigen Namen Lawson aus dem Handelsregister streichen, um seine Whiskyaktivitäten unter dem Namen John Dewar & Sons neu zu strukturieren – ein Hinweis auf die gigantischen Umschichtungen im Spirituosengeschäft in den letzten Jahrzehnten.

 Den früher erhältlichen 8jährigen hat ein 12 Jahre alter Malt abgelöst, der seit einiger Zeit etwas gefälliger ausgestattet ist und bei dem manchmal sogar das Herstellungsjahr genannt ist. In anderen Ländern gibt es ihn mit 10 und 15 Jahren – so alt ist auch der Malt in der Baccarat-Karaffe. Unter dem Destillerienamen Macduff kommt er von den Unabhängigen, z. B. in der »Connoisseurs Choice« Serie von G&M (verschiedene Jahrgänge, u.a. 1963, 1975, 1980, 1987). Auch MacArthur hat ihn angeboten, etwa zum 500. »Geburtstag« des schottischen Whisky, 27 Jahre alt und in *cask strength* mit 53%. Signatory hatte den Jahrgang 1978 (zwei Abfüllungen).

 Macduff, über dem Deveron gelegen, ist für Besucher leider nicht zugänglich. Am anderen Ufer des Flusses entschädigt der wunderschöne Bau von Duff-House für die weite Anreise.

MANNOCHMORE
[mánnoch-mór]

Großer Mönch
Morayshire
Birnie bei Elgin
OS 28 21/57
Tel. 01343-862 005
Besitzer: UDV
Geschlossen

■■□   Highlands (Speyside)

 Daß Mannochmore etwas, und was es mit Glenlossie zu tun hat, ist dort nachzulesen. Mannochmore ist fast ein Jahrhundert jünger; die Destillerie wurde erst 1972 eingeweiht (und 1985 schon wieder geschlossen, ging dann aber wieder in Produktion). Im Unterschied zur älteren Schwester ist sie, toi, toi, toi, bisher auch von dem obligatorischen Feuer verschont geblieben. Mannochmore, die wie viele andere Brennereien auch ihre Abfälle nicht wegwirft, sondern in einer eigenen Tierfutterfabrik verwertet, kann eine Million Gallonen Malt produzieren – das Problem war lange Zeit nur, auch nur eine einzige davon auf Flasche abgefüllt zu finden. »Mannochmore has never been available as a single« schrieb z. B. Michael Jackson. Er irrte, glücklicherweise. Zumindest einmal gab es ihn auch damals schon, als Abfüllung der »Scotch Malt Whisky Society«. Seit 1992 ist er, zumindest relativ, gut zu bekommen, weil UD ihn in die Serie »Flora & Fauna« aufgenommen haben. Die hat ihren Namen, weil das Etikett und die früher als Verpackung dienende Holzkiste schottische Tiere und Pflanzen schmücken: Bei Mannochmore ist es ein Specht. Zur Zufriedenheit besteht dennoch kein Anlaß, weil auch diese Distillerie zu denen gehört, die der wegen der Rezession unter Absatzschwierigkeiten leidende Riese UD bzw. seine Nachfolger erst einmal dichtmachten. Sie soll aber bald wieder aufgemacht werden.

 Die »F+F«-Abfüllung enthält einen 12jährigen mit 43%. Daneben steht der »Rare Malt« von 1974, 1997 mit 22 Jahren bei 60.1% abgefüllt. *Mannochmore* bleibt also rar – sieht man von dem umstrittenen *Loch Dhu* ab, den (künstlich?) »schwarzen Whisky«, der ebenfalls aus Mannochmore kam. Glücklicherweise haben die Unabhängigen Vorräte.

 Besuche in der Brennerei sind leider nicht möglich.

Millburn
[*mill börn*]

Mühlbach
ehemals: Inverness-shire
Inverness
OS 26 67/45

Besitzer: ehemals DCL
Abgerissen

Highlands

 In einer Neuauflage dieses Führers wird Millburn möglicherweise nicht mehr enthalten sein. Sie ist eine der drei, früher der über die SMD zur DCL gehörenden Destillerien in Inverness, die in den achtziger Jahren nicht nur stillgelegt, sondern abgerissen wurden, um Neubauprojekten Platz zu machen. Inverness hat heute keine Brennerei mehr. Millburn lag am östlichen Ortseingang an dem Bach, der ihr den Namen gegeben hat, aus dem aber nicht das Wasser genommen wurde (das kam aus dem Loch Duntelchaig). Gleich nebenan waren die Kasernen der Cameron Highlanders, die in der Geschichte der vielleicht schon 1807, ganz sicher aber 1815 gegründeten und zeitweilig als Getreidemühle zweckentfremdeten Anlage eine Rolle gespielt haben: Einer der Cameron-Kommandanten, Col. David Haig, war einige Zeit ihr Besitzer – und 1922 bewährten sich die braven Soldaten, als sie halfen, einen Brand zu bekämpfen. Daß das Feuer nicht auch die Whiskyvorräte in den Lagerhäusern vernichtete, erzählt man sich, sei vor allem ihnen zu verdanken.

 Flaschen mit der Aufschrift *The Mill Burn* enthielten einst Vatted Malt. Als Single ist *Millburn* in der Reihe der »Rare Malts« von UDV mit einem 18jährigen von 1975 vertreten, der es bei der Abfüllung noch auf 58.9% brachte. Sonst öfter bei den Unabhängigen, etwa bei G&M (1971, 1974 und, in Faß-Stärke, 1978). Signatory hatte ihn bei den »Silent Stills« (1994/1997, 58.7%).

 An der Stelle von Millburn Distillery steht heute ein Neubaukomplex, zu dem auch ein Pub gehört. Vielleicht trinkt man dort ein Gläschen zum stillen Gedenken.

MILTONDUFF
[*milten-dáff*]

Schwarze Mühle
Morayshire
Miltonduff bei Elgin
OS 28 18/60
Tel. 01343-547 433
Besitzer: Allied Distillers
In Betrieb

■■■   Highlands (Speyside)

 Miltonduff, manchmal auch in zwei Wörtern (mit und ohne Bindestrich) Milton Duff geschrieben, liegt auf historischen Grund: auf dem von Pluscarden Abbey, deren Ruinen von der heutigen Destillerie allerdings gute fünf Kilometer entfernt zu finden sind. Schon im Mittelalter wurde dort gebraut – und vielleicht auch gebrannt. Das Wasser von Black Burn wurde damals wie heute dazu verwendet. Die jetzige Brennerei geht auf 1824 zurück, wurde 1895 neu errichtet und 1974 unter der Regie des Konzerns von Hiram Walker, der sie 1936 übernommen hatte, in großem Maßstab erneuert. Dabei wurden auch die zwei *Lomond stills* eingebaut, deren Whisky unter dem Namen *Mosstowie* (siehe dort) bekannt ist. 1999 wurde eine umfaßende Renovierung abgeschlossen, die es erlaubt, dort mehr als 5 Millionen Liter Alkohol im Jahr zu produzieren – und das mit nur einem Mitarbeiter pro Schicht. Wenn gilt, daß Malt vor allem das Produkt der Menschen ist, die ihn machen, ist das kein Fortschritt!

 Daß G. Ballantine & Sons die Lizenz hatten, konnte man früher leicht an der typischen Flasche sehen, die *Miltonduff* mit dem Marken-Blend ebenso gemeinsam hatte wie mit dem fünfjährigen *Balblair*. Den 12jährigen (43%) gab es in einer Flasche mit durchsichtigem Etikett; dann hatte er eine neue Ausstattung mit grünem Label. Jetzt aber scheint er bei Allied keine Hauptrolle mehr zu spielen, die beiden letzten Abfüllungen, ein 10jähriger und ein 1968er, kamen in Lizenz von Gordon & MacPhail.

 Miltonduff hat ein *Reception Centre*. Es ist montags bis donnerstags am Nachmittag offen, trotzdem sollte man die aktuellen Zeiten vor einem Besuch telefonisch erfragen. Zu erreichen ist die südwestlich von Elgin gelegene Brennerei über die kleine B 9010.

MORTLACH
[*mort-lach*]

Großer (grüner) Hügel
Banffshire
Dufftown
OS 28 32/39
Tel. 01340-820 100
Besitzer: UDV
In Betrieb

■■■■   Highlands (Speyside)

 Fast meint man den Whisky (oder zumindest den »Anteil der Engel«) zu riechen, wenn man sich Dufftown nähert, wo es fast mehr Brennereien als Wohnhäuser gibt. Je nach Zählung sind es mittlerweile acht oder sogar zehn. Mortlach ist die älteste von ihnen. Sie steht auf geheiligtem schottischen Boden: König Malcolm besiegte dort 1010 die Dänen. Damals stand die berühmte Mortlach-Church schon einige Jahrhunderte. Man findet sie, wenn man von der Destillerie den reizvollen Weg am Dullan entlang flußaufwärts wandert. 566 wurde sie erbaut und ist damit eine der ältesten christlichen Stätten in Schottland. Aus dem Flüßchen kommt nur das Kühlwasser; das »richtige« Wasser, zum Maischen, wird aus den Conval Hills geholt. Mortlach, 1823 gegründet, wurde mehrmals modernisiert, zuletzt 1964, sieht mit seinen Pagoden aber immer noch sehr *old fashioned* aus. Leider wird aber nicht mehr mit Kohle beheizt und auch die zwei Mälzböden sind nicht mehr in Betrieb. Mortlach gehörte zu den wenigen Brennereien, die auch während des 2. Weltkrieges produzieren durfte.

 Unter dem Namen des Lizenzinhabers war *Mortlach* immer gut in G&M-Abfüllungen zu bekommen, in zahlreichen Altersabstufungen (12, 15, 21, 25 Jahre) und auch in Einzeljahrgängen (z. B. 1936, 1938, 1960, 1965, 1969). Seit es den 12jährigen (43%) in der »Flora & Fauna«-Serie gibt, haben G&M den 12jährigen nicht mehr, dafür gab es einen 10jährigen unter dem Namen des Lizenzträgers und einen *cask strength* (1980, 63.1%). UDV haben auch – mindestens – drei »Rare Malts« herausgebracht: 1972, 22 Jahre, 65.3%; 1972, 23 Jahre, 59.4% und 1978, 20 Jahre, 62.2%.

 Mortlach hat kein *Visitor Centre*. Interessenten, denen in Dufftown Glenfiddich zu überfüllt ist, sollten dennoch einmal am Büro, an dem immer noch George Cowie & Sons steht, anklopfen und fragen, ob man sie herumführt.

Mosstowie
[*moss-tauie*]

Ortsname
Morayshire
Miltonduff bei Elgin
OS 28 18/60
Tel. 01343-547 433
Besitzer: Allied Distillers
Abgebaut

■ ■   Highlands (Speyside)

 Ein Anwesen namens Mosstowie gibt es und es liegt auch südwestlich von Elgin in der Nähe des Lossie (OS 28 15/60), aber das ist nicht die Destillerie, aus der dieser Whisky kommt. Die liegt knapp 2,5 km weiter östlich- und heißt Miltonduff. Wie im Fall von Glenburgie/Glencraig oder Lomond/Inverleven handelt es sich um eine von Hiram Walker, jetzt also von Allied, geführte Brennerei und wie dort hat man auch in Miltonduff bei einer Überholung zwei *stills* vom sogenannten *Lomond*-Typ eingebaut, deren Produkt sich gravierend von dem der anderen *stills* unterscheidet und deshalb auch einen anderen Namen bekam. Der *Mosstowie* war immer eine Rarität; bald wird es ihn aber gar nicht mehr geben, weil die beiden *Lomond stills* schon lange wieder abgebrochen worden sind.

 Seine Eigentümer haben nie einen *Mosstowie* abgefüllt, dafür konnten die Mitglieder der »Scotch Malt Whisky Society« (selten genug) hin und wieder mit einem Fläschchen rechnen. Gordon & MacPhail hatten ihn regelmäßiger in der »Connoisseurs Choice«-Reihe, z. B. von 1970, 1975 und 1979. Und Signatory hatten einen 1976er, der 1998 mit 54.8% in die Karaffe kam.

 Miltonduff, wo der Whisky ehedem gebrannt wurde, kann besichtigt werden. Details sind dort beschrieben.

North Port (-Brechin)
[norß poort, bréchin]

Nördliches Tor
Angus
Brechin
OS 44 59/60

Besitzer: UDV
Geschlossen

Highlands

 North Port, manchmal mit dem Zusatz Brechin genannt, war immer sehr selten in Flaschen zu finden. Die Brennerei war oft geschlossen, kriegsbedingt wie 1917 – 1919 und dann wieder 1940 – 1947, oder produktionsabhängig, weil die Whiskyindustrie Übermengen vermeiden oder abbauen wollte. Im Zuge eines solchen Manövers wurde North Port 1983 geschlossen und, anders als viele ihrer »Schwestern« im Besitz von UD bzw. UDV, leider nicht wieder in Betrieb genommen. Sie hat ihren jetzigen Namen – bei der Gründung 1820 hieß sie Townhead, drei Jahre später Brechin – nach einem Tor in der (längst abgerissenen) Stadtmauer des Städtchens, das mit Glencadam immerhin noch eine zweite Destillerie beherbergt – und inmitten einer Gegend liegt, die für ihre Gerste berühmt war. North Port war klein – sie hatte nur zwei *stills*. Sie war immer ein Familienbetrieb in dem Sinn, daß die Arbeitsplätze über Generationen hinweg vom Vater auf den Sohn übergingen. Die Kondensatoren wurden in einem durch die Anlage fließenden Bach gekühlt und das Wasser kam – glückliches Schottland! – aus dem örtlichen Wassernetz, das aus Loch Lee gespeist wird.

 Außer den drei »Rare Malts«, die in den letzten fünf Jahren von UD bzw. UDV herausgebracht wurden, gab und gibt es *North Port* nur bei den Unabhängigen. G&M haben ihn als »Connoisseurs Choice« von 1974 und 1981, Signatory hat einen sherryfaßgelagerten *cask strength* von 1975 mit 60%. Die »Rares« waren von 1971 (23 Jahre, 54.7%) und 1979 (19 und 20 Jahre, 61% und 61.2%)..

 Inmitten der Stadt gelegen, kann die teilweise schon demontierte und sehr herunter gekommene Brennerei nur noch von außen besichtigt werden.

OBAN
[óben, oo-baan]

Kleine Bucht
Argyll
Oban, Stafford Street
OS 49 85/29
Tel. 01631-572 004
Besitzer: UDV
In Betrieb

■■■□   Highlands

 Die Destillerie liegt mitten in der kleinen und (zumindest im Sommer) sehr umtriebigen und belebten Stadt, die das Zentrum der westlichen Highlands ist und der Ausgangspunkt für die Fähren nach Mull und anderen Hebriden-Inseln. Die grauen Steingebäude von Oban Distillery werden überragt, ja gekrönt vom Wahrzeichen der Stadt: dem pompös-grotesken McCaig's Tower, eine wie die Faust aufs Auge in diese Landschaft passende Rekonstruktion des römischen Collosseums, das der Bankier McCaig als Familienmonument errichtet hat. Die Brennerei ist sehr alt und soll bereits 1794 von der für die Entwicklung der Stadt wichtigen Familie Stephenson gebaut worden sein. Man hatte sich eine Stelle der *Little Bay of Caves* ausgesucht, die vielleicht die älteste Siedlung Schottlands geborgen hatte – so will es jedenfalls das Etikett des *Oban* wissen. Tatsächlich wurden in einer Höhle auf dem Brennerei-Gelände menschliche Überreste aus dem Neolithiticum gefunden! Seit 1923 gehörte die Brennerei zu John Dewar & Sons, über den sie ein Teil des Konzerns DCL und seiner Tochter SMD wurde. Auch Oban war in ihrer Geschichte mehrmals geschlossen (zuletzt 1969-1972). Das Wasser für die zwei *stills* kommt aus dem Loch Gleann à Bhearraidh von den Mooren von Ardconnell, die auf den Bergen hinter der Stadt liegen.

 Oban gehört zum »Classic Malts Portfolio« von United Distillers, in dem er, 14 Jahre alt und mit 43%, die Western Highlands vertritt. Die parallele »Distiller's Edition« enthält 1980 destillierten *Oban*, der in Montilla Fino-Holz nachreifte.

 Das neu gestaltete und informative *Visitor Centre* ist ganzjährig an Werktagen geöffnet, im Sommer auch an Samstagen. Angeboten werden regelmäßige Führungen. Es gilt, wie fast immer: aktuelle Zeiten am Telefon erfragen.

Pittyvaich

[*pitti-véch, pitti-víach*]

Platz mit Kuhstall
Banffshire
Dufftown, Kirktown of Mortlach
OS 28 32/39
Tel. 01340-820 561
Besitzer: UDV
Geschlossen

■ ■ ■   Highlands (Speyside)

 Als Arthur Bell & Sons die Dufftown Distillery kauften, erwarben sie auch Pittyvaich Farm, die etwas oberhalb der Brennerei liegt. Sie bot den Platz, auf dem 1974 eine neue Destillerie gebaut werden konnte – und sie machte den alten Spruch ungültig, demzufolge Rom zwar sieben *hills*, Dufftown aber sieben *stills* habe. Der neue Betrieb war sehr modern, zweckmäßig in der Anlage, kostengünstig sowieso, weil die alte und die neue Brennerei zusammen betrieben werden konnten. Für Pittyvaich freilich braucht man nicht die alten Arbeiter, die sich auf Erfahrung, ihren Blick und ihre Nase verlassen, sondern Betriebsingenieure – die arbeitslos sind, seit UD im Januar 1993 den Betrieb einstellten. Sie hat vier *stills* und verwendet zum Maischen Wasser aus den beiden Quellen Convalleys und Balliemore, das gleiche Wasser also wie Dufftown Distillery, was neue Möglichkeiten zum Studium des alten Problems der Gemeinsamkeiten und der Verschiedenheiten bietet. Man findet die Brennerei übrigens, wenn man an Mortlach und an der uralten Kirche vorbei den schönen Weg am Water of Dullan entlangspaziert, an Dufftown Distillery vorbei bis zum Wasserfall, dort den Bach überquert und die Straße oberhalb der Brücke zurückwandert.

 Gab es zuerst nur mehrmals Abfüllungen von MacArthur (12 Jahre mit 54% und 57%, 14 Jahre mit 57,2%), von Cadenhead und der »Scotch Malt Whisky Society«, kam mit dem 14jährigen mit 43% in der »Flora & Fauna«-Reihe die erste Eigentümerabfüllung. Sie ist bis heute die einzige geblieben.

 Pittyvaich, das von den Dorfbewohnern verschieden ausgesprochen wird, konnte und kann leider nur von außen bestaunt werden. Trotzdem sollte man die schöne Wanderung unternehmen.

Port Ellen
[*port ellen*]

Ellens Hafen
Argyll
Port Ellen, Isle of Islay
OS 60 36/45

Besitzer: UDV
Geschlossen

 Islay

Bewunderung für die Vergangenheit mischt sich mit Trauer über die Gegenwart: Ausgerechnet die erste Destillerie, auf die jeder stößt, der mit der Fähre auf Islay landet, neben deren Pagoden Schornsteine weithin sicht- und riechbar verführerisch nach Torf duftenden Rauch ausstoßen – ausgerechnet diese Destillerie ist geschlossen. Nur die riesigen *maltings*, die Lagavulin, Caol Ila und alle anderen Brennereien auf der Insel versorgen, arbeiten. Nachdem Port Ellen schon von 1929 – 1966 *silent* war, wurde nach 1983 wieder aufgehört; mittlerweile sind sogar die vier *stills* ausgebaut und auf dem Festland eingeschmolzen worden. Das macht den Whisky zur Rarität und läßt befürchten, daß es ihn bald gar nicht mehr geben wird. Bitter nicht nur für Islay-Liebhaber, sondern auch für Traditionalisten. Denn mindestens zweimal hat Port Ellen, 1825 gegründet, Geschichte geschrieben: hier wurden die Tests durchgeführt, die 1824 der Einführung des *spirit safe* vorausgingen. Und von hier stachen die Schiffe in See, mit denen 1840 der Direktexport nach Amerika begann. Der Abbau hat begonnen; geschieht nicht ein Wunder, wird Port Ellen nie wieder produzieren.

 Port Ellen war nur von den Unabhängigen zu bekommen (aber angesichts der Schließung in fast verschwenderischer Vielfalt), ehe dann auch ein »Rare Malt« von UDV kam: 20 Jahre alt, 1978 destilliert und mit 60.9% abgefüllt. Eine gesuchte Rarität ist der 21jährige, der 1998 mit 58.4% zum 25. Jahrestag der Eröffnung der Maltings an die Mitarbeiter verschenkt wurde.

 Port Ellen ist geschlossen, in jeder Hinsicht. Weil die Gebäude denkmalgeschützt sind, werden wenigstens sie erhalten bleiben. Im Gebrauch sind freilich immer noch die *warehouses*. In ihnen reifen jetzt Fässer aus Lagavulin.

Pulteney
[*púltni*]

Ortsname (seichte Grube?)
Caithness
Wick, Huddart Street
OS 12 36/50
Tel. 01955-602 371
Besitzer: Inver House Distillers
In Betrieb

■■■□   Highlands

 Unergründlich sind sie oft, die Ratschlüsse: Es bleibt das Geheimnis der Leute von Pulteney, warum sie ausgerechnet ihren Whisky mit dem Prefix *Old* verkaufen lassen. Sagt einem doch jeder, daß gerade dieser Malt ausnehmend schnell reift, weshalb es durchaus vertretbar war, daß G&M ihn schon mit dem zarten Alter von acht Jahren abfüllten. Warum dieser *Old Pulteney* so schnell trinkbar wird, weiß man auch nicht so genau. Es könnte mit der Lage der *warehouses* zu tun haben, die direkt an der Nordseeküste liegen und den frischen Winden ausgesetzt sind: Pulteney ist die nördlichste Brennerei – auf dem Festland, also abgesehen von den beiden Orkney-Destillen Highland Park und Scapa. Pulteney wurde schon 1826 gegründet und wurde fast genau hundert Jahre später, 1925, an DCL verkauft, die sie gleich danach für 25 Jahre schlossen. Hiram Walker übernahm und erneuerte den Betrieb, beließ es aber bei zwei *stills*. Das Wasser zum Maischen kommt aus dem Loch of Hempriggs. Seit 1995 gehört Pulteney den neuen Besitzern.

 Die brachten endlich auch Originalabfüllungen heraus: Zuerst einen 12jährigen und dann einen 15jährigen in Faß-Stärke (60.6%) und einen gleichaltrigen aus dem Sherryfaß (60.5%). In Frankreich ist auch ein 8jähriger zu bekommen. Zur Jahrtausendwende gab es mehrere Fässer des *Single Cask Millenium*, alle 15 Jahre alt und naturgemäß mit unterschiedlichen Alkoholvolumen. Zu bekommen sind auch noch die Lizenzabfüllungen von G&M mit 8 (40% und 57%) und 12 Jahren. Der 15jährige und der 1961 waren lange nicht mehr zu sehen. Der Löwenanteil verschwindet immer noch im *Ballantine's*.

 Die rührigen Leute von Inver House haben sich von der abgeschiedenen Lage im hohen Norden nicht abschrecken lassen und im Sommer 2000 ein *Visitor Centre* eröffnet. Dort sollte man nicht vergessen, ein Gläschen zu trinken – auf die Überwindung der Prohibition, die dort von 1922 bis 1947 herrschte.

ROSEBANK
[*ros-bank*]

Rosenufer
Stirlingshire
Camelon bei Falkirk
OS 65 87/80

Besitzer: UDV
Geschlossen

■■   Lowlands

 Dies ist kein Ort für Romantiker. Rosebank liegt mitten in einer reinen Industriegegend. Und die Ufer des alten Forth & Clyde Canal, an denen sie sich befindet, sind auch nur spärlich von den namengebenden Rosenbüschen geziert. Glücklicherweise diente das Kanalwasser nur zum Kühlen, zum Destillieren benutzte man die örtliche Wasserleitung, die vom Carron Valley Reservoir gespeist wird. Es wird erzählt, daß ein James Rankine 1840 die *maltings* der früheren Camelon Distillery verwendet hat, um sein Unternehmen zu etablieren. Einige Gebäude aus der Mitte des letzten Jahrhunderts stehen noch, obwohl schon 1864 in großem Umfang umgebaut wurde. Schon seit 1914 Teil von SMD ist Rosebank heute unter dem Dach von United, die auch Rosebank geschlossen haben. Es gab drei *stills*; gebrannt wurde, wie z. B. auch in Auchentoshan, nach der Dreifach-Methode. Neuer-

 dings gibt es Pläne, die ganze Gegend um den Kanal (und den nahen *Antonine Wall*) touristisch aufzuwerten und dabei sogar wieder in kleinem Maßstab in Rosebank zu destillieren.

 Den 8- (40%) und den 12jährigen (ohne Angabe der Stärke) gibt es schon lange nicht mehr, dafür aber den ebenfalls 12 Jahre alten (43%) in UDs »Flora & Fauna«-Serie. In ihrer *cask strength*-Version gab es einen 1981er mit 63.9%. Bekannt sind auch zwei »Rare Malts«-Editionen, mit 19 (60.2%) und 20 Jahren (60.3%), beide 1979 destilliert. Von den Unabhängigen gibt es ihn oft, zuletzt in der 4. »Silent Stills«-Reihe von Signatory (1989, 56.2%).

 Rosebank wurde 1993 geschlossen. Besuche sind nicht möglich. Ein Teil der Gebäude wird als Restaurant genutzt.

Royal Brackla
[bráckla]

Platz der gefallenen Bäume
Inverness-shire
Cawdor bei Nairn
OS 27 86/51
Tel. 01667-402 000
Besitzer: Bacardi
In Betrieb

■■■ Highlands

 Nur drei Destillerien dürfen sich *Royal* nennen; Lochnagar und Glenury sind die beiden anderen. Brackla verdankt den stolzen Adelstitel König William IV., der sich 1835 als Liebhaber dieses Whisky zu erkennen gab. Früher hatten nicht viele Normalbürger je die Möglichkeit, den königlichen Geschmack zu überprüfen, denn die Erwartungen, die das Prädikat weckt, werden nur selten durch Verfügbarkeit gedeckt. Seit 1985 war Brackla gar geschlossen – zwei Jahre, nachdem noch ein *Visitor Centre* eröffnet, fünfzehn, nachdem man sie von zwei auf vier *stills* vergrößert hatte. Glücklicherweise haben UD den früheren Beschluss doch revidiert und 1991 wiedereröffnet – allerdings nicht für Besucher. Auch der Whisky ist nun besser zu bekommen. Touristischer Erfolg wäre Brackla garantiert: durch die alte, bis 1812 zurückreichende Vergangenheit, und vor allem durch die traumhafte Lage südlich von Nairn nicht weit von dem berühmten Shakespeare-Schloss Cawdor! Das hat übrigens auch dem Burn den Namen gegeben, aus dem Brackla sein Wasser nimmt.

 Der königliche Malt gehört zur »Flora & Fauna«-Serie von UD, die diesem 10jährigen (43%), völlig überraschend, einen *no age*, also einen Whisky ohne Altersangabe folgen ließen und 1999 (nun als UDV firmierend) auch einen »Rare Malt« von 1978, 20 Jahre alt mit 59.8%, herausbrachten. Auch die Unabhängigen haben ihn häufiger.

 An der B 9090 südwestlich der Stadt liegt Royal Brackla zwei Meilen vor dem Schloß (und ist bestimmt weniger überlaufen). Das *Visitor Centre* ist immer noch geschlossen, aber vielleicht ändern Bacardi das. Der neue Besitzer hat die Brennerei 1998 von UDV übernommen.

Royal Lochnagar
[*loch-na-gár*]

Benannt nach dem Berg
Aberdeenshire
Crathie bei Ballater
OS 37 26/93
Tel. 01339-742 700
Besitzer: UDV
In Betrieb

■■■　　　　　　　　　　　　　　　　　　　　　　Highlands

 Kurz nach ihrem Einzug lud er die neuen Nachbarn ein und tatsächlich kamen Queen Victoria und Prinz Albert schon einen Tag danach aus ihrer neuen Sommerresidenz Schloß Balmoral herüber, um John Beggs Destillerie zu besichtige. Der offensichtlich auch damals schon kredenzte obligate Probeschluck scheint den Royals so gut gemundet zu haben, daß Begg, wieder einen Tag später, zum Hoflieferanten ernannt wurde. Seitdem schmückt man sich mit dem prestigeträchtigen Präfix – nur einmal in den siebziger Jahren verzichtete man darauf für kurze Zeit, weil man sich, so wird gemunkelt, über eine Rede von Prinz Philipp geärgert hatte. Beggs Brennerei, 1845 errichtet, ist die einzige von ehemals vielen im lieblichen Tal des Dee, die überlebt hat: ihm erging es besser als seinem Nachbarn vom anderen Ufer, dessen Anlage nach der Legalisierung 1826 gleich mehrmals von eifersüchtigen »Illegalen« niedergebrannt wurde. Lochnagar ist nach dem Berg benannt, von dem auch das Wasser für die Brennerei

kommt. Sie wurde mehrmals umgebaut (zuletzt 1967), hat aber immer noch nur zwei *stills*, die mit Dampf beheizt werden.

 In Deutschland ist er wohl längst nicht mehr die Nr. 2, aber der 12jährige ist tatsächlich ein weitverbreiteter Malt. Ob er es bleibt? Man hörte in der »Szene«, daß er nicht mehr in das neue Marketing-Konzept (siehe bei Cardhu) von UD passen würde, die sich außerdem daran störten, daß er relativ billig war. Den Kontrapunkt setzt der *Selected Reserve*, der es mittlerweile schon auf eine hohe Stückzahl gebracht hat. Er wird in numerierten Flaschen und in polierten Holzkisten und ohne Altersangabe für viel Geld verkauft. Unter den »Rare Malts« sind, mindestens, zwei *Lochnagars* zu finden: 24 Jahre, von 1972 (55.7%), und 23 Jahre (59.7%) von 1973 – auf dessen Verpackung allerdings steht 1974 steht.

 Bei solcher Nachbarschaft und in einer Szenerie, die jetzt durch die Aquarelle des Prinzen von Wales und sein hübsches Kinderbuch vom »Alten Mann von Lochnagar« noch berühmter werden dürfte, war es verständlich, daß man eine Whiskydestillerie wie eine Touristen-Attraktion inszeniert hat, mit einem ganzjährig geöffneten *Visitor Centre* und Führungen zu jeder halben Stunde. Royal Lochnagar hat ganzjährig vom Montag bis Freitag zwischen 10.00 und 17.00 Uhr geöffnet, während der Saison auch am Samstag und Sonntag von 11.00 bis 16.00 Uhr. Das Training Centre, eine Whiskyschule, steht allerdings nur Eingeladenen offen.

St. Magdalene
[sänt magadlín, modlíen]

Heilige Magdalene
West Lothian
Linlithgow
OS 65 00/77

Besitzer: ehemals DCL
Geschlossen und umgebaut

■ ■ □   Lowlands

 Einst galt Linlithgow, die geschichtsträchtige Kleinstadt westlich von Edinburgh, als Zentrum des Brauens und Brennens. Immerhin vier Destillerien weisen Moss/Hume noch für das vorletzte Jahrhundert aus, unter ihnen auch St. Magdalene, die freilich oft auch unter dem Namen des Ortes firmierte. Mitte der achtziger Jahre wurde sie für immer zugemacht. Fast 200 Jahre wurde dort, wo früher einmal ein Hospital gewesen war und um 1800 die Brennerei gegründet worden war, Whisky hergestellt. Selbst eine Liquidation 1912 bedeutete nicht das endgültige Aus. Das kam erst, als in die schönen grauen, zwischen den Eisenbahnschienen und dem Union Canal gelegenen Gebäuden, die sogar als historische Denkmäler registriert waren, Luxusappartements eingebaut wurden. Der Name grüßt noch immer mit (verblassenden) großen weißen Buchstaben, wenn man mit dem Zug oder dem Auto vorbeifährt. Aber zu sehen gibt's in Linlithgow keine Destillerie mehr, sondern nur noch die Ruinen des Schlosses, in dem Mary, die unglückliche Schottenkönigin, geboren wurde.

 St. Magdalene wurde meist für Blends verbraucht. Glücklicherweise haben einige Fässer die Schließung überlebt: die Unabhängigen scheinen noch Vorräte zu haben (sie nennen ihn manchmal auch *Linlithgow*, wie etwa Signatory in der »Silent Stills«-Serie oder Cadenhead den *cask strength* (62.9%, 10 Jahre). Aber auch bei UDV gibt es noch Fässer; sie haben zwei »Rare Malts«: 19 Jahre (1973, 63.8%) und 23 Jahre alt (1970, 58.1%).

 Von außen sieht alles fast noch so aus wie früher, aber wie's innen aussieht, das wissen nur die Glücklichen, die sich die teuren Wohnungen leisten können.

SCAPA
[*scápa*]

Schellfisch Bay (?)
Orkney Mainland
Scapa bei Kirkwell
OS 6 43/08
Tel. 01856-872 071
Besitzer: Allied Distillers
Geschlossen

 Islands

Scapa ist ein Tauchern geläufiger Name – weil Scapa Flow einer der schönsten Gründe ist. Manche Deutsche erinnern sich vielleicht, daß sich dort 1919 ihre Flotte selbst versenkte. Engländer denken an die Versenkung eines Schiffes durch ein eingedrungenes deutsches U-Boot und an die dennoch gewonnenen Schlachten; Scapa war in beiden Kriegen ein bedeutender Flottenstützpunkt. Ob der Name aber auch Whiskygenießern etwas sagt? Der Malt war lange nur von »unabhängigen« Abfüllern zu bekommen. 1885 gebaut, wurde sie 1954 von Hiram Walker erworben und 1959 ausgebaut; seitdem ist eine der beiden Blasen eine *Lomond still*. Walker ist heute ein Teil von Allied Domecq, die zuerst dazu übergingen, einige ihrer Malts bei Gordon & MacPhail in neuer Ausstattung anzubieten und sich dann sogar entschlossen, eine Eigentümer-Abfüllung herauszubringen, andererseits aber die Brennerei 1993 zu schließen. Seit einem Jahr gibt es wieder einen kleinen Hoffnungsschimmer, denn Allied einigten sich mit Highland Distillers, daß ihre Destillerie von den Mitarbeitern von Highland Park betreut wird, die nicht nur die *warehouses* benutzen dürfen, sondern manchmal sogar produzieren. Das Wasser dafür kommt aus Lingro(w) Burn und; weil es schon sehr *peaty* ist, wird ungetorftes Malz verwendet. Gelagert wird in Bourbonfässern.

 Die G&M-Abfüllung wies den Jahrgang 1979 aus, aber kein Alter. Ein 1983er, 1986er und 1988er folgten. Kaum noch zu bekommen ist ihr 8jähriger, den es mit 40% und mit 57% gab. Dafür aber ist endlich eine echte Eigentümerabfüllung auf dem Markt. Sie enthält, nachdem der 10jährige praktisch verschwunden ist, einen 12 Jahre alten *Scapa*.

 Etwas weiter als Highland Park liegt die zweite Brennerei auf den Orkneys und zwar zwei Meilen südwestlich von Kirkwall, nahe der A 964. Besucher werden nicht empfangen.

Speyburn
[*spej-börn*]

Speybach
Morayshire
Rothes
OS 28 27/50
Tel. 01340-831 213
Besitzer: Inver House Distillers
In Betrieb

 Highlands (Speyside)

Dieser Whisky scheint von Anfang an knapp gewesen zu sein: Die Familie Hopkins legte äußersten Wert darauf, ihre Destillerie noch im Gründungsjahr 1897 in Betrieb nehmen zu können, denn das hätte ihr erlaubt, einen Whisky aus dem Jahr des »Diamond Jubiliee« von Queen Victoria zu haben. Aber auch der renommierte Distillery-Architekt Charles Doig (der Erfinder der Pagoden) aus Elgin schaffte den Termin zum 1. November nicht. Erst in der letzten Dezemberwoche war es soweit – aber auch nur, weil die Arbeiter in Mänteln schafften, weil es noch keine Fenster und Türen gab. Der erste Durchlauf ergab gerade ein Faß, immerhin aber eins, das man mit der Jahreszahl 1987 versehen konnte. Ganz so knapp ist Speyburn heute nicht mehr, obwohl die Brennerei nach wie vor klein ist. Ihren Namen leitet sie von einem Nebenfluß des Spey ab. Sie liegt außerhalb von Rothes zwischen der aufgelassenen Bahnlinie und der alten Straße nach Elgin – landschaftlich sehr schön. Das Wasser kommt aus dem Granty Burn. Speyburn hat, zumindest bei Insidern, 1991 Aufsehen erregt, weil sie eine der ersten DCL-Brennereien war, die UD weiterverkauften – fast unmittelbar, nachdem sie gerade zum ersten Mal eine »offizielle« Abfüllung angeboten hatten.

 Diese, aus der »Flora & Fauna«-Serie, ist kaum noch zu bekommen. Der Whisky war 12 Jahre alt und hatte 43%. Inver House hat ihre Neuerwerbung neu ausgestattet und als 10jährigen herausgebracht, dessen Aussehen soeben noch einmal verändert wurde. Ein 21 Jahre alter kommt in originellen Körben und, manchmal auch sherryfaßgelagert, mit unterschiedlichen Faß-Stärken. Das 100. Jubiläum der Brennerei wurde mit einem anderen 21jährigen in der Kristallkaraffe begangen.

 Auch Inver House, die neuen Besitzer, konnten sich (noch?) nicht entschließen, ihre Brennerei für eine Besichtigung von innen freizugeben.

Speyside
[spej-said]

Gegend um den Spey
Inverness-shire
Glen Tromie bei Kingussie
OS 35 78/99
Telefon: 01540-661 060
Besitzer: Speyside Distilling Co.
In Betrieb

■ ❏   Highlands (Speyside)

Ein Traum ist in Erfüllung gegangen. Geträumt hat ihn George Christie, ein erfahrener Blender, und er hatte gleich zwei Ziele. Er wollte seine eigene Destillerie haben, seinen eigenen Malt erzeugen. Und er wollte einen alten Namen wiederbeleben. Denn Speyside hieß, wie man aus alten Karten sehen kann, schon einmal eine Brennerei. Sie existierte 1895 bis 1911 und war gar nicht weit entfernt von dem Gelände zwischen den Flüssen Spey und Tromie, das Christie schon 1956 kaufte. 1962 begann er mit dem Bau, der sich lange hinzog – vor allem, weil Christie auch sehr genaue Vorstellungen davon hatte, wie sein Schmuckstück aussehen sollte: nur der graue Stein, der alte schottische Gebäude so schön macht, durfte verwendet werden, gebaut werden mußte traditionell. Und weil die gleichen Grundsätze natürlich auch für die Inneneinrichtung galten, vergingen sieben Jahre bis zur Fertigstellung des Equipments und noch einmal drei, bis am 10. Dezember 1990 dann der erste Whisky floß. Nach der gesetzlich vorgeschrieben Mindestreifedauer von drei Jahren bedankten sich die Christies mit einer schön ausgestatteten *Limited Edition* bei all denen, die an der Realisierung des Traums beteiligt waren. Sie wird sicher einst zu den gesuchtesten Sammlerstücken zählen.

Nach einem Speyside, der früher ein *vatted*, heute ein Blend ist, und einem zweiten *vatted* mit dem Namen *Glentromie* kam der erste allgemein zugängliche Single Malt, *Drumguish*, ohne Altersangabe und mit 40%. Seit 1999 ist der Malt aber alt genug, um unter seinem »echten« Namen abgefüllt zu werden, 8 Jahre alt und mit 40%. Als *Speyside Millenium* wurde das erste, 1990 destillierte Faß in Glasdecanter gefüllt. Es war ein Sherryfaß und die aufwendigen Holzkisten sind numeriert.

Die Destillerie, südlich von Kingussie (sprich Kinússie), nahe der B 970 gelegen, ist nicht zugänglich.

SPRINGBANK
[*spring-bänk*]

Rand der Quelle
Argyll
Campbeltown, Mull of Kintyre
OS 68 71/20
Tel. 01586-552 085
Besitzer: J. & A. Mitchell & Co.
In Betrieb

■■■□   Campbeltown

 Ein, man kann es nicht anders sagen, Klassiker, gepriesen von den Connaisseurs, verwöhnt durch schmeichelhafte Siege bei zahllosen Verkostungen. Nicht nur deshalb ist man sich in Springbank seiner Verantwortung bewußt. Die Besitzer wissen, daß sie die (fast) letzten Repräsentanten einer gloriosen Vergangenheit sind: Auf Kintyre gab es einmal mehr als dreißig Destillerien, von denen gerade zwei übrig geblieben sind, die vier Whiskies produzieren; Springbank stellt außerdem unter dem eigenen Namen angebotenen auch noch den *Longrow* und den noch nicht abgefüllten *Hazelburn* her. Die Mitchells dürfen auch in Anspruch nehmen, die älteste noch mit der gleichen Brennerei arbeitende Familie zu sein. Schon 1837 übernahm ein Mitchell den 1828 gegründeten Betrieb und seitdem ist er unter der Regie von Nachkommen der Mitchells geblieben, seit 1897 unter dem Namen der jetzigen Gesellschaft, deren Chef heute Hedley Wright ist. Auch daß Springbank nur wenige Jahre schließen mußte (1926 – 1935 und von 1980-1988) stärkt das Selbstbewußtsein und fordert dazu heraus, ganz besonders traditionsbewußt zu sein – wenn auch nicht immer so detailbesessen wie bei der sogenannten »West Highland Limited Edition«, für die alles, von der Gerste über das Wasser bis zur Kohle, aus einem Umkreis von nicht mehr als acht Meilen um die Destillerie stammen mußte (vom, wie man ironisch anmerkte, Sherryfaß einmal abgesehen). So viel Traditionsverbundenheit muß der Geschäftstüchtigkeit nicht im Wege stehen. So entwickelt man viel Phantasie bei der Vermarktung – und konnte den Fehler machen, zeitweilig auf die *floor maltings* zu verzichten, weil man der Meinung war, sie würden zu teuer. Sie werden Gott sei Dank wieder zum Mälzen benutzt. Immer noch wird das Wasser aus dem Crosshill Loch geholt. Und vor allem hält man weiterhin an den drei *stills* fest (die es erlauben, ganz verschiedene Malts zu produzieren). Beim *Springbank* wird weniger stark getorftes Malz benutzt und nur der Mittellauf des zweiten Durchgangs wird noch ein drittes Mal destilliert, was ihn feiner und delikater macht als den stärker getorften *Longrow*, bei dem auch die *forshots* und *feints* des zweiten Durchlaufes ein drittes Mal gebrannt werden (weswegen man beim *Springbank* von einer Zweieinhalbfach-Destillation sprechen kann). Eine andere Besonderheit ist, daß in Springbank selbst abgefüllt wird, was sonst nur noch in Glenfiddich gemacht wird und wahrscheinlich auch damit zu tun hat, daß das renommierte »unabhängige« Haus Cadenhead mit Springbank verbunden ist und dort seine Flaschen füllt, wodurch dann auch erklärt ist, weshalb auch Springbank meist mit 46% zu finden ist.

Es gibt Springbank in kaum zu übersehender Reichhaltigkeit, mit 8, 10, 12, 15, 21, 25, 30 und 33 Jahren bei wechselndem Volumen – wobei man sich, der Schließung in den achtziger Jahren eingedenk, fragte, wie alt der 10- und der 12jährige wirklich waren. Letzteren freilich gibt es künftig nicht mehr, dafür ist die Standardabfüllung künftig 10 Jahre alt und bei allen wird auf Farbe verzichtet und sie kommen mit 46% in die Flasche. Hinzugekommen ist der *C.V.* (Chairman's Vat). Zum Millennium gab es das Angebot einer besonderen Reihe: alle sechs Monate kommt eine neue Abfüllung. Die jüngste enthielt einen 25jährigen *Springbank*, die folgenden waren immer fünf Jahre älter und mit einem 50jährigen wird die Reihe vollendet sein (und der Geldbeutel ein hübsches Stück schmaler). Daneben gibt es, immer häufiger, *vintage*-Abfüllungen wie die berühmte »West Highland Edition«, 1966 destilliert und zu verschiedenen Zeiten abgefüllt. Sie trägt die Replik eines hübschen alten Etiketts mit, und dabei ist Springbank Pionier, den Nummern der genau bezeichneten Fässer, es sind also *single cask bottlings*. Auch die Unabhängigen bieten ihn an, vor allem die Firmentochter Cadenhead, die sogar einen im Rumfaß gelagerten *Springbank* in zwei Versionen und kleiner Auflage offerierte. Oddbins haben einen, den sie mit Witz *Against the Grain* nennen.

Der Druck war zu groß. Auch der spröde Mr. Wright hat eingesehen, daß man die Liebhaber eines solchen Malts nicht vor der Tür stehen lassen kann: Vom Mai bis Oktober gibt es jetzt zumindest eine Führung am Tag. Eine Voranmeldung ist notwendig. Nicht vergessen: Eaglesome's Shop am Reform Square gehört zur Company und bietet eine schöne Malt-Auswahl.

STRATHISLA

[straß-aila]

Tal des River Isla
Banffshire
Keith, Seafield Avenue
OS 28 42/51
Tel. 01542-783 044
Besitzer: The Chivas & Glenlivet Group
In Betrieb

■■■   Highlands

 Auch ein Autor darf Vorlieben haben: seine gilt Strathisla. Schon der Anblick aus der Ferne, mit den beiden hübschen Pagoden, erfreut das Herz. Aus der Nähe entpuppt sich Strathisla als Destillerie, die sorgsam im alten Stil erhalten wird (obwohl man die beiden mit Kohle befeuerten *stills* ausgemustert hat und die vier jetzt benutzten mit Dampf beheizt). Auch das Alter spielt natürlich eine Rolle für die Präferenz des Autors: als Milltown wurde die Brennerei 1786 gegründet und ist damit unzweifelhaft eine der ältesten überhaupt; nur Bowmore, Littlemill und Glenturret können konkurrieren. Ihre Geschichte wies (und es ist sympathisch, daß das nicht verschwiegen wird) nicht nur Höhen auf: Es gab zweimal schwere Beschädigungen, durch Feuer und durch Explosion,

Highlands

aber beide brachten auch Fortschritte. Und es gab ein finsteres Kapitel, als ein Londoner Spekulant Milton, wie sie damals genannt wurde, kaufte und dann wegen Steuerhinterziehung bestraft wurde. Bei der folgenden Versteigerung erhielt James Barclay den Zuschlag, für Chivas Bros., die damals schon Seagram gehörten und die Destillerie so nannten wie bis dato nur ihr Whisky hieß. Zur liebevollen Pflege der Tradition gehörte auch die kleine Festschrift, die im September 1986 zum 200. Geburtstag erschien.

Als *Strathisla-Glenlivet* gibt es eine ganze Reihe von Abfüllungen: 8 Jahre alt (40% und 57%), 15 (ebenso), 21, 25, 30, 35 Jahre. Sie alle kommen von Gordon & MacPhail, der auch einen 1937 hatte, einen 1960, 1967 und einen in der *cask strength*-Serie (1974/57%). Eine Rarität dagegen war der Whisky als Destillerieabfüllung von Chivas Bros. Er war 12 Jahre alt und so alt ist auch die 1994 von Seagram in »Heritage Selection« herausgebrachte neue Version.

Ein solches Juwel darf nicht verborgen gehalten werden: Strathisla steht Besuchern offen, von Mitte März bis Ende Oktober von 9.30 (am Sonntag von 12.30) bis 16.00 Uhr. Gegen Eintrittsgeld gibt's Kaffee und Shortbread und nach der Besichtigung ein *nosing*. Kinder unter acht dürfen nicht in die *production area*; sie könnten z. B. im hübschen Garten gegenüber spielen.

Strathmill
[straß-mill]

Mühle im Tal
Banffshire
Keith
OS 28 42/50
Tel. 01542-883 000
Besitzer: UDV
In Betrieb

■❒   Highlands

 Nicht weit von Strathisla liegt diese Brennerei, die in der ersten Auflage des Buches noch im Kapitel »Weitere Malt-Destillerien« zu finden war, weil ihr Whisky nicht als *Single* zu bekommen war. Sie hieß ursprünglich Glenisla-Glenlivet und entstand 1891 durch den Umbau einer 1823 gebauten Getreidemühle. Den neuen Namen erhielt sie, als sie – auf dem Höhepunkt des Whisky-Booms Ende des letzten Jahrhunderts – 1895 von Gilbey gekauft wurde. Fast immer produzierte Strathmill nur für Blends, darunter für einen, der *Glen Spey* heißt und nicht mit dem gleichnamigen Malt verwechselt werden darf, und vor allem für den *J & B Rare* von Justerini & Brooks, mit denen Gilbey 1962 fusionierte, um die International Distillers & Vintners zu bilden. Die waren eine Tochter von Grand Metropolitan, die 1997 mit Guinness fusionierten und aus ihrer IDV zusammen mit deren UD den weltgrößten Spirituosenkonzern UDV bildeten. Auch in den Edel-Blend *Dunhill* ging wahrscheinlich eine gehörige Portion, stand doch an der Pforte der Ende der sechziger Jahre von zwei auf vier *stills* erweiterten Brennerei, die ihr Wasser aus einer Quelle auf dem Firmengelände bezieht: »Home of Dunhill«.

 Von ihren Eigentümern ist der *Strathmill* leider immer noch nicht zu haben. Für ihre Mitglieder konnte die »Scotch Malt Whisky Society« ein Faß ergattern. Cadenhead brachte in der Serie »Authentic Collection« einen 11jährigen, destilliert 1980, abgefüllt 1992 mit 60.5%. Signatory gab mit dem abgebildeten Malt aus der »Wildlife«-Serie whiskytrinkenden Tierfreunden eine Gelegenheit, den Scottish Wildlife Trust zu unterstützen, und hatte einen *cask strength* mit 53.3% von 1974 und einen »normalen« von 1985.

 Mitten im Ort gelegen, steht Strathmill für Besucher leider nicht offen.

Talisker
[*talísker* oder *tálisker*]

Wasserloch (?)
Inverness-shire
Carbost, Isle of Skye
OS 32 37/31
Tel. 01478-640 308
Besitzer: UDV
In Betrieb

 ■■■■■   Islands

 »*The king o'drinks / As I conceive it / Talisker, Islay or Glenlivet*«, schwärmte Robert Louis Stevenson 1880, der mit seiner »Schatzinsel« freilich nicht Skye meinte. Zu seiner Zeit wurde in Talisker, die 1831 nach mehreren gescheiterten Versuchen von den Brüdern MacAskill in Carbost gegründet wurde, noch mit dem Dreifachverfahren destilliert. Es wurde 1928 eingestellt, als die Dailuaine-Talisker Distillers zur DCL kamen. Daß zu *Johnnie Walker* besondere Beziehungen bestehen, konnte man noch bis vor kurzem auf jedem Etikett sehen. Nach einem Brand des *stillhouse* gibt es heute fünf *stills*. Die Mälzerei wurde leider eingestellt. Talisker ist die einzige Brennerei auf Skye und liegt wunderschön am Loch Harport mit den grandiosen Cuillins Mountains als Hintergrund – also nicht auf dem Gelände der namengebenden Farm, die einige Meilen entfernt an der Talisker Bay zu finden ist.

 Der achtjährige (er hatte 45.8%) und der 12 Jahre alte Talisker wurden ersetzt durch einen zehnjährigen, der wieder die traditionellen 45.8% hat und zu den »Classic Malts« von UDV gehört. Ihm an die Seite gestellt wurde ein *finishing* in der »Distiller's Edition«, 1986 gebrannt und im Amoroso-Faß nachgereift. Nur die »Friends of the Classic Malts« bekamen einen 59.3% starken *cask strength* von 1989/1999 in nummerierten Flaschen offeriert.

Ein kleiner Abstecher auf dem Weg nach Dunvegan Castle (oder zum kleinen, feinen »Three Chimneys«-Restaurant): Talisker bietet Führungen an, sie hat ein *Visitor Centre* und einen Shop, in dem man einen mächtigen Humpen bewundern kann, aus dem früher die Arbeiter zu Beginn und Ende jeder Schicht ein *dram* bekamen. Geöffnet ist von Montag bis Freitag jeweils 9.00 bis 16.30 Uhr (von November bis März nur zwischen 14.00 und 16.30 Uhr – und nur nach Vereinbarung).

TAMDHU
[*tam-dú*]

Dunkler Hügel (oder Busch)
Banffshire
Knockando bei Aberlour
OS 28 18/41
Tel. 01340 872 101
Besitzer: Highland Distillers
In Betrieb

■■■   Highlands (Speyside)

 Es war wohl nicht zuletzt die nahe gelegene, touristisch und wirtschaftlich die einsame Gegend erschließende Eisenbahn, die William Grant, einen Banker und Direktor von Highland Distillers, den Tomdhu genannten Ort als ideal für den Bau einer Brennerei erscheinen ließ. 1896/97 überzeugte er ein Konsortium von renommierten Blendern von seiner Idee, aber schon zwei Jahre später übernahmen Highland Distillers die Anlage – Tamdhu gehört ihr heute noch, war aber zwanzig Jahre lang geschlossen und wurde erst 1947 im Zeichen zunehmender Nachfrage wieder eröffnet. 1972 wurde von zwei auf vier, 1975 sogar auf sechs *stills* erweitert. Man ist stolz auf den Tamdhu Burn, eine unter der Brennerei liegende Quelle – und auf die gewaltigen *Saladin maltings*, die Tamdhu zur einzigen Destillerie machen, die heute all' ihr Malz selbst erzeugt.

 Erst seit 1976 ist *Tamdhu* als Single Malt verfügbar. Der 10jährige wurde zuerst neu ausgestattet, dann plötzlich ohne Altersangabe geliefert – und bei dieser Gelegenheit scheint man sich entschlossen zu haben, den 15 Jahre alten in der Boxbeutelflasche vom Markt zu nehmen. Zu bekommen ist er aber noch, ebenso wie der achtjährige, den Gordon & MacPhail unter Lizenz abfüllen oder der gleichaltrige in ihrer »MacPhail's Collection«. Sie haben zuweilen auch einen *vintage* wie etwa den 1960er.

 Der alte Bahnhof wurde zu einem originellen Besucherzentrum umgestaltet. Es war über die nördlich des Spey von Grantown über Archietown nach Rothes führende B 9102 (oder natürlich über den Speyside Way, der die alte Eisenbahn ersetzt hat) zu erreichen; wurde aber leider geschlossen – weil die Mitarbeiter zu oft von angeheiterten Absolventen des »Whisky Trail« belästigt wurden (wirklich!).

Tamnavulin
[*tam-na-vúlin*]

Mühle auf dem Berg
Banffshire
Tomnavoulin
OS 36 21/25
Tel. 01807-590 285
Besitzer: The Whyte and Mackay Group
Geschlossen

■■■ Highlands

 Außer Glenlivet selbst die einzige Destillerie, die das prestigeträchtige Präfix nicht hochstaplerisch, sondern zu Recht trägt: Tamnavulin (die sich ohne das doppelte »o« des gleichnamigen Dörfchens schreibt) liegt unmittelbar am Livet, bildhübsch in einer hinreißenden Landschaft, zu der allerdings die erst 1966 von der Invergordon-Tochter Tamnavulin-Glenlivet Distillers errichteten Gebäude nur schlecht passen. Aber einerseits wird das kompensiert durch das in der nahe gelegenen alten Wollmühle, die der Brennerei den Namen gegeben hat, eingerichtete *Visitor Centre*, andrerseits ist die Anlage mit ihren sechs *stills* natürlich höchst funktionell und kann nur von wenigen Männern, die man dann wohl besser als Techniker bezeichnet, gefahren werden. Das Wasser kommt von unterirdischen Quellen vom namengebenden Hügel. Auch Tamnavulin gehörte zu jenen Destillerien, die Whythe & Mackay auf Geheiß ihrer amerikanischen Besitzer kurz nach der Übernahme von Invergordon dichtmachten.

 Zuerst kam er mit 10 Jahren, jetzt ist der Malt 12 Jahre alt. Außerdem gibt es – in nummerierten Flaschen und in Holzkiste – einen 22jährigen, der 45% aufweist, ebensoviel wie drei Versionen der »Stillman's Dram«-Kollektion, die 24, 25 und 27 Jahre alt waren. Auch der *Ferintosh*, der sich diesen Namen völlig zu Unrecht anmaßt (diese Brennerei schloß schon zu Lebzeiten von Robert Burns und befand sich viel weiter nordwestlich) ist ein *Tamnavulin*.

 Nicht nur das von März bis Oktober geöffnete *Visitor Centre* selbst lohnt den Besuch, sondern auch der nette Picknickplatz direkt am Fluß. Nach der Schließung der Brennerei wird es von den Dorfbewohnern betrieben, um wenigstens einige Arbeitsplätze zu sichern.

TEANINICH
[*te-níe-nick*]

Haus am grünen Strand (?)
Ross-shire
Alness
OS 21 65/69
Tel. 01349-885 001
Besitzer: UDV
In Betrieb

■■■   Highlands

 Eine Rarität – schon deshalb, weil die erst in den siebziger Jahren mit viel Aufwand modernisierte und von vier auf immerhin zehn *stills* vergrößerte (sechs in der »A side«, vier in der »B side«) und durch eine Tierfutter-Anlage ergänzte Brennerei zu denen gehörte, die 1985 geschlossen wurden. Liebhaber des schwer zu findenden Whisky können aber hoffen: 1991 wurde die Arbeit wieder aufgenommen, wenn auch nur mit den sechs Brennblasen der »A side«. Auch eine Herstellerabfüllung gibt es: UD haben den *Teaninich* in die »Flora & Fauna«-Serie aufgenommen, was in anderen Brennerein des Konzerns die Möglichkeit einer Besichtigung nach sich gezogen hat. Gegründet wurde Teaninich, die ihr Wasser von der Dairywell Spring bezieht, 1817 von Capt. Hugh Munro, der es als einziger von vielen in der Umgebung von Alness wagte, den Schritt in die Legalität zu tun. Er zog ein stark expandierendes Geschäft auf, das schon Alfred Barnard wegen seiner Modernität beeindruckte. Bereits 1905 übernahm SMD den Betrieb, dessen Lizenz R.H. Thomson gehörte.

 Die Produktion wurde und wird (und gerne!) fast ausschließlich für Blends verwendet. Die »F&F«-Abfüllung, die es immer noch gibt, wenn auch nicht mehr in der schönen Holzkiste, bringt ihn 10jährig, bei 43%. UDV haben auch, mindestens, zwei »Rare Malts« abgefüllt, den einen von 1972 mit 23 Jahren (64.95%), den anderen von 1973, ebenso alt und mit 57.1%.

 Bisher kann man die auf dem Westufer des River Alness unweit vom Cromarty Firth gelegene Destillerie nicht besichtigen. Von der A 9 aus hat man aber einen guten Blick auf die Fenster des modernen neuen *stillhouse*.

Tobermory
[*tober-móri*]

Marias Brunnen
Argyll
Tobermory, Isle of Mull
OS 47 50/55
Tel. 01688-302 645
Besitzer: Burn Stewart Distillers
In Betrieb

■■■   Islands

 Fast so verwirrend wie die Geschichte von Brora und Clynelish ist die von Tobermory/Ledaig – der Schrägstrich ist deshalb berechtigt, weil es sich tatsächlich um ein und dieselbe Brennerei handelt, die einzige auf der Insel Mull. Um die Konfusion zu beseitigen, muß Historie erzählt werden. Tobermory wurde wahrscheinlich bereits 1798 gegründet, war aber schon im 19. Jahrhundert lange geschlossen. Das war sie auch, nach der Übernahme durch DCL, von 1930 bis 1972. Die neuen Besitzer tauften sie dann um auf den auch schon früher manchmal gebrauchten Namen Ledaig (siehe auch dort), aber auch sie warfen schon nach wenigen Jahren das Handtuch. 1978 fanden sich neue Käufer; sie führten wieder den Namen Tobermory ein. Auch in den Achtzigern war die Destillerie lange zu. Seit 1990 arbeitet sie wieder, mit vier *stills* und dem Wasser aus Mishnish Loch – das scheint so ziemlich das einzige zu sein, was in Tobermory kontinuierlich lief.

 Die Verwirrung um den Namen setzt sich in den Abfüllungen fort: Es gab einen *Tobermory*, manchmal ohne Altersangabe, manchmal mit 8 Jahren, zuweilen auch mit 12. Er konnte ein Single sein, war aber vielleicht doch ein Vatted. Der Blend mit dem Namen *Tobermory* war aber wirklich einer. Aber die neuen Besitzer (seit 1993) sind entschlossen, Klarheit zu schaffen, auch bei der Verwendung der beiden Namen: Der *Tobermory ist* nun wirklich ein Single und sanfter (wenn überhaupt) getorft als der *Ledaig*. Er ist jetzt auch 10 Jahre alt. Den 200. Geburtstag der Brennerei feierte man mit 2500 Flaschen der *Tobermory Commemorative Limited Edition 1798 – 1998*.

 Von Ostern bis Ende Oktober gibt es an Werktagen zwischen 10.00 und 16.00 Uhr Führungen. Die aktuellen Zeiten sollten aber immer vorher erfragt werden.

Tomatin
[*tomátn* oder *tómatin*]

Wacholderhügel
Inverness-shire
Tomatin
OS 35 79/29
Tel. 01808-511 444
Besitzer: Takara and Marubeni
In Betrieb

■■■   Highlands

 Obwohl sie (ausnahmsweise) nicht in deren Besitz ist, ist Tomatin ein Fall für Guinness – für das »Buch der Rekorde« und das gleich mehrfach. Tomatin ist, an den Nordhängen der Grampians, zwar nicht ganz die höchstgelegene Destillerie Schottland, aber es ist die größte. Ihre 24 *stills* könnten 12 Millionen Liter jährlich produzieren. Die Lagerhäuser haben gar Platz für 40 Millionen Liter. Und noch einen Rekord hält Tomatin, aber der wird Traditionalisten eher traurig stimmen: Sie war die erste Brennerei in Schottland, die von Japanern aufgekauft wurde – was ihr (und den anderen auch) indes wirtschaftlich nur gut bekommen ist. Denn die neuen Herren retteten, das muß gerechterweise festgehalten werden, ein Unternehmen, das nach der Riesenexpansion in Liquidation war und eine finstere Zukunft hatte. Auf den Flaschen steht immer noch »Tomatin Distillers Co.«

 Tomatin gibt es mit 10 Jahren und 40% und in manchen Märkten auch mit 12% und 43%; sie bekamen 1992 eine neue Ausstattung. Der fünfjährige ist selten geworden, ist in Italien aber noch zu finden. Zum 100. Geburtstag der Brennerei füllte man einen 30jährigen in eine hübsche Glaskaraffe, die einer *pot still* nachempfunden ist. Das sind recht wenig Abfüllungen, aber die Unabhängigen haben den Malt mit schöner Regelmäßigkeit, wie G&M zwei »Connoisseurs Choice«-Versionen (von 1964 und 1968).

 Die über die A 9 gut zu erreichende Brennerei hat ein *Visitor Centre* mit einem gutsortierten Laden. Es hat ganzjährig geöffnet, und zwar Montag bis Freitag von 9.00 bis 16.30 Uhr, Mai bis Oktober auch an Samstagen, aber dann nur bis 12.30 Uhr.

TOMINTOUL
[*tomín-taul*]

Hügel mit der Scheune
Banffshire
bei Tomintoul
OS 36 14/25
Tel. 01807-509 274
Besitzer: A. Dundee
In Betrieb

■ ■ ■ ■ □   Highlands (Speyside)

 Tomintoul gilt als das höchstgelegene Dorf Schottlands. Ob die nach ihm benannte Destillerie das gleiche Prädikat beanspruchen kann, darum streitet man sich mit Dalwhinnie und Tomatin. Die Brennerei liegt jedenfalls ein Stück tiefer und relativ weit weg vom Ort. Ein paar Meilen sind es schon und man muß an der Bridge of Avon nicht über den Fluß, sondern geradeaus weiterfahren und die B 9136, die nach Glenlivet führt, benutzen. Dafür rechtfertigt die Lage aber (knapp) ein anderes Prädikat: das Glenlivet hinter dem Bindestrich. Eine weitere Besonderheit ist, daß die 1964/5 gebaute moderne Anlage die erste neue Brennerei war, die tatsächlich mit schottischem Kapital errichtet wurde. Das Geld kam von zwei Whisky-Brokern, die zehn Jahre später an Hugh Frasers »Scottish and Universal Investment Trust« verkauften, der im gleichen Jahr die alte Firma Whyte & Mackay erwarb, die bis 1. 8. 2000 nominell die Besitzer waren, als deren Konzernmutter Fortune Brands (*Jim Beam ist* ihr bekanntester Whiskey) an A. Dundee verkauften. Tomintoul, in wildromantischer Gegend, bekommt Wasser von Ballantruan Spring. 1974, zum 10. Jubiläum wurde von zwei auf vier *stills* erweitert – und der Whisky als Herstellerabfüllung verfügbar gemacht.

 Es gab ihn mit 8 und 12 Jahren (bei jeweils 43%) in einer, milde gesagt, gewöhnungsbedürftigen und außergewöhnlichen Flasche, die ihnen die Verpackungskünstler von Whyte & Mackay verpaßt hatten, und die eher an ein (nicht besonders edles) Herrendeo denken ließen. Die neue Abfüllung des 10jährigen kam in der traditionellen Whiskyflasche und schlichtem Etikett.

 Tomintoul kann leider nicht besichtigt werden. Zum Trost findet man im Dorf das »Whisky Castle«, das ein hervorragendes Angebot an Whiskies feilbietet.

TORMORE
[*toor-mór*]

Großer Hügel
Morayshire
Advie bei Grantown-on-Spey
OS 28 15/35
Tel. 01807-510 244
Besitzer: Allied Distillers
In Betrieb

■■■ Highlands (Speyside)

 Ein Schmuckstück. Tormore sieht aus wie eine besonders liebevoll restaurierte Brennerei aus dem späten 19., stammt aber aus den späten fünfziger Jahren des letzten Jahrhunderts. Sie ist mit ihrem von grauen Granitquadern gefaßten weißen Gebäuden, mit ihrem Glockenturm, dem See, dem Springbrunnen und dem gepflegten Grün so blitzsauber, daß sie Prinz Charles wieder mit den Architekten versöhnen könnte. Seager-Evans wussten, was sie taten, als sie einem ehemaligen Präsidenten der Royal Academy den Auftrag zum Bau gaben. Das war 1958, zu Zeiten eines Booms also, als die Nachfrage nach Whisky stieg. Heute gehört Tormore nicht mehr dieser Firma, die damals in amerikanischem Besitz war; sie kam über Long John und Whitbread zu Allied Domecq. Der Erfolg machte schon 1972 eine Verdoppelung auf acht *stills* notwendig. Das Wasser kommt von Achvockie Burn, der von einem Loch mit dem schönen Namen an-Oir – Goldsee – gespeist wird.

 Noch in der letzten Auflage hielten wir fest: *Tormore* gab es immer als Single Malt, meist als zehnjährigen. Einen 5 Jahre alten gab es manchmal in Deutschland, immer in Italien. Beide gab es in einer eigenartigen, gerippten und leicht eckigen Flasche. 1991 wurde *The Tormore* in neuer Aufmachung, aber wieder mit 10 Jahren – und je nach Markt mit 40% bzw. 43%, präsentiert. Das alles ist vorbei: Allied konzentrieren sich auf sogenannte *core*-Produkte, zu denen in ihrem Fall (außer dem *Ballentine's*) zwar der *Laphroaig* gehört, aber eben leider nicht mehr der *Tormore*.

 Es gibt zwar kein *Reception Centre*. Besucher können nur nach Verabredung einen Termin bekommen. Tormore ist nicht zu verfehlen, sie liegt im Speytal direkt an der A 95, die von Grantown-on-Spey nach Aberlour führt.

TULLIBARDINE
[*tulli-bá-din*]

Hügel von Bardine
Perthshire
Blackford
OS 58 89/08
Tel. 01764-682 252
Besitzer: The Whyte & Mackay Group
Geschlossen

■■■   Highlands

 Tullibardine Moor, zwischen Stirling und Perth, ist Golfern und Reitern wohl eher ein Begriff als Whiskygenießern – einige Minuten Autofahrt von der Destillerie entfernt liegt Gleneagles mit seinen Golfplätzen und Mark Philipps Reiterzentrum. Aber das Moor, heute von der Autobahn A 9 durchschnitten, war auch immer für seine Brunnen berühmt: in Blackford sprudelt auch das Mineralwasser Highland Spring. Aber das Wasser kommt nicht von dort, sondern aus den nahen Ochill Hills. Es scheint auch früher schon eine Brennerei gegeben zu haben, aber ihr genauer Standort ist unbekannt. Die heutige wurde erst 1949 als Umwandlung einer Brauerei von Delme Evans errichtet, der auch in Isle of Jura und Glenallachie seine Spuren hinterlassen hat. 1971 kam Tullibardine Distillery Co. zu Invergordon. Es folgte ein Umbau mit Vergrößerung von zwei auf vier *stills*. Invergordon wurde 1994 von Whyte & Mackay übernommen, deren amerikanischen Besitzer Fortune Brands sie (wie auch Bruichladdich und Tamnavulin) gar nicht schnell genug schließen konnten.

 Die alte Flaschenform wurde, vielleicht weil sie zu sehr an einen *Ballantine's* erinnerte, ersetzt. Der 10 Jahre Whisky präsentiert sich jetzt in klassischer Flasche. Ein 25 Jahre alter mit 45% war Teil der Exklusivität verheißenden (und entsprechend teuren) »Stillman's Dram«-Reihe: eine limitierte Abfüllung, zu der auch vier andere Whyte & Mackay-Malts (*Bruichladdich, Dalmore, Jura* und *Tamnuvulin*) gehören. Diese Version wurde von einem 27- und dann von einem 30jährigen abgelöst. Einen 21 Jahre alten gab es (1970 mit 45%) in signierter Holzkiste.

 Besuche sind nicht mehr möglich (übrigens: auch Highland Spring ist für Gäste strikt gesperrt).

Cooley Distillery
[cuu-lie]

Name einer Bergkette
Co. Louth
Riverstown bei Dundalk
Tel. 042-937 6102

Besitzer: Cooley Distillery plc
In Betrieb

■ ◨ (Tyrconnel)   Irland

Lange galt der *Bushmills* als der einzige Single Malt von der grünen Insel. Aber dann kam der *Tyrconnel*, dann der *Connemara* und mittlerweile noch einige mehr. Sie alle verkörpern eine ziemlich einmalige Form von Malt – und eine kleine Revolution sowieso, gehörte es doch zu den geheiligten Grundsätzen irischer Identitäts-Bewahrung, zum Brennen zwar *pot stills* zu verwenden, aber keinesfalls getorftes Malz. Und sie stellen etwas her, was es qua Definition eigentlich gar nicht geben kann: Single Malts, die eben nicht aus einer, sondern – aus zwei Brennereien kommen. Doch der Reihe nach: 1987 gründete ein Konsortium von irischen Geschäftsleuten unter Führung von John T. Teeling die Firma Cooley Distillery – vor allem, weil es ihnen unerträglich war, daß die gesamte irische Whiskey-Produktion nur noch im Besitz einer, dazu französischen, Hand war. Sie kauften im nahe an der Grenze zu Nordirland gelegenen Riverstown eine dem Staat gehörende Spiritusbrennerei mit einer *patent still* und investierten viel Geld, um aus Schottland zwei *pot stills* zu holen. Das Ziel war, neben Grain auch traditionellen Malt Whiskey zu produzieren. Dann kaufte Teeling den alten Namen der Besitzer von Watt's Distillery in Derby, die schon früher einen *Tyrconnell* gemacht hatten. Und jetzt kommt die zweite Brennerei ins Spiel. Denn weil man in Riverstown keinen Platz zum Reifen hatte, kaufte Teeling die *warehouses* von John Locke's Distillery in Kilbeggan. Dorthin wird der *new spirit* in Tanklastwagen gebracht, um in aller Ruhe am Ufer des Brushna zu reifen. Locke's darf sich übrigens, 1757 gegründet, mit Bushmills darum streiten, wer die älteste Destillerie des Landes ist; jedenfalls wurde in Kilbeggan länger ohne Unterbrechung destilliert. 1954 mußte der Betrieb eingestellt werden, die alten Gebäude wurden aber in den siebziger Jahren von den Dorfbewohnern vor dem Verfall gerettet, die ein Museum aus ihnen machten und sie Stück für Stück wieder komplettierten – unter anderem mit den *stills* aus Tullamore. Dort lässt Teeling übrigens auch lagern.

Co. Westmeath
Kilbeggan
Tel. 0506-381 34

■■■■   (Connemara)   Irland

 Gleich nach der gesetzlichen Mindestreifezeit, also nach drei Jahren, brachten Cooley ihren ersten Malt auf den Markt. *The Tyrconnel* ist nach einem Whiskey der Watts benannt, denen auch ein berühmtes Rennpferd gleichen Namens gehörte. Als zweiter Malt kam der *Connemara*, der ein Bruch mit den geheiligten Grundsätzen irischer Identitäts-Bewahrung war, weil er der erste Irish war, für den, sogar heftig, getorftes Malz verwendet wurde. Ihn gibt es in »normaler« Trinkstärke und als *cask strength*, z. B. mit 59.7%. Sie alle haben keine Altersangabe und schreiben sich irisch natürlich Whiskey. Auch den Namen *Locke's* haben dic Leute um Teeling für einen Malt benutzt. Außerdem ist es ihnen gelungen, ihren Whiskey z. B. der Supermarktkette Sainsbury als Hausmarke zu verkaufen, die Firma Merry bezieht ihren Single Malt aus Riverstown und selbst Hennessy ließen (für Japan) einen Malt abfüllen, unter dem Namen *Na Geanna*. Weitere Cooley-Malts sind der *Knappogue Castle* (1991 und 1992), der *Shanagary* und der getorfte *Slieve naGloc*, der nach einem Berg in der Nähe der Brennerei benannt ist.

 Trotz der schönen Landschaft lohnt sich der Besuch in Riverstown nicht, dafür umso mehr der in Kilbeggan, wo die Fässer lagern und das täglich von 9.00 bis 17.00 Uhr geöffnete Museum – und ein netter *coffeeshop* mit hervorragendem selbst gebackenen Kuchen und anderen Köstlichkeiten – locken. Kilbeggan, direkt an die Straße von Dublin nach Galway, ist also eine Reise wert.

OLD BUSHMILLS
[*busch-mills*]

Mühle am River Bush
County Antrim
Bushmills

Tel. 012657-31 521
Besitzer: Irish Distillers Group
In Betrieb

Northern Ireland

 Obwohl die heutige Brennerei viel später gebaut wurde, beansprucht Bushmills schlicht, die älteste Destillerie der Welt zu sein: schon 1608 bekam Sir Thomas Phillips von König James I. eine Lizenz, in dieser Gegend zu destillieren. Als ob das nicht alt genug wäre, weisen die Nordiren darauf hin, daß dort, am Ufer des Bush, sogar noch viel früher destilliert worden sei; von 1494 spricht man, gar von 1276 – in Anspielung darauf, daß damals irische Mönche ihr Land zu einem Zentrum des Geistes gemacht hatten – in vielfacher, eben auch flüssiger Form. Heute ist der Malt von Bushmills nicht mehr der einzige, der von der grünen Insel kommt, aber dennoch geht man bis hin zur irischen Schreibweise des Getränkes ganz eigene Wege. Zwar teilt man sich mit der bis zur Gründung von Cooley einzig verbliebenen Brennerei im republikanischen Süden den (französischen) Besitzer (bekanntlich kommen alle klassischen Irish nur noch aus Midleton bei Cork) und wie sie verwendet man auch nur ungetorftes Malz. Andrerseits verwendet man eben tatsächlich nur gemälzte Gerste und nicht das sonst übliche Gemisch mit ungemälztem *barley*. Und während Cooley nur zwei *pot stills* besitzt (und auch manchmal kräftig Torf einsetzt), stehen in Bushmills drei, mit denen die Dreifach-Destillation praktiziert wird. Alles in allem: ein recht eigenständiger Weg, der dennoch viele Parallelen zu den Methoden der schottischen Nachbarn aufweist. Daß man sich entschlossen hat, seinen Whiskey nicht nur in den beiden Blends *Black Bush* und *Bushmills Original* verschwinden zu lassen, sondern ihn auch als Single Malt anzubieten, ist ebenso konsequent wie begrüßenswert.

 Dieser Malt, 1984 auf den Markt gebracht, ist 10 Jahre alt und hat 40%, auf manchen Märkten auch 43%. Dazu kam 1998 ein *Three Wood*, der 16 Jahre alt ist und Malts enthält, die in Ex-Bourbon- und Ex-Sherryfässern reiften, dann »verheiratet« wurden und noch einmal, sozusagen zur Politur, für etwa 12 Monate in Ex-Portweinfässern nachreifen durften. Bereits 1975 hatte man übrigens in Bushmills eine ganze Reihe von Fässern auf die Seite gelegt, die dann als sogenannte »Millenniumsfässer« angeboten wurden. Sie wurden kurz vor der Jahrtausendwende für ihre Besitzer abgefüllt. Es ist nicht bekannt, wieviele Fässer verkauft wurden, aber wenn man die Augen aufmacht, stößt man durchaus auf einen glücklichen Besitzer, der eine oder sogar mehrere Flaschen abzugeben bereit ist.

 Bushmills hat ein hervorragendes (und preisgekröntes) *Visitor Centre* mit einer als Museum gestalteten Bar und zwei Läden, von denen einer alle möglichen Souvenirs, der andere Whiskys verkauft – darunter einige, deren Kauf nur dort möglich ist. Für Führungen wird vorherige Anmeldung erbeten. Ein Besuch lohnt sich auf jeden Fall, auch wegen der landschaftlich äußerst reizvollen Umgebung – nicht weit von der Brennerei liegt das geologische Weltwunder Giants Causeway, von dem man dann auch (*wheater permitting*) richtig hinüberschauen kann zu den schottischen Nachbarn, nach Islay und Kintyre.

Glen Kella
[*glen kella*]

Kella Milly, Sulby
Tel. 01624-898 099

Besitzer: Kella Distiller's Ltd.
In Betrieb

 Isle of Man

Das hervorstechendste Merkmal dieser Spirituose – sie kommt von der Isle of Man und schreibt sich wohl wegen der Nähe zur Grünen Insel irisch mit »e« – ist ihre Farbe: Weiß. Lucian Landau, ein auf der Insel lebender Pole, beschäftigte sich, aus welchen Gründen auch immer, in den siebziger Jahren damit, dem Whiskey das zu nehmen, was andernorts, weil es Rückschlüsse zulässt auf sein Alter, das Faß etc., zu seinen wichtigsten Eigenschaften gehört: die Farbe. Nach vier Jahren Experimentierens war er tatsächlich erfolgreich. Auch sonst ist nicht alles ganz genau wie bei anderen Brennereien in dieser Anlage, die Landau 1974 zu errichten begann und die in den letzten Jahren modernisiert wurde. So hat man nur eine *still* und destilliert – wiederum irisch, dreimal. Der *Manx Malt*, wurde versichert, sei aber ausschließlich aus Gerste gemacht. Whiskey darf er sich übrigens nicht mehr nennen, seit die mächtige Scotch Whisky Association der Firma die Bezeichnung gerichtlich verbieten ließ, was fast zu ihrem Ruin geführt hätte. Das Wasser kommt aus einem See am Ende des Sulby Glen.

 Der »Natural White Whiskey« kam in zwei Abfüllungen, mit acht und mit zwölf Jahren. In einem Informationsblatt zum *historical background* wurde er als Single Malt bezeichnet, in einem Brief an den Autor aber schreibt der derzeitige Direktor, der den Gründer abgelöst hat, »yes the vatted malts are made with only malted barley«. Nach dem Prozeß behilft man sich mit der Bezeichnung *Manx Spirit*.

 Die in der alten Kella Mill am Fuß von Sulby Glen gelegene Brennerei ist zur Zeit noch nicht für Besucher zu besichtigen. Es gibt aber Überlegungen für eine Öffnung in der Zukunft.

Welsh Whisky Company

Brecon
Nr. 2 Bond, Parc Menter
Tel. 01874-625270

Besitzer: The Welsh Whisky Co.
In Betrieb

 Wales

Unter den modernen Maltherstellern gehören sie zu den jüngsten, was die Waliser indes nicht hindert, die ältesten Rechte zu beanspruchen. Während die Iren, denen auch die Schotten die Kunst des Destillierens ihres Lebenswassers zu verdanken haben, geradezu bescheiden nur ihren Nationalheiligen Patrick als den Bringer auch dieses Geistes verehren, hat die Welsh Whisky Co. nicht nur griechische Kaufleute ausgemacht, die in grauen Vorzeiten nach Wales kamen, sondern auch einen Reault Hir von Bardsley Island, der angeblich schon 356 von Mönchen lernte, a*le* zu destillieren und daraus *chwisgi* zu machen. Umstritten ist auch, ob es zwei Waliser Familien waren, die in Kentucky die Whiskeyindustrie begründeten. Auch danach verging noch einmal viel Zeit, ehe Mal Morgan und Dafydd Gittings 1974 in einem kleinen Keller die vergessene Tradition wieder belebten und einen Whisky machten, der sich von anderen vor allem dadurch unterscheidet, daß er mit Kräutern »gefiltert« wird. Nach mehreren Zwischenstationen und Produktionsorten nahm das Unternehmen 1990 den heutigen Namen an. Dank eines Zuschusses von einer Million durch die EU und des Waliser Parlaments konnte jüngst die lang ersehnte neue Destillerie in Angriff genommen werden. Der bisher verwendete Whisky kommt aus Schottland; der »Scotch Malt Whisky Society« zufolge aus Tomatin.

 1986 kam zur Palette der Spirituosen, die auch Gin, Wodka und Liköre umfaßt, ein Malt namens *Prince of Wales*, den es in zwei Versionen gibt: 10 Jahre alt mit der Bezeichnung »single vatted« und ein jüngerer ohne Altersangabe. Es handelt sich eindeutig um Singles; das »vatted« meint nur die »Filtrierung« mit Kräutern – ein Verfahren, das früher (vor Einführung der Faßreife) üblich war, um Malt trinkbar zu machen.

 Einstweilen gibt es in Brecon nur einen Shop, der montags bis samstags jeweils von 9.00 bis 17.00 Uhr geöffnet hat.

Weitere Malt-Destillerien...

... in Schottland

In diesem Buch sind nur die Whiskies von den Destillerien vorgestellt, die man heute, im Sommer 2000, kaufen kann. In den früheren Auflagen waren, durchaus mit dem Ziel der Vollständigkeit, sowohl die Abfüllungen der Eigentümer der Brennereien wie auch die der sog. Unabhängigen aufgeführt. Das ist heute nicht mehr möglich: Weil zur freudigen Überraschung der Malt-Liebhaber (und offensichtlich, weil unsere Zahl wächst und es sich kommerziell lohnt) immer mehr Single Malts zu erhalten sind, weil die Firmen immer mehr dazu neigen, nicht nur eine Version ihres Malt, sondern mehrere *expressions* herauszubringen, und weil auch die Zahl der Unabhängigen immer noch zunimmt.

Es werden auch immer mehr Lücken geschlossen. Seit der Erstauflage dieses Buches vor acht Jahren sind mehrere Namen aus diesem Kapitel in den vorderen Teil des Buches gerückt: **Strathmill**, gar **Lomond** und auch der, von dem ich es schon wegen seines Namens am wenigsten erwartet hatte, **Allt A'Bhainne**. Nun ist auch Harold Currie so weit, der sich nach vielen Jahren in der Whiskybranche und offiziell im Ruhestand seinen Lebenstraum erfüllte und eine eigene Brennerei errichtete. Er hatte sich dafür die schöne Insel **Arran** herausgesucht. 1995 begann die Produktion, die vom Gesetz vorgeschriebene Frist von drei Jahren ist also vorbei: Wieder ist die Familie der Single Malts größer geworden. Auch von **Speyside** gibt es seit 1999 eine Abfüllung.

Die Sensation der Auflage von 1996 war, daß von der längst nicht mehr existierenden **Glenflagler**-Lowlands-Distillery und von ihrer Zweit-*still* **Killyloch** je ein Faß aufgetaucht und, von Signatory, abgefüllt worden waren. Fast noch größer ist die Überraschung, daß wir jetzt auch **Ben Wyvis** eine Seite im Hauptteil geben konnten, vertraten doch selbst ihre Eigner Invergordon Distillers die Meinung, daß kein Tropfen von ihrem Malt jemals in die Flasche gekommen sei (was damals das Foto eines kanadischen Sammlers widerlegte) und auch keiner übrig geblieben sei. Es war wieder Signatorys Andrew Symington, der einiger Fässer habhaft werden konnte.

Auch daß **Glenesk** noch einmal unter ihrem alten Namen **Hillside** zu Ehren käme, war nicht zu erwarten; Die »Rare Malts Selection«, die neue Serie von United Distillers & Vintners hat es möglich gemacht – wobei anzumerken ist, daß wir nicht die Malts alphabetisch vorstellen, sondern eben Brennereien. Deshalb findet man Informationen über den *Glen Deveron* unter Macduff oder über den *Drumguish* bei Speyside. Deshalb haben wir uns auch nicht länger dem Diktat von Justerini & Brooks gebeugt, die, eine Verwechslung mit ihrem *Knockando* fürchtend, Inver House veranlaßten, ihren Malt

umzutaufen und ihn unter seinem gälischen Namen *An Cnoc* zu verkaufen. Er kommt aus **Knockdhu** und dort ist er jetzt auch wieder zu finden.

Wenn eine Brennerei allerdings unter zwei Namen produziert hat oder produziert, dann ist sie auch unter jedem dieser Namen zu finden, wie etwa Tobermory und Ledaig oder Miltonduff und Mosstowie. Die **Loch Lomond** Distillery in Alexandria produziert sogar sechs verschiedene Malts, von denen allerdings nur zwei als Singles vermarktet werden: als *Inchmurrin* und *Old Rhosdhu* verfügbar. Auch Cooleys aus Irland haben mit *Connemara* einen zweiten Malt abgefüllt. Sie sind nun wieder bei ihrer Destillerie »gelistet«.

Die befürchtete Verwechslung mit einem sehr bekannten Malt (aus dem gleichen »Stall«) hatte lange verhindert, daß auch **Braes of Glenlivet** abgefüllt wurde. Offensichtlich sind die Bedenken zerstreut. Es gibt ihn. Der Name der Brennerei wurde allerdings geändert; sie heißt jetzt **Braeval**.

Warten müssen wir dagegen immer noch auf den Malt der 1991 von William Grant & Sons am Ort ihres Stammsitzes Glenfiddich, in Dufftown, in der neu gebauten Destillerie **Kininvie**, abgefüllt wurde. Wir hatten sehr gehofft, daß er rechtzeitig genug käme, um mit ihm auf das neue Jahrtausend anzustoßen. Die Grants konnten freilich immer schon gut rechnen; vielleicht gehören sie zu denen, für die das Millennium erst am 1.1. 2001 beginnt ... Und vielleicht schenken sie uns dazu auch eine Destillerie-Abfüllung mit einem Single aus einem der Fässer, die immer noch in **Ladyburn** liegen ...

....und anderswo

Es ist kein Wunder, daß da, wo Schotten und Iren leben, Whisk(e)y gemacht wird, und weil schon seit Jahrhunderten viele Iren und Schotten nicht in ihren Heimatländern leben konnten, sondern gezwungen waren, auszuwandern, es ist auch kein Wunder, daß sie versucht haben, dort auch Whisk(e)y zu destillieren, mit dem Wasser und dem Getreide, das sie dort vorfanden. So sind der heutige Rye Whiskey entstanden, der moderne Bourbon, der Canadian.

Es ist allerdings noch nicht sehr lange her, daß in diesen Ländern auch versucht wird, Malt herzustellen: In **Kanada**, genauer gesagt in (wo sonst) Nova Scotia, wurde 1990 **Glenora** gebaut und in Betrieb genommen; dort leben die schottischen Traditionen, dort sieht es aus wie in Schottland und es alles da, was man braucht, um Malt zu brennen. Es ist eher erstaunlich, daß es so lange gedauert hat, bis man auf die Idee kam. 1996 schon sollte der erste Whisky der proper aussehenden, kleinen Anlage auf den Markt kommen, aber einstweilen müssen wir immer noch warten. In den **USA**, in San Francisco, hat es der umtriebige Fritz Maytag schneller geschafft, seinen *Old Potrero* (teuer) zu verkaufen, einen Malt, der aus gemälztem Roggen destilliert ist, also so, wie es vermutlich die *Pilgrim Fathers* auch schon machten. Maytag dürfte der Erste überhaupt sein, der Wein, Bier und Whiskey produziert, und es ist gut möglich, daß er, nachdem er mit seiner Anchor Steam Brewery die Revolution der *microbreweries* begründete, bei amerikanischem Malt eine ähnliche Bewegung auslöst.

Schottischer Einfluß ist auch in **Neuseeland** groß. Wer informiert ist über die beiden Inseln auf der anderen Seite der Weltkugel, wird sich also nicht wundern, daß die Schotten, die dort eine neue Heimat fanden, ihrer Stadt sogar den (gälischen) Namen ihrer alten Hauptstadt gaben und daß sie irgendwann anfingen, ihr altes Nationalgetränk herzustellen. Die Südinsel ist geradezu prädestiniert dafür, gibt es doch alles, was man braucht: hervorragende Gerste, klares und weiches Wasser aus den Bergen der Lammerlaw Range; selbst Torf ist vorhanden. Schon 1848 gab es die erste Destille. Die heutige allerdings stammt aus dem Jahre 1968 und groß wurde sie erst nach dem Einstieg von Seagram. Der kanadische Whisky-Riese übernahm die auf dem Gelände der ehemaligen Brauerei Willowbank in Dunedin liegende Brennerei 1981 und brachte zehn Jahre später den Malt *Lammerlaw* auf den Markt. Gearbeitet wird nach den traditionellen Methoden. Das Wasser kommt aus dem Deep Creek.

Auch **Australien** war und ist ein beliebtes (wenn auch nicht immer ganz freiwillig angesteuertes, man denke an die Strafkolonien der Engländer) Ziel der gälischen Auswanderer. Umso erstaunlicher, daß es kaum Bemühungen gab, eigenen Whisky zu machen – lieber führte man ihn ein. Erst 1993 errichtete die Small Concern Whisky Co. auf der Insel Tasmanien eine kleine Brennerei und verkauft seit 1998 einen »Pure Tasmanian Malt« namens *Cradle Mountain*. Die **Tasmania Di-**

stillery, 1995 gegründet, liefert mit dem *Sullivans Cove* einen – natürlich sehr jungen – Single Malt.

Natürlich kennt jeder den Einfluß der Briten auf **Indien** – und dennoch ist man verblüfft, wenn man hört, daß es auf dem riesigen Subkontinent sogar mehr Brennereien gibt als in Kanada oder selbst den USA. Aus ihnen kommt viel Whisky, große Marken mit riesigen Umsätzen. Auf manchen steht auch etwas von Malt. Es ist aber meist keiner drin in den Flaschen, jedenfalls nicht, wenn man die strengen schottischen Definitionen zum Maßstab nimmt, denn in Indien ist die Verwendung von Malzextrakt zulässig und auch die von Melasse. Aber einen echten Single Malt gibt es dennoch, den *McDowell's* aus der gleichnamigen Brennerei in Goa.

Der *Solan Nr. 1* dagegen ist ein Pure Malt Whiskey (sic). Er kommt aus dem Himalaja, wahrscheinlich aus der **Kasauli** und nicht aus der **Solan Distillery**. Es ist also wie sonst fast immer mit indischem Whisky: so genau weiß man es nicht und auch die Etiketten sind nicht besonders aussagekräftig. Das benachbarte **Pakistan** ist ein islamisches Land und dennoch kommt von dort ein Malt Whisky. Otto Steudel, der leidenschaftlichste Whisky-Händler hierzulande, beschaffte mir eine Flasche dreijährigen *Murre's* aus Rawalpindi; er schmeckte uns besser als der achtjährige. Die Brennerei stammt aus den Zeiten der britischen Besatzung und hat überlebt, weil ein Gesetz die Gebräuche religiöser Minderheiten schützt.

Daß auch **Japan** zu einer mächtigen Whisky-Nation aufgestiegen ist, verdankt es wiederum schottischem Einfluß – aber diesmal war es die Liebe eines Japaners zu Schottland (und zu einer hübschen Schottin), die es bewirkt hat. Japan und Whisky: ein hierzulande ziemlich unbekanntes, gleichwohl faszinierendes Thema, historisch, ökonomisch, soziologisch gleich spannend. Nach dem Ersten Weltkrieg ging ein junger Mann namens Masataka Taketsuru nach Schottland, um das Brauen zu lernen. Das Destillieren interessierte ihn mehr. Mit seiner schottischen Braut kehrte er heim und half zuerst Shanjiro Torii, die Brennerei **Yamazaki** zu bauen und den Grundstock für Suntory zu legen, ehe er die **Yoichi** Distillery errichtete und mit Nikka seine eigene Firma gründete.

Das war in den zwanziger Jahren – und noch heute wird nirgendwo außer in Schottland selbst so penibel darauf geachtet, ganz nahe am Vorbild zu bleiben. In allen japanischen Destillerien – und es sind viele, die von mehreren Firmen betrieben werden – wird Malt gebrannt, nach schottischen Methoden und oft auch mit schottischem Gerät. Obwohl es auch in Japan Torf gibt, wird er importiert. Aber man sollte sich hüten, japanischen Whisky nur als Nachahmung zu sehen. Neben dem Festhalten an Bewährtem steht auch hier der absolute Wille zu Modernität, zu exakter Forschung, zur Größe – und

161

dazu, es womöglich besser zu machen. Japanische Destillerien verfügen über ganze Batterien von *stills*, die es erlauben, in jeder mehr als nur einen Single Malt herzustellen; sie sind schlicht riesig. Allein in dem einen Werk in **Hakashu** produziert Suntory jährlich 55 Millionen Liter Malt (dort ist auch ein sehenswertes Whiskymuseum).

Leider wird der viele Malt in Japan vor allem deshalb gemacht, um in den gewaltigen Mengen von Blends zu verschwinden. Suntory, Marktführer mit mehr als 70% der Gesamtmenge, verkauft »richtig« (es gibt auch Sonder-Editionen) nur eine einzige Sorte, den 12 Jahre alten »Suntory Pure Malt Whisky«, der aus *Yamazaki* kommt, aber auch einen *Hakushu* gibt es und den *Tarudashi Genshu*. Kürzlich haben auch die Firmen Sanraku und Nikka angefangen, Malts anzubieten: die einen unter dem Namen »Ocean Karuizawa Fine Aged Straight Malt«, Nikka (denen übrigens auch Ben Nevis gehört) die Pure Malts *Hokkaido*, *Kitagenshu* und die zwei Singles *Yoichi* und *Miyogikyo*. Sie sind nur in Japan zu erwerben.

Verblüffende Nachrichten erreichen uns auch aus anderen Ländern. Horst Scharfenberg schwört einen heiligen Eid, daß er in **Bulgarien** nicht nur einen dort hergestellten Blend, sondern auch einen Malt gesehen hat. Studenten waren es, die in der **Türkei** einen «Viski» namens *Ankara* destillierten. In **Tschechien** gibt es mehrere Brennereien, aber nur einen Malt, den *King Barley*. Ob in der Flasche »Vieux Malt« aus der Distillerie Guillaume Claeyssens, die in der Nähe von Lille in **Frankreich** liegt, Whisky ist oder eben doch nur der dort heimische Genever: ich bin mir nicht sicher. Sicher ist freilich, daß der *Armorik* aus der Bretagne, einem keltischen Land also, ein Malt ist.

Sicher ist auch, daß der *Edel Falcke*, der den in der Erstauflage als ersten deutschen Malt vorgestellten *Oldmaster* aus Luckenwalde abgelöst hat, kein reiner Malt mehr ist, sondern nur hohe Maltanteile enthält. Auch ihn gibt es nicht mehr (oder nur noch in Resten), weil der Apfelschnaps-König Berentzen die Konkurrenz aus den neuen Bundesländern zuerst schluckte, dann dichtmachte. Dennoch hat auch **Deutschland** einen Malt: den im Fränkischen schon seit 1984 (!) von Robert Fleischmann hergestellten, der zuerst *Piraten Whisky*, dann *Glen Mouse* und *Glen Blue* hieß. Er ist allerdings nicht im Handel erhältlich, sondern nur in Fleischmanns Kneipe in Neuses bei Forchheim.

Unabhängige Abfüller

Gordon & MacPhail
George House, Boroughbriggs Road
Elgin IV30 1JY
Tel. 0 13 43 - 54 51 11

Connoisseurs Choice
Cask Strength-Serie
MacPhail's Collection
Speymalt-Reihe
Pride of...-Serie
Lizenzabfüllungen für Allied, Glenlivet, Linkwood, Mortlach
Zahlreiche eigene Malts und Blends

Signatory Vintage ScotchWhisky
7&8 Elizafield, Newhaven Road
Edinburgh EH6 5PY
Tel. 01 31 - 5 55 49 88

Signatory-Serie
mit 43% und in *cask strength*
(ungefärbt, leicht gefiltert)
Un chillfiltered-Serie
Dun Eideann-Reihe
Sailing Ships-Serie
Silent Stills-Editionen (bisher 4)
10th Anniversary-Reihe

Cadenhead
172 Canongate, Royal Mile
Edinburgh EH8 8BN
Tel. 01 31-5 56 58 64

Authentic Collection
Duthie's-Reihe
Zahlreiche eigene Blends
Eigene Läden in Edinburgh und London

Adelphi Distillery
3 Gloucester Lane
Edinburgh EH 3 6ED
Tel. 01 31- 2 26 66 70

Blackadder International
Logie Green
Glenview; Larkhall ML9 1DA
Tel. 0 14 35 - 88 33 09

Reihen: Blackadder, Celtic Connection, Clydesdale

Bottlers, The
The Vaults, 4 Giles Street
Edinburgh EH6 6DJ
Tel. 01 31 - 5 54 26 52

Douglas Laing & Co.
Douglas House,
18 Lynedoch Cres.
Glasgow G3 6EQ
Tel. 01 41 - 3 33 92 42

The Old Malt Cask-, Tactical, Laudable und Provenance
Zahlreiche Blends

Glenhaven
11 Mollands Road
Callander FK17 8JP
Tel. 0 18 77 - 33 05 74

Hart Brothers
85 Springkell Av.
Glasgow G41 4EJ
Tel. 0141- 427 6974

Iain Mackillop
41 Queen Anne Street
London
Tel. 02 07 - 2 24 40 71

James MacArthur
The Keep, 20 Knights Templar Way
High Wycombe HP11 1PY
Tel. 0 14 94 - 53 07 40

John Milroy
Top Suite 3, 3 Greek Street
London W1V 5LA
Tel. 02 07 - 2 87 49 85

Loch Fyne Whiskies
Inveraray PA32 8DU
Tel. 0 14 99 - 30 22 19

Malts: Inverarity, Ancestral, Living Cask

Master of Malt
96A Calverley Road
Tunbridge Wells
Tel. 0 18 92 - 51 32 95

Eigenabfüllungen nur für Mitglieder

Morrison Fairlie Distillery
Wood End House
Craighill by Stirling FK9 5PP
Tel. 0 70 71 - 22 55 99

Murray McDavid
56 Walton Sreet
London SW3 1RB
Tel. 02 07 - 8 23 77 17

Peter J. Russell
(Ian MacLoad & Co.)
Russel House, Dunnet Way
Broxburn EH52 5BU
Tel. 0 15 06 - 85 22 05

Chieftain's Choice
MacLeod's Regional Malts

Samaroli
Via della Volta, 96
25124 Brescia
Tel. 0 30 - 34 93 65

Scotch Malt Whisky Society
The Vaults, 87 Giles Street
Edinburgh EH6 6BZ
Tel. 01 31 - 5 54 34 51

Eigenabfüllungen in *cask strength* nur für Mitglieder

Scotch Single Malt Circle
Auf der Aufreith 35
40489 Düsseldorf
Tel. 02 11 - 40 01 53

Eigenabfüllungen in *cask strength* nur für Mitglieder

Speyside Distillery
Duchess Road
Glasgow G73 1AU
Tel. 01 41 - 3 53 01 10

Reihe: Scott's Selection

Vintage Malt Whisky
2 Stewart Street
Milngavie G62 6BW
Tel. 01 41 - 9 55 17 00

The Cooper's Choice Range
Zahlreiche Marken

Whisky Castle
Main Street
Tomintoul AB37 9EX
Tel. 0 18 07 - 58 02 13

Bezugsquellen

Destillerien werden verkauft und gekauft, wie erst jüngst Ardbeg, Aberfeldy, Balblair oder Pulteney. Noch häufiger wechseln ihre Whiskies von einem Exklusiv-Vertrieb zum anderen, von einem Generalimporteur zum nächsten wie kürzlich hierzulande *Cardhu* (von Bacardi zu UDV Germany). Bewußt verzichten wir deshalb darauf, die deutschen Importeure aufzulisten; wir würden praktisch bereits bei Erscheinen Fehlinformationen geben.

Wir nennen, gegliedert nach Postleitzahlen, Quellen, bei denen Endverbraucher direkt beziehen können, wobei wir uns – regionale Gegebenheiten durchaus berücksichtigend – bemüht haben, nur Adressen mit einem wirklich außergewöhnlich umfangreichen Angebot an Malt Whisky aufzunehmen. Wir beginnen mit Einzelhandelsgeschäften; weitere Hinweise gibt auf Anfrage gerne Dieter Kirsch, der vor allem auch auf die Einfuhr von sogenannten Händlerabfüllungen spezialisiert ist, aber auch selbst nur an den Fachhandel liefert.

Um auch denen eine Chance zu geben, die nicht in der Nähe eines Ladens wohnen, haben wir einige Händler genannt, die auch versenden – aber nur solche, die die Whiskies wirklich auf Lager haben. Wir listen, diesmal nach Orten, herausragende Whiskyshops in Schottland (und die besten in London) auf. In Italien und Frankreich sind viele Weinläden hervorragend sortiert und ermöglichen manchen Fund und manches Schnäppchen – auch viele Bars verkaufen übrigens flaschenweise. Stellvertretend für sie wenigstens drei Anschriften aus Rom und Paris. Für Schweizer und Österreicher bieten wir ein paar Adressen mehr.

Den Schluß bildet einige Pubs und Bars mit einem wirklich bemerkenswerten Angebot, deutsche zuerst und dann schottische – für alle, die sich nicht mit einer Miniatur zufriedengeben, die sich aber auch nicht gleich immer eine große Flasche leisten wollen, um die vielen Malts auch einmal probieren zu können. Und weil immer mehr Whiskyfreunde das gerne auch gemeinsam tun (und sich so den Preis einer Flasche teilen können), bieten wir auch die Adressen von uns bekannten Whiskyclubs. Mit ihnen sollten nicht verwechselt werden die Scotch Malt Whisky Society und der Scotch Single Malt Circle, die ihren Mitgliedern (und nur ihnen) vor allem auch Eigenabfüllungen offerieren; deren Adressen sind unter den Unabhängigen Abfüllern zu finden.

WHISKYQUELLEN IN DEUTSCHLAND

Kirsch, Dieter
Schnepker Str. 24-26
28857 Syke-Schnepke
Tel. 0 42 42 - 15 37
Fax 0 42 42-43 38
(Kirsch ist der wohl bedeutendste Importeur in Deutschland. Er liefert nur an den Fachhandel, nennt aber gerne Geschäfte in der Nähe des Interessenten.)

PLZ 0...

01099 Dresden
Whisky Store
Rüdiger Tannert
Waldschlösschenstr. 24
Tel. 03 51 - 80 47 14

04129 Leipzig
Edle Tropfen GmbH
Haferkornstr. 12
Tel. 03 41- 5 85 24 54

06449 Aschersleben
Tabak-Eck Thiede
Heckner Str. 3
Tel. 0 34 73 - 43 42

08064 Zwickau
Whisky & Geschenkideen
Äußere Zwickauer Str. 29
Tel. 03 75 - 79 78 47
www.whiskymarkt.com

08496 Marienberg
Getränke-Shop Teichert
Töpferstr. 13
Tel. 0 37 35 - 6 27 18

PLZ 1...

10823 Berlin
Wein & Whisky
Werner Hertwig
Eisenacher Str. 64
Tel. 0 30 - 7 84 50 10
www.world-wide-whisky.de

10999 Berlin
Jack Wiebers Whisky World
Wiener Str. 22
Tel. 030-6126104

12349 Berlin
BIG Market
Hans-Jürgen Horn
Buckower Damm 86
Tel. 0 30 - 6 04 56 86

10789 Berlin
KaDeWe
Tauentzienstr. 21-24
Tel. 0 30 - 2 12 10

14776 Brandenburg
Tabakwaren Schulze
Hauptstr. 12
Tel. 0 33 81 - 5 22 609

16303 Schwedt
Whisky & Wein Corner
Judenstr. 19
Tel. 0 33 32 - 51 78 27
www.kaufhaus-um.de

17235 Neustrelitz
Whisky Königsmann
Strelitzer Str. 52
Tel. 0 39 81 - 20 50 97

18225 Kühlungsborn
Flaschengeist Ahrens
Hermannstr. 33
Tel. 03 82 93 - 1 54 21

19055 Schwerin
Whisky... & more Beirow
Bergstr. 59
Tel. 03 85 - 5 50 98 43

PLZ 2...

21335 Lüneburg
Wein & Design
Apothekenstr. 7
Tel. 0 41 31 - 73 53 77

21335 Lüneburg
Detlev Schmidt
Untere Schrangenstr. 3
Tel. 0 41 31 - 4 46 61

22077 Hamburg
Weinquelle Lühmann
Lübecker Str. 145
Tel. 0 40 - 25 63 91
www.weinquelle.com

24105 Kiel
Martins Weindepot
Holtenauer Str. 126
Tel. 04 31 - 8 57 76
www.martins-weindepot.de

24103 Kiel
Delikatessenhaus
Nicolai Hohwü
Holstenstr. 80
Tel. 04 31 - 9 10 38

24768 Rendsburg
Krüger's Whiskygalerie
Holsteiner Str. 18-20
Tel. 0 43 31 - 5 65 64
www.whiskyauction.com

24837 Schleswig
Wein-Depot Schleswig
Mönchenbrückstr. 4
Tel. 0 46 21 - 2 13 73

24939 Flensburg
C. C. Petersen
Norderstr. 78
Tel. 0 46 21 - 2 51 03

25524 Itzehoe
Ernst Flickenschild
Inh. Manfred Kröger
Berliner Platz 2A
Tel. 0 48 21 - 9 19 46
www.whizita.de

26123 Oldenburg
Weinhaus Kottkamp
Donnerschweerstr. 54
Tel. 04 41 - 8 80 60

26441 Jever
SCOMA
Am Bulhamm 17
Tel. 0 44 61 - 91 22 37
www.whisky.de

26721 Emden
Tabak-Weine-Spirituosen
Jacobs
Große Str. 14
Tel. 0 49 21 - 2 37 21

27568 Bremerhaven
Karl Lorenzen
Rickmerstr. 19
Tel. 04 71 - 5 65 80

27619 Schiffdorf-Spaden
Whisk(e)y & More
Am Kluswall 14
Tel. 04 71 - 80 32 87

28199 Bremen
Scotch Corner
Rückertstr. 1
Tel. 04 21 - 50 20 39

28279 Bremen
Heinrich Bultmann –
Die alte Bremer
Weinhandlung
Arsterdamm 180
Tel. 04 21 - 82 09 19

29465 Schnega
Whisky & Consorten
Ortsteil Solkau 2
Tel. 0 58 42 - 98 14 71
www.whisky-
consorten.de

PLZ 3...

30175 Hannover
Feinkost Backhaus
Königstr. 49
Tel. 05 11 - 34 50 28

30449 Hannover
Weinhandelshaus
Hasselbring
Laportestr. 20
Tel. 05 11 - 44 17 25

31275 Lehrte
Malt-Whisky-Company
Am Fleith 24
Tel. 0 51 75 - 93 24 35
www.malt-whisky-
company.de

32257 Bünde
Carl Pollner & Sohn
Bahnhofstr. 11
Tel. 0 52 23 - 38 47

32423 Minden
Markthalle Zentrum
Großer Domhof 5
Tel. 05 71 - 2 62 57

32657 Lemgo
Delikatessen Räker
Mittelstr. 108
Tel. 0 52 61 - 52 12

33615 Bielefeld
Weinparadies Hess
Siechenmarschstr. 24
Tel. 05 21 - 13 23 03

34117 Kassel
Pipe Shop Doering
Wolfsschlucht 3
Tel. 05 61 - 7 763 23
www.pipeshop.de

35037 Marburg
Carl Kessler
Marktgasse 17
Tel. 0 64 21 - 2 57 35

37073 Göttingen
Boddel-Shop Froböse
Kurze Geismarstr. 20
Tel. 05 51 - 4 31 26

38239 Salzgitter
Harry's Shop
Max-Halbe-Str. 7
Tel. 05 34 1 - 29 24 05

38640 Goslar
Bahrs Kaffee
Marktstr. 7
Tel. 0 53 21 - 2 37 10

39104 Magdeburg
Tea Time Trumpf
Leiterstr. 4
Tel. 03 91 - 5 44 02 39

PLZ 4...

40213 Düsseldorf
Der Spirituosenladen
Kapuzinergasse 8
Tel. 02 11 - 1 37 30 89

40489 Düsseldorf
The Scotch Single Malt
Circle
Bill & Maggie Miller
Auf der Hofreith 35
Tel. 02 11 - 40 01 53
(Eigenabfüllungen, nur
für Mitglieder)

42105 Wuppertal
Orthmann Weine
Friedrichstr. 48-50
Tel. 02 02 - 4 5 39 91

44137 Dortmund
Weinhaus Hilgering
Westenhellweg 114
Tel. 02 31 - 14 90 27

44139 Dortmund
Wilhelm Standel
Kreuzstr. 8
Tel. 02 31 - 12 24 23

45127 Essen
Banecke Feinkost flüssig
Kreuzeskirchstr. 37
Tel. 02 01 - 23 70 98

45138 Essen
Rolf Kaspar GmbH
Ruhrallee 59
Tel. 02 01 - 17 34 18

45549 Sprockhövel
Spirituosen Habbel
Gevelsberger Str. 127
Tel. 0 23 39 - 9 14 30

47051 Duisburg
Braun exclusiv GmbH
Königstr. 66
Tel. 02 03 - 2 20 23

47179 Duisburg
Bührmann Weine
GmbH
Friedrich-Ebert-Str. 207
Tel. 02 03 - 99 10 99

47441 Moers
Tabakstube in der
Altstadt
Friedrichstr. 39
Tel. 0 28 41 - 2 13 83

48149 Münster
Weinhandlung W. & P.
Nientiedt
Steinfurterstr. 57-59
Tel. 02 51 - 27 91 54

49084 Osnabrück
Getränkemarkt
Schwarte-Tiede
Hannoversche Str. 57
Tel. 05 41 - 57 11 94

50670 Köln
Der Spirituosenladen
Friesenstr. 30-40
Tel. 02 21 - 13 45 40

50733 Köln
Weinkellerei Kleefisch
Wilhelmstr. 53
Tel. 02 21 - 73 34 81

52062 Aachen
Pfeifen Schneiderwind
Krämerstr. 13-15
Tel. 02 41 - 3 08 37

53179 Bonn (Mehlem)
Reifferscheid
Wein & Whisky
Mainzer Str. 186
Tel. 02 28 - 9 53 80 70

55606 Kirn
Horst Kroll
Kyrburg
Tel. 0 67 52 - 9 36 60

56068 Koblenz
Pipe-House Jürgen Wilde
Jesuitengasse 1 –
Entenpfuhl
Tel. 02 61 - 1 58 55

58509 Lüdenscheid
Carl Eichelhardt
Südstr. 70
Tel. 0 23 51 - 33 86

PLZ 6...

60313 Frankfurt
Hertie
Zeil 90
Tel. 92 90 52 70

60331 Frankfurt
Plöger Delikatessen
Große Bockenheimer
Str. 30
Tel. 0 69 - 1 38 71 10

60594 Frankfurt
Whisky Spirits
Wallstr. 23
Tel. 0 69 - 96 20 06 43
www.whiskyspirits.com

61231 Bad Nauheim
Poppe & Poppe
Ludwigstr. 15
Tel. 0 60 32 - 3 26 91

63450 Hanau
Pfeiffenstube Heck
Rosenstr. 15
Tel. 0 61 81 - 2 05 85

63739 Aschaffenburg
Dudelsack
Treibgasse 6
Tel. 0 60 21 - 21 96 54

64283 Darmstadt
Duckbill & Gooseberry
Alexanderstr. 26
Tel. 0 61 51 - 7 53 80

65183 Wiesbaden
Kaffee- und Teehandlung
H. Blank-Rosmanith
Ellenbogengasse 15
Tel. 06 11 - 30 48 86

65348 Bad Homburg
Excalibur
Obergasse 18
Tel. 0 61 72 - 68 38 09

66578 Schiffweiler
Jaudt & Seitz
Hinter der Flurwiese 1
Tel. 0 68 21 - 1 49 10 46
(nur Versand)
www.WhiskyWizard.de

67227 Frankenthal
Whisky & Whiskey
Ingrid Herrmann
Gotthilf-Salzmann-Str. 34
Tel. 0 62 33 - 4 70 66
(nur Versand)

67227 Frankenthal
Tabac International
Keistler
Wormser Str. 31
Tel. 0 62 33 - 2 75 83

67547 Worms
Destille Schrecker
Hafengasse 2a
Tel. 0 62 41 - 41 72 72

68161 Mannheim
Südlandhaus, P 3, 8-9
Tel. 06 21 - 2 43 02

69120 Heidelberg
Otto Gronki
Ladenburgerstr. 10
Tel. 0 62 21 - 40 94 86

69177 Heidelberg
Macha
Whisky & Spirituosen
Plöck 98
Tel. 0 62 21 - 16 91 66

PLZ 7...

70173 Stuttgart
Alte Tabakstube
Ralph Knyrim
Am Schillerplatz 4
Tel. 07 11 - 29 27 29
(auch eigene Abfüll.)

70173 Stuttgart
Tabakwaren Kegreiss
Eberhardtstr. 6
Tel. 07 11 - 24 66 80

72070 Tübingen
Weinhaus Beck
Am Markt 1
Tel. 0 70 71 - 2 27 72

73033 Göppingen
Vogel's Tabakstube
Geislinger Str. 20
Tel. 0 71 61 - 7 25 55

73262 Reichenbach
Scottish Golf & Whisky Shop
Ulmer Str. 12
Tel. 0 71 53 - 99 02 92

74072 Heilbronn
Tabak Sasse
Am Wollhaus 3
Tel. 0 71 31 - 8 41 01

75172 Pforzheim
Tabak Siegrist
Westlich 53
(im Volksbankhaus)
Tel. 0 72 31 - 14 01 41

76133 Karlsruhe
Celtic Connections
Lammstr. 7a
Tel. 07 21 - 2 96 22

76437 Rastatt
Pflaum GmbH
Poststr. 10
Tel. 0 72 22 - 3 27 77

77673 Kehl
Zigarren Baumert
Centrum am Markt
Tel. 0 78 51 - 27 75

78462 Konstanz
Rudolf Schlatter
Hussenstr. 2-4
Tel. 0 75 31 - 2 26 60

79098 Freiburg
Celtic Connections
Gerberau 1
Tel. 07 61 - 3 58 23

79258 Hartheim
Casa Verde Tritschler
Ährenweg 14
Tel. 0 76 33 - 10 18 55

79801 Hohentengen
Günther Wagner
The Single Malt Collection
Hauptstraße 38
Tel. 0 77 42 - 59 31
www.whisky-wagner.de

PLZ 8...

80331 München
Whisky & Co.
Seán Heasley
Dreifaltigkeitsplatz 1
Tel. 0 89 - 29 16 17 00

80333 München
Der Weinladen
Maffeistr. 3
Tel. 0 89 - 29 46 78

80637 München
Weinzentrum
Landshuter Allee 61
Tel. 0 89 - 16 08 63

80797 München
Whisk(e)y Shop »Tara«
Fred Heinz Schober
Schleißheimer Str. 151
Tel. 0 89 - 30 79 78 82
www.whiskyversand.de

82256 Fürstenfeldbruck
Zigarren Huber
Hauptstr. 30
Tel. 0 81 41 - 6 32 60

82402 Seeshaupt
The Whisky Store
Theresia Lünig
St. Heinricher Str. 42b
Tel. 0 88 01 - 23 17
(nur Versand)
www.TheWhiskyStore.de

83022 Rosenheim
Wein & Schnaps
Liebert GmbH
Am Esbaum 9
Tel. 0 80 31 - 3 06 70

83435 Bad Reichenhall
Eduard Akermann
Ludwigstr. 20
0 86 51 - 25 77

84028 Landshut
Humidor Huber
Neustadt 527
Tel. 08 71 - 2 76 42 24
www.humidor-landshut.de

85053 Ingolstadt
Caledonian Connection
Peiserstr. 3
Tel. 08 41 - 6 90 56
www.grotheer-caledonian.de

85221 Dachau
Franz Bachl Malt Whisky
Alte Römerstr. 60
Tel. 0 81 31 - 53 98 19
www.whiskyworld.de

86150 Augsburg
No 7
Herbert Mayer KG
Steingasse 7
Tel. 08 21 - 51 78 78

86150 Augsburg
Isle of Skye
Hunoldsgraben 38
Tel. 08 21 - 51 94 94

86720 Nördlingen
Scotch Corner
Murray Smith
Drehergasse 12
Tel. 0 90 81 - 2 82 46

86899 Landsberg
Tabakwaren-Spirituosen
Wallner
Schulgasse 289
Tel. 0 81 91 - 24 54

87435 Kempten
Lammers & Lammers
Königstr. 20
Tel. 08 31 - 2 38 50

87700 Memmingen
Zigarrenhaus Sturm
Kalchstr. 7
Tel. 0 83 31 - 44 03

88131 Lindau (B)
Lammers & Lammers
Maximilianstr. 15
Tel. 0 83 82 - 58 86

89073 Ulm
British Experience
Kammachergasse 1
Tel. 07 31 - 9 60 92 25

PLZ 9...

90459 Nürnberg
CELTIC
Otto Steudel
Bulmannstr. 26
Tel. 09 11 - 4 39 89 28
www.celticwhisky.de

90475 Nürnberg
Gradl's Whiskyfässla
Oelser Str. 7a
Tel. 09 11 - 8 37 03 00

90762 Fürth i.B.
Feinkost Knab
Mathildenstr. 16
Tel. 09 11 - 77 00 77

92278 Illschang
The Whisky-Corner
Lenz & Sebastian GbR
Reichertsfeldstr. 2
Tel. 0 96 66 - 95 12 13
www.whisky-corner.de

93059 Regensburg
Wein & Mehr
Im Gewerbepark D 9a
Tel. 09 41 - 46 68 00
www.wein-und-mehr.de

94032 Passau
Tabakbar Weiherer
Rosstränke 4
Tel. 08 51 - 3 73 32

96047 Bamberg
Peter Weinig
Hauptwachenstr. 17
Tel. 09 51 - 9 62 25 / 6

96450 Coburg
Enoteca Kosicki
Webergasse 23
Tel. 0 95 61 - 7 66 40

97070 Würzburg
Tabak u. Spirituosen
Rösch
Dominikanerplatz 3d
Tel. 09 31 - 5 22 18

98544 Zella-Mehlis
Wein- und
Getränkehandel Bader
Louis-Anschütz-Str. 3
Tel. 0 36 82 - 4 10 08

99733 Nordhausen
Tabak- und Weinhandlung Aschenbrenner
Kornmarkt Nr. 1
Tel. 0 36 31 - 99 01 72

99817 Eisenach
The Best of All
Johannisplatz 7
Tel. 0 36 91 - 74 22 76

WHISKY IN ÖSTERREICH

6020 Innsbruck
Ewald Jäger
Feinkost
Maria-Theresien-Str. 57

8522 Groß St. Florian
E. u. M. Müller
Gussendorf 5

5020 Salzburg
Peter Sporer
Spirituosen
Getreidegasse 39

9220 Velden
Guido Tschebull Feinkost
Karawankenplatz

1010 Wien
Werner Ruff
Feinkost Böhle
Wollzeile

Burton's The Taste of Britain
Naglergasse 17

Vinothek St. Stephan
Stephansplatz 6

Whisky in der Schweiz

1204 Genf/Genève
Caves du Palais
de Justice SA
1, Place Bourg-de-Four
Tel. 0 22 - 3 11 40 14

2000 Neuchâtel
Caveau de Bel-Caou SA
rue de Coq – d'Inde1
Tel. 0 32 - 7 24 55 58

3600 Thun
van der Heijden Ludo
Freinhofgasse 5
Tel. 0 33 - 2 20 00 50

4053 Basel
Paul Ullrich AG
Laufenstr. 16
Tel. 0 61 - 3 38 90 90

6438 Ibach
Küttel AG
Industrie 16i
Tel. 0 41 - 8 11 77 77

4665 Oftringen
Perry Drogerie
Im Perry Center
Tel. 0 62 - 7 91 42 23

5012 Schönewerd
The Scotch Malt Whisky
Society
Entfelderstr. 7
Tel. 0 62 - 8 58 70 30
www.snws.ch

7560 Martina
Acla da Fans SA
Tel. 0 81 - 8 68 52 53

7500 St. Moritz
Hotel Waldhaus am See
Claudio Bernasconi
Via Dim Lej 1
Tel. 0 81 - 8 33 76 76
www.waldhaus-am-see.ch

8001 Zürich
Scot & Scotch
Wohllebgasse 7
Tel. 01 - 2 11 90 60
www.scotandscotch.ch

Baur au Lac
Talgasse 1
Tel. 01 - 2 22 50 60
www.bauraulac.ch

Jelmoli
St. Annagasse 18
Tel. 01 - 2 10 37 01

8308 Mesikon
Maurer Weine
Fehraltorferstr. 20
Tel. 0 52 - 3 46 29 29
www.whisky-net.ch

8400 Winterthur
Traîteur Franz
Stadthausstr. 93
Tel. 0 52 - 2 12 23 90
www.traite.ch

8405	Winterthur Erb Hansjörg Hinterdorfstr. 48 Tel. 0 52 - 2 32 37 05	9490	Vaduz (Liechtenstein) Delikatessen Dürr-Ospelt Städtle 27 Tel. 0 75 - 2 32 25 51
8712	Stäfa Markus Bieri Wein, Spirit & Tobacco GmbH Seestr. 70 Tel. 01 - 9 26 46 96		Globus »Delikatessa« in vielen Städten

WHISKY ... IN SCHOTTLAND

Aboyne
    George Strachan
    Station Square

Aviemore
    Cairngorm Whisky
    Centre and Museum
    Rothiemurchus

Ballater
    George Strachan
    Golf Road

Campbeltown
    Eaglesome
    Reform Square

Cupar
    Luvian's Bottle Shop
    93 Bonnie Gate

Dufftown
    The Whisky Shop
    Fiona Murdoch
    1 Fife Street

Edinburgh
    The Whisky Shop
    Waverly Market
    Princess Street

    Cadenhead's
    172 Canongate

    Peter Green & Co
    37 A/B Warrender
    Park Road

    The Scotch
    Malt Whisky Society
    The Vaults
    87 Giles Street
    (Eigenabfüllungen,
    nur für Mitglieder)

    Scotch Whisky
    Heritage Centre
    358 Castlehill
    Royal Mile

    Royal Mile Whiskies
    379 High Street
    Royal Mile

Elgin   Gordon & MacPhail
    58-60 South Street

Glasgow
    The Whisky Shop
    Prines Square,
    48 Buchanan Street

Inveraray
    Loch Fyne Whiskies
    Richard Joynson
    www.lfw.co.uk

Oban Cheese and Wine Shop
George Street

Pitlochry
Robertson's
46 Atholl Road

Tomintoul
The Whisky Castle
Gordon Currie
Main Street

... in London

Cadenhead's
Covent Garden

Milroys of Soho
3 Greek Street

The Bloomsbury
Wine & Spirit Co
3 Bloomsbury Street

The Vintage House
42 Old Compton Street

Oddbins
in vielen Städten im ganzen
Vereinigten Königreich,
exzellente Auswahl vor
allem an Malts

Whiskies of the World
im Terminal 1, 2, und 4
in Heathrow
und im Nord-Terminal in
Gatwick

Drei Adressen in Italien und Frankreich

Enoteca al Parlamento
Via dei Prefetti, 15
Roma

Enoteca Costantini
Piazza Cavour Roma

La Maison du Whisky
20, Rue d'Anjou
75008 Paris

...und einige Pubs ... in Schottland

Aberdeen
Bridge Bar

Aberdeen
Ferryhill House-Hotel
Dan Accord Street

Bowmore/Islay
Lochside Hotel
Shore Street

Girvan/Turnberry
Turnberry Hotel

Glasgow
Cask and Still
154 Hope Street

Grantown-on-Spey
The Coppice Hotel
Grant Street

... in Deutschland

Aichach
: Café Koch
Stadtplatz 17

Bad Nauheim
: Willy's Bar
Burgplatz 2

Berlin Distillery Scottish Pub
Eisenacher Str. 64

Delitzsch
: No. 2 – Die Altstadtkneipe
Mühlstr. 2

Frankfurt
: die rote bar – Mainkai 7

Göhrde
: Whisky & Friends
Ferienclub Lüneburger Heide
Kamerun 1

Grammdorf
: Zur Farver Burg
Alter Burgweg 22

Hamburg
: Schmelztiegel Rössler
Wexstr. 31

Hannover
: Oscar's
Georgstr. 54

Husum
: Einstein
Osterende 133

Kaufbeuren
: Wein- und Bierstube
»Platz 1«
Neue Gasse 8

Kirn Kyrburg

Korbach
: Dirk's Irish Pub
Kloster-Str. 3

Kühlungsborn / Ostsee
: Hotel Polar-Stern
Ostseeallee 24

Landshut
: The Unicorn Inn
Äußere Münchnerstr. 65

München
: Islay Restaurant & Pub
Thierschstr. 14

Nürnberg
: Ballantine's Pub
Enderleinstr. 4

Gelbes Haus
Troststr. 10

Passau Wahns'Inn
Löwengrube 4

Whiskyclubs

»Arran« Hoyerswerda
    c/o Joachim Wegwart
    Am Markt 1
    02977 Hoyerswerda
    Tel. 0 35 71 - 92 44 44

Erster deutscher Whisky-Miniaturen-Club
    c/o Artur Helfer
    Obere Stadtmauer 53
    34471 Volkmarsen
    Tel. 0 56 93 - 65 09

The Inner Circle
    c/o Werner Hertwig
    Eisenacher Str. 64
    10823 Berlin-Schöneberg
    Tel. 0 30 - 7 84 50 10

Kieler Whiskyclub
    c/o Jens Breede
    Chaplin's
    Waisenhofstr. 5a
    25103 Kiel
    Tel. 04 31 - 52 20 57

Malt Whisky Time Höri
    c/o Ewald Gmür
    Wehrtalerstr. 21
    CH – 8181 Höri
    Tel. + 41(0) 1-8627513

The Most Venerable Order of the Highland Circle
    c/o Bernd Schäfer
    Höfener Str. 189
    90431 Nürnberg
    Tel. 0911-3262627

Verein der Freunde des schottischen Malt in Mecklenburg
    c/o Albrecht Kurbjuhn
    Ostseeallee 24
    18225 Kühlungsborn
    Tel. 03 82 93 - 82 90

Verein für Kulturaustausch
    c/o Dr. Mario Prinz
    Pezzlgasse 60/13
    A – 1170 Wien
    Tel. +43 (0)1 - 4 80 38 53

Wattenscheider Malt Whisky Society
    c/o Manfred Ortmann
    Gaststätte Chiavari
    Fritz-Reuter-Str.
    44867 Bochum-Wattenscheid

Whiskyclub Heppenheim
    c/o Patrick Süß
    Hauptstr. 35
    69519 Laudenbach
    Tel. 0 60 21 - 4 61 52

Whiskyclub Kyrburg
    c/o Bernd Gath
    Kyrburg
    55606 Kirn
    Tel. 0 67 52 - 9 36 60

Whisk(e)y Society Nördlingen
    c/o Kurt-Ludwig Forg
    Drehergasse 10
    86720 Nördlingen
    Tel. 0 90 81 - 68 34

Die grosse Malt-Bibliograhie

Malt Advocate.
Erscheint vierteljährlich seit 1992. Herausgeber und Verleger: John Hansell.
Scotch Whisky Review
Erscheint zweimal im Jahr seit 1994.
Heraugeber: Richard Joynson.
Whisky Magazine.
Erscheint zweimonatlich seit 1999. Herausgeber: Charles MacLean, Verleger: Marcin Miller.
Whisky Watch.
Erscheint vierteljährlich seit 1997. Herausgeber: Walter Schobert, Verleger: Werner Jannek.

Albrecht, Jörg:
Das Wasser des Lebens.
in: Zeit-Magazin, Nr. 41. 1990.
Allen, H. Warner,
No. Three St. James's Street.
London 1950. 269 S.
(über Berry Bros & Rudd)
Amis, Kingsley:
On Drink.
London 1972. 109 S.
Andrews, Allen:
The Whisky Barons.
London 1977. 148 S.
Arius, Claus:
Whisky. Vom Malt und Grain und Scotch.
In: Alles über Wein, 2/1987.
Arthur, Helen:
The Single Malt Whisky Companion.
A Connoisseur´s Guide.
London 1997. 256 S.
dt.: Single Malt Whisky.
Köln 1998. 256 S.
Ashton, Raymond K. und David Targett:
Scotch Whisky – Too much or too little?
London: Tomatin Distillers Company
Limited: 1971 ff (-1981). 12 S.
Atkin, Tim:
Whisky Galore.
in: Wine, Dez. 1991.
Baird, Bryce:
The International Whisky Connoisseurs
Quiz Book.
Doncaster 1995. 112 S.

Barnard, Alfred:
The Whisky Distilleries of the United Kingdom.
London 1887.
Reprint (mit neuer Einleitung von I.A. Glen):
Newton Abbot. VII + 457 S.
The Centenary Edition
(mit einem Vorwort von David Daiches und einer Einleitung von Michael Moss).
Edinburgh 1987. 457 S.
Barnard, Alfred:
Royal Gordon Whisky.
A Visit to the Scotch Whisky Stores of Messrs. Pattison, Elder & Co, and Glenfarclas Distillery, Glenlivet.
London 1893. 46 S.
Begg, Donald:
The Bottled Malt Whiskies of Scotland.
Edinburgh 1972. 14 S.
²(erweitert) 1979. 20 S.
Behrendt, Axel:
Pure Single Malt Whisky.
Schottlands schönster Flaschengeist.
in: Der Feinschmecker, Jan. 1992.
Behrendt, Axel:
Die schottischen Singles kommen.
in: Der Feinschmecker, Februar 1993.
Bell, Colin:
Scotch Whisky: Colin Bell's Famous Drambusters Guide.
Newtongrange 1985. 107 S.
Bell, Jeremy:
Summer in Speyside.
in: Decanter, Feb. 1991.
Bell, Jeremy:
Island Adventure.
in: Decanter, Aug. 1991.
Bergius, Adam:
Make your own Scotch Whisky.
o.O.1992. o.S.
Reprint: Glendaruel 1995.
32 S. (Illustrationen von Rowland Emett)
Bielenberg, Andrew:
Locke's Distillery. A History.
Dublin 1993. 122 S.
Birnie, William, C.A.:
Notes on The Distillation of

Highland Malt Whisky.
Compiled in 1937 and retyped in
1963. Auchterarder. ² 20th June,
1964. 29 S.

Bond; Keith (i.e. Jimmy Brown):
Still Life. Memoirs of An
Exciseman.
Inverurie 1996. 47 S.

Brander, Michael:
Original Scotch.
London 1974. 150 S.

Brander, Michael:
A Guide to Scotch Whisky.
Edinburgh und London 1975
(repr. 1977, 1978). 96 S.

Brander, Michael:
The Essential Guide to Scotch
Whisky. Edinburgh 1990.
173 S. 2 1992. 176 S.

Brander, Michael:
The Original Scotch.
A History of Scotch Whisky
from the Earliest Days.
Haddington 1995. 174 S.
(Kompilation der drei früheren
Bücher)

Bremner, David:
The Industries of Scotland.
Their Rise, Progress and
Present Condition.
Newton Abbot 1969. 535 S.
(Reprint des 1869 erschienen
Werkes. Mit einem Kapitel
»Distilling«, S. 444 – 454)

Broom, Dave:
Whisky. A Connoisseur's Guide
o.O. 1998. 96 S.
dt.: Whisky – Entdecken und
Genießen.
Bindlach 1999. 96 S.

Brown, Gordon:
The Whisky Trails. A geographical
guide to Scotch whisky.
London 1993, revidiert 1997.
224 S. (mit einem Vorwort von
Kingsley Amis)

Brown, Gordon:
Classic Spitits of the World.
A comprehensive Guide.
London 1995. 264 S.

Brown, Gordon:
Mighty Malts.
in: Decanter, Jan. 1989.

Brown, Gordon:
Spirits abroad.
in: Decanter, Mai 1990.

Brunschwig, Hieronymus:
Das distilierbuch. Das Buch der
rechten kunst zu Distilieren unnd
die wasser zu brennen. Straßburg:
J. Grüninger 1515.
CXXX Blätter, Titelholzschnitt,
239 Textholzschnitte.
(4.Ausgabe des Buches)
Book of Distillation.
London. ca. 1530. Reprint with a
New Introduction
by Harold J. Abrahams:
New York, London 1971. cxx und
276 S. (The Sources of Science,
No. 79)

Buchanan, John, Norman Case,
Emery Gellert:
Scotch Whisky. The Single Malts.
Syndey 1981. 158 S.

Burke, Gerry:
Scotch on the Rocks. Illustrated
True Story of Whisky
Galore. Glasgowe 1988. 52 S.

Burns, Edward:
It´s a bad thing whisky,
especially BAD WHISKY.
Glasgow 1995. 176 S.

Butta, Carmen:
Whisky. Sonne aus der Flasche.
In: Geo Special Schottland.

Cameron, Gilchrist:
Diamonds are forever.
in: Decanter, April 1988.
(3. Teil Erinnerungen)

Cantini, Patricia:
Whisky. Vom gälischen
Lebenswasser, das die Welt
eroberte. München 1996.
114 S. (Aus dem Italienischen von
Susanne Bunzel)

Casamayor, Pierre, Marie-Josee
Colombani:
Le livre de l'amateur de Whisky.
Toulouse 1984. 192 S.

Checkland, Olive:
Japanes Whisky, Scotch Blend.
The Story of Masataka Taketsuru,
his Scottish Wife, and the
Japanese Whisky Industry.
Edinburgh 1998. 148 S.

Coenen, Daniela:
Des Whiskys reine Seele.
in: LIVE report 12/93.

Collison, Francis:
The Life & Times of William
Grant. Dufftown 1979. 102 S.
²1984. ³1987.

Cooper, Derek:
Guide to the Whiskies of
Scotland. London 1978.
121 S. (fortgesetzt als The
Century Companion to
Whiskies.
London 1983. 169 S.)

Cooper, Derek:
   A Taste of Scotch.
   London 1989. 128 S.
Cooper, Derek, Fay Godwin
   (Fotos): The Whisky Roads of
   Scotland. London 1972. 160 S.
Cooper, Derek:
   The Little Book of Malt
   Whiskies. Belfast 1992. 60 S.
Cooper, Derek:
   The Balvenie. A Centenary
   Celebration 1893 – 1993.
   Dufftown 1993. 52. S.
Cooper, Derek:
   Glenmorangie Greatness.
   in: Decanter, Feb. 1988.
Cooper, Derek:
   Timeless Reminders.
   in: Decanter, Juni 1988.
Cooper, Derek:
   Malt of the Earth.
   in: Decanter, Nov. 1994.
Cousins, Geoffrey E.:
   A Family of Spirit. William
   Teacher and his descendants in
   the Scotch whisky trade
   1830 – 1975. Glasgow 1975. 174 S.
Craig, H. Charles:
   The Scotch Whisky Industry
   Record.
   Dumbarton 1994. 659 S.
   (mit Beiträgen von R. E. B.
   Duncan, John R. Hume,
   R.K. Martin und Michael Moss)
Craig, H. Charles:
   Glenpatrick House Elderslie.
   The Story of An Unsuccessful
   Distillery. Glasgow 1982. 39 S.
   (Typoskript)
Cribb, Stephen & Julie:
   Whisky on the Rocks. Origins of
   the »Water of Life«.
   Keyworth 1998. 72 S.
Crombie, James:
   Her Majesty´s Custom and Excise.
   London und New York 1962.
   224 S. (The New Whitehall Series
   No. 10)
Daiches, David:
   Scotch Whisky – Its Past and
   Present.
   London: André Deutsch 1969.
   168 S. ²rev. Auflage 1978. 170 S.
   Taschenbuch (mit neuem Vor-
   wort) Edinburgh 1995. 192 S.
   dt.: Scotch Whisky. (mit einem
   Vorwort von Hans-Heinrich
   Isenbart und einem Rezeptteil
   von Harry Schraemli) Luzern u.
   Frankfurt a.M.1971. 239 S.

Daiches, David:
   Lets Collect Scotch Whisky.
   Norwich 1986. o.S.
Daiches, David:
   A Wee Dram. Drinking Scenes
   from Scottish Literature.
   London 1990. 200 S.
Darven, James:
   La Grande Histoire du Whisky.
   Paris: Flammarion 1992.
   216 S. dt.: Das Buch vom Whisky.
   (übersetzt und bearbeitet von
   Axel Behrendt)
   München 1993. 215 S.
Davidson, Julie:
   A Singular Malt (Highland Park)
   in: Country Living, Nov. 1992.
Decanter Regional Guide
   Scotland.
   in: Decanter, June 1988.
Delos, Gilbert:
   Les Whiskies du Monde.
   Paris 160 S.
   dt.: Whisky aus aller Welt.
   (übersetzt von Karin-Jutta
   Hoffmann)
   Erlangen 1998. 160 S.
Dewar, Peter Beauclerk:
   The House of Dewar
   1296 – 1991.
   The Fortunes of Clan Dewar.
   London 1991. 137 S.
Dunford, Joyce:
   Drinking the Water of Life.
   Sonderdruck aus »Focus«
   (Magazin von William Grant &
   Sons) 4 S.
Dunnett, Alastair:
   The Land of Scotch.
   Edinburgh 1953. 179 S.
Dymond, Paul:
   De Luxe Disappointment.
   in: Decanter, July 1987.
Dymond, Paul:
   More than Knockando.
   in: Decanter, Feb. 1988.
Elder, Andrew:
   The Whisky Map of Scotland.
   Edinburgh 1976
   (Faltkarte, in Zusammenarbeit
   mit The Scotch Whisky
   Association)
Euler, Barbara E.:
   Whisky. Kleines Lexikon von
   A – z: München 1999. 256 S:
   (Compact Minilexikon)
Fielden, Christopher:
   A Dynasty in Drink:
   The Suntory Story.
   Holt, Trowbridge 1991. 193 S.

Fleming, Susan:
The Little Whisky Book.
London 1988. ²1992. 60 S.
Forbes, George:
Scotch Whisky.
Glasgow 1995. 92 S.
Forbes, R.J.:
Short History of the Art of
Distilling.
Leiden 1948. 405 S.
Freud, Sir Clement:
The Everest of the Highlands.
in: Decanter, Dez. 1990.
Gabányi, Stefan:
Schumann´s Whisk(e)y
Lexikon. München 1996.
368 S. (mit Illustrationen von
Günter Mattei)
Gardiner, Leslie:
The North British: The First
Hundred Years.
Edinburgh 1985. 64 S.
Garland-Steers, Eric:
Slainte!
in: Wine, Dez. 1991.
(über die »Classic Malts«)
Gatermann, Reiner:
Zum Abschied ein Whisky von
Maggie.
in: Die Welt, 8.9.1990.
Grant, Elizabeth:
Memoirs of a Highland Lady.
The Autobiography of Elizabeth
Grant of Rothiemurchus after-
wards Mrs. Smith of Baltiboys.
1797 – 1830. Edited by Lady
Strachey. 1898.
London: John Murray 1928. 427 S.
Gray, Alan:
The Scotch Whisky Industry
Review. Jährlicher Report.
Edinburgh: Charterhouse
Securities (seit 2000) –
1989: Campbell, Neill & Co,
Glasgow,
1990 – 1992: Charterhouse
Tilney, Glasgow.
1993 – 2000: Sutherlands.
Greenwood, Malcolm:
A Nip Around the World.
Diary of a Whisky Salesman.
Glendaruel 1995. 112 S.
Greenwood, Malcolm:
Another Nip Around the World.
Glasgow 1997. 92 S.
Greenwood, Malcolm:
A Ramble round the Globe
Revisited. In the Footsteps of
Tommy Dewar. Glasgow 1999.
94 S. (Illustriert von Erik Foseid)

Grindal, Richard:
Return to the Glen. Adventures
on the Whisky Trail.
Chevy Chase 1989. 159 S.
Grindal, Richard:
The Spirit of Whisky.
An Affectionate Account of the
Water of Life. London 1992.
256 S.
dt.: Das Whisky Brevier.
Geschichte und Geschichten vom
Wasser des Lebens.
München. 239 S.
Grinling, Jasper:
Spey Royal.
London 1960. o.S.
Günther, Hans-Jürgen:
Gaumenkitzler.
in: tip 15/1991.
(Berliner Profile: Werner Hertwig)
Gunn, Neil:
Whisky and Scotland.
London 1935. 198 S.
Reprint: London 1977. 198 S.
Gunn, Neil:
An Affair of Whisky.
In: New Saltire No. 6,
Dez. 1962.
Gutzke, David W.:
Alcohol in the British Isles
from Roman Times to 1996.
An Annotated Bibliography.
Westport, Connecticut u. London
1996. 266 S.
(Bibliographies and Indices in
World History Nr. 44)
Hanley, Clifford:
A Skinful of Scotch.
London 1965. 174 S.
(mit einem Kapitel »The Hard
Stuff«).
Harris, James F., Mark H.
Waymack:
Single-Malt Whiskies of
Scotland for the Discriminating
Imbiber. La Salle, Illinois 1992.
194 S.
Harris, Paul (Hrsg.):
The Rhythm of the Glass.
Drinking: Contemporary Writing.
Edinburgh 1977.
88 S. (mit Beiträgen von Bill Tait,
Alan Bold, George MacKay
Brown, Jeremy Bruce-Watt,
Duncan McAra, Stanley Roger
Green, Ronald Shaw, Norman
MacCaig, Cliff Hanley, John
Broom, Donald Campbell.
Etchings von Donald Mackenzie.
Photos von Barry Jones)

Hastie, S.H.:
From Burn to Bottle. How Scotch Whisky is made.
Edinburgh ³1956. 24 S.
Henderson, Richard:
Chasing Charlie.
o.O. 1996. 424 S.
(Geschichte um einen verborgenen Schatz von 1000 Flaschen Whisky)
Hills, Phillip (Hrsg.):
Scots on Scotch. The Scotch Malt Whisky Society Book of Whisky.
Edinburgh und London 1991. 192 S. (mit Beiträgen von George Rosie, Trevor Royle, Colin McArthur, David Daiches, Alan Bold, Ruth Wishart, Derek Cooper, Russell Sharp, Hamish Henderson, Norman MacCaig, Phillip Hills).
Hills, Phillip:
Appreciating Whisky.
The connoisseur's guide to nosing, tasting and enjoying Scotch. Glasgow 2000. 191 S.
Hobley, L.F.:
Customs and Excise Men.
London 1974. 80 S.
House, Jack:
The Spirit of White Horse.
Glasgow 1971.
House, Jack:
Pride of Perth. The Story of Arthur Bell & Sons Ltd. Scotch Whisky Distillers.
London 1976. 135 S.
House, Jack:
The Romance of Long John.
o.O. 1982. 32 S.
Hume, John R.:
Dallas Dhu Distillery.
Edinburgh 1988. 16 S.
Jackson, Michael:
The World Guide to Whisky.
London 1987. 224 S.
dt.: Whisky. Weil der Stadt 1988. 259 S. (bearbeitet und ergänzt von Claus Arius), ²1993. 248 S. ³1997. 248 S. (beide bearbeitet und ergänzt von Walter Schobert)
Jackson, Michael:
Malt Whisky Companion.
A Connoisseur's Guide to the Malt Whiskies of Scotland.
London: Dorling Kindersley 1989. 240 S. ²1991. 240 S. ³1994. 272 S.
4. neubearbeitete und erweitere Auflage 1999. 336 S.
dt.: Malt Whisky. Der Guide für Kenner und Genießer.
(übersetzt von Axel Behrendt) München 1989. 240 S.
Jackson, Michael:
A Scottish Odyssey.
in: Decanter, Dez. 1991.
Jakits, Madeleine:
Blaue Stunde in der Whisky-Destille am Meer.
In: Der Feinschmecker, Feb. 1995 (über Lagavulin)
Johnson, Tom:
The Story of Berry Bros. & Rudd Wine and Spirit Merchants
o.O., o.J. 32 S.
Jones, Andrew:
Whisky Talk.
London 1997. 152 S.
Keegan, Alan:
Scotch in Miniature.
A Collector's Guide to Whisky Miniatures.
Gartocharn 1982. Revidiert 1986. 80 S.
Kochan, Nick und Hugh Pym:
The Guinness Affair.
Anatomy of a Scandal.
London 1987. 198 S.
Kreis, Bernd:
Maltwhisky.
In: Cotta's kulinarischer Almanach auf das Jahr 1994.
Stuttgart 1994. S. 19 – 24.
Lamond, John D., Robin Tucek:
The Malt File:
London 1989. 136 S. ²1993. 160 S. (hrsg. von The Malt Whisky Association).
Lamond, John:
The Whisky Connoisseur's Book of Days.
Facts, Fables and Folklore.
Whittingeham 1992. 140 S.
Lamond, John:
The Whisky Connoisseurs's Companion. Facts, Fables and Folklore from the World of Whisky. Leith 1993. 136 S.
Laurin, Urban:
Whisky fran hela välden.
Västeras 1998. 168 S.
(norwegische Ausgabe:
Whisky fra hele verden.
Oslo 1998.168 S.)
Laver, James:
The House of Haig.
Markinch 1958. 75 S.
Lerner, Daniel:
Single Malt & Scotch Whisky.

Köln 1998. 184 S.
dt.: Schottischer Whisky.
Köln 1998. 184 S.
Lockhart, Sir Robert Bruce:
Scotch. The Whisky of Scotland
in Fact and Story.
London 1951. 184 S.
7. Auflage: Glasgow 1995.
192 S. (mit einem Vorwort von
Robin Bruce Lockhart)
dt.: Whisky. Die abenteuerliche
Geschichte des Scotch.
(mit ergänzenden Texten von
Aladar von Wesendonck)
München 1967. 220 S.
Lord, Tony u.a.:
The Great Scotch Whisky Houses.
Decanter Magazine's Guide.
Decanter 1986.
Lord, Tony:
Malt Masterpieces.
in: Decanter, Feb. 1987.
Lord, Tony:
After Dinner Debate.
in: Decanter, Feb. 1988.
Lord, Tony:
Great Aged Spirits Challenge.
in: Decanter, Okt. 1988.
(Tasting von Malts und Cognac!)
Lord, Tony:
Stars and Bars.
in: Decanter, Okt. 1988.
(über Allan Shiach, den
Drehbuchautor und
Ex-Chairman von Macallan)
Lord, Tony:
Noble Spirits.
Decanter Magazine Guide.
London 1989. 48 S.
Lord, Tony und David Lowe:
Malts: The Regional Factor.
in: Decanter, Feb. 1989.
(dazu Leserbrief von John
D. Lamond.
in: Decanter, Mai 1989.)
Lord, Tony:
Hearts of Oak
in: Decanter, März 1990.
(über Glengoyne)
Lord, Tony:
Rezensionen von Milroy und
Jackson.
in: Decanter, März 1990.
Lord, Tony:
Sleeping Spirits.
in: Decanter, Okt. 1990. (über das
Problem der Faßalterung.
(dazu Leserbrief von Kenneth
Lawson.
in: Decanter, Jan. 1991.

Macdonald, Aeneas:
Whisky.
Edinburgh 1930. 135 S.
MacDonald, Ian:
Smuggling in the Highlands.
Sterling 1914. 124 S.
MacDonogh, Giles:
500 Years of Scotch Whisky.
in: Decanter, Jan. 1994.
Mackenzie, Compton:
Whisky Galore. London 1947.
264 S. dt. (übersetzt von
Elisabeth Schnack)
Das Whiskyschiff.
Zürich 1965. 350 S.
Neue Ausgabe: Edinburgh 1999.
405 S. (in Zusammenarbeit
mit John Dewar & Sons,
das Buch enthält in ausgestanzten
Seiten eine Miniatur von einem
»Dewar´s White Label«)
Mackie, Albert D.:
The Scotch Whisky Drinker's
Companion.
Edinburgh 1973. 124 S.
MacLean, Charles:
The Mitchell Beazley
Pocket Whisky Book.
A guide to malt, grain, liqueur
and leading blended whiskies.
London 1993. 192 S.
²erweitere Ausgabe: Scotch
Whisky. London 1998. 223 S.
MacLean, Charles:
Sainsbury´s Guide to Mal Whisky.
London 1995. 96 S.
MacLean, Charles:
Discovering Scotch Whisky.
Christchurch, Dorset and London
1996. 96 S.
MacLean, Charles:
Scotch Whisky. Andover 1996.
29 S. (Pitkin Guides)
MacLean, Charles:
Malt Whisky.
London 1997. 176 S.
dt. (übersetzt von Axel Behrendt):
München 1998. 176 S.
MacLean, Charles:
Turning Whisky into Words.
in: Decanter, Aug. 1996.
(über »die Sprache des
Whisky-Tastings«)
Mäder, Markus:
Islay. Ein Whiskytrip.
in: Neue Zürcher Zeitung,
23.3.1991.
Mahé, Patrick:
La Magie du Whisky.
Paris 1997. 184 S.

Manners, John:
 Crafts of the Highlands and Islands. Newton Abbott, London 1978. 128 S. (darin Kapitel über Coopering Whisky Barrels, Malting Barley, Whisky Distilling).

Mantle, Jonathan:
 The Ballantine´s Story. London 1991. 65 S.

Martine, Roddy:
 Scotland. The Land and the Whisky. (Photographs by Patrick Douglas-Hamilton) London 1994. 224 S.

Martine, Roddy (Text) und Bill Milne (Fotos): Single Malt Scotch. New York 1997. 164 S.

Maxwell, Sir Herbert:
 Half-A-Century of Successfull Trade. Beeing a Sketch of the Rise and Development of the Business of W & A Gilbey, 1857 – 1907. London. 1907. 85 S.

McBain, Stewart:
 200 Years of Distilling Tradition. Strathisla Distillery Keith 1786 – 1986. Keith 1986. 68 S.

McCall, Robert:
 500 Years of Scotch Whisky. Scotch Whisky – The Quincentury 1494 – 1994. Glasgow 1994. 106 S.

McCreary, Alf:
 Spirit of the Age. The story of »Old Bushmills«. o.O. 1983. 232 S.

McDougall, John und Gavin D. Smith:
 Wort, Worms & Washbacks. Memoirs from the Stillhouse. Glasgow 1999. 215 S.

McDowall, R.J.S.:
 The Whiskies of Scotland. London 1967. 164 S. 4. revidierte Auflage (überarbeitet von William Waugh) 1986. 184 S. dt. (gekürzt, aber vom Autor autorisiert): Mainz 1968. 100 S.

McGuire, E.B.:
 Irish Whiskey. A history of distilling in Ireland. Dublin und New York 1973. 462 S.

McHardy, Stuart:
 Tales of Whisky and Smuggling. Moffat 1991. 160 S.

McIvor, Doug:
 Scotch Whisky. Top Single Malts. London u. Devices 1998. 96 S.

McNeill, F. Marian:
 The Scots Cellar Its Traditions and Lore. Edinburgh 1956. 290 S.

Mehrlich, Klaus:
 Whisk(e)y von den britischen Inseln. Eine Untersuchung der Industrien und der wirtschaftlichen Bedeutung des Whisk(e)y für Schottland und Irland. Frankfurt u.a. 1997. 374 S. (Dissertation)

Meininger, Peter (Hrsg.):
 Meininger Magazin: Whisk(e)y. Neustadt an der Weinstraße 1993. 34 S.

Milroy, Wallace:
 Malt Whisky Almanac. Moffat 1986. 94 S.
 ²1987. 120 S. (Vorwort von Kingsley Amis).
 ³1989. 144 S. (Vorwort von John AR MacPhail)
 5. Auflage: Glasgow 1992. 144 S. (Vorwort von Sir Iain Tennant), 6.: 1995. 160 S. (Vorwort von Earl of Mansfield). 7. überarbeitete Auflage: The Original Malt Whisky Almanac. A Taster´s Guide. Glasgow 1998, 160 S.
 dt. Malt Whisky Almanach. Schortens 1991. 144 S.
 5. Auflage: 1993. 144 S.
 6. Auflage: 1995. 160 S.
 7. Auflage: 1998

Milroy, Wallace:
 Bottles to take away. in: Decanter, Juni 1988. (über schottische Whisky-Läden)

Milroy, Wallace:
 The Meaning of Malt. in: Decanter, Feb. 1989.

Milsted, David:
 Bluff your way in Whisky. Horsham: Ravette Books 1991. 62 S.
 ²London Books 1999. 64 S.

Mitchell, Ewan:
 A Wee Guide to Whisky. Musselburgh 1999. 86 S.

Moore, Graham:
 Malt Whisky. A Contemporary Guide. Shrewsbury 1998. 160 S.

Morrice, Philip:
 The Schweppes Guide to Scotch. Sherbone 1983. 413 S.

Morrice, Philip:
    The Whisky Distilleries of
    Scotland and Ireland.
    London 1987. 369 S.
    (mit Zeichnungen von Peter
    Haillay. Gedruckt zum
    100. Jubiläum von Barnards Buch)
Morrice, Philip:
    Strathisla.
    in: Decanter, Okt. 1986.
Morrice, Philip:
    Scotch marriages.
    in: Decanter, Okt. 1986.
    (Leitartikel zu Übernahmen)
Morrice, Philip:
    Business as usual
    after the great shake-up.
    in: Decanter, Okt. 1986.
Morrice, Philip:
    Scotish Rumours of Whisky's
    Demise.
    in: Decanter, Nov. 1986.
    (Fortsetzung vom Okt. 86)
Morrice, Philip:
    Still Waters.
    in: Departures, Nov./Dez. 1986.
Morrice, Philip:
    Elixir of Edradour.
    in: Decanter, Jan. 1987.
Morrice. Philip:
    Irish Inspiration.
    in: Decanter, Feb. 1987.
    (Report über irische Trends)
Morrice, Philip:
    Still Making Whisky.
    in: Decanter, April 1987.
    (über Glen Grant)
Morrice. Philip:
    Glenfiddich: 100 and still going
    strong.
    in: Decanter, Mai 1987.
Morrice, Philip:
    The Oldest Dram.
    in: Decanter, Juni 1987.
    (über Glenturret)
Morrice, Philip:
    Whisky manages to keep up its
    image.
    in: Decanter, Aug. 1987.
Morrice, Philip:
    Glenfiddich Centenary.
    in: Decanter, Aug. 1987.
Morrice. Philip:
    Island of Charme.
    in: Decanter, Aug. 1987.
    (über Isle of Jura)
Morrice, Philip:
    Highland Maltsters.
    in: Decanter, Sept.1987.
    (über Glendronach)

Morrice, Philip:
    Aladdin's Cave.
    in: Decanter, Nov. 1987.
    (über Gordon & MacPhail)
Morrice, Philip:
    Glenlivet Greatness.
    in: Decanter, Dez. 1987.
Morrice, Philip:
    Inchgower's Measure.
    in: Decanter, Feb. 1988.
Morrice, Philip:
    Take the High Road.
    in: Decanter, Apr. 1988.
    (über Highland Park)
Morrice, Philipp:
    The Missing Link.
    in: Decanter, Mai 1988.
    (über Linkwood)
Morrice. Philip:
    Bonny Bowmore.
    in: Decanter, Juni 1988.
Morrice, Philip:
    Cardhu's Clever Package.
    in: Decanter, Sept. 1988.
Morrice, Philip:
    Knockando.
    in: Decanter, Nov. 1988.
Morrice, Philip:
    Tippling the Malt Balance.
    In: Decanter, Feb. 1989.
Morrice, Philip:
    Speyside's new malt.
    in: Decanter, März 1989.
    (über Tamnavulin)
Morton, Tom:
    Spirit of Adventure.
    A Journey Beyond the
    Whisky Trail. Edinburgh und
    London 1992. 188 S.
    daraus: Dropping in on
    Highland Park.
    in: Orkney Stories. A specially
    commissioned collection.
    Perth 1998. S. 7 – 12.
Moss, Michael S., John R. Hume:
    The Making of Scotch Whisky.
    A History of the Scotch Whisky
    Distilling Industry.
    Edinburgh 1981. 304 S.
Moss, Michael:
    Scotch Whisky.
    Edinburgh 1991. 91 S.
Murphy, Brian:
    The World Book of Whisky.
    Glasgow, London 1978. 192 S.
Murray, Jim:
    Irish Whiskey Almanac.
    Glasgow 1994. 159 S.
Murray, Jim:
    Complete Book of Whisky.

The Definitive Guide
to the Whiskies of the World.
o.O.: Carlton 1997. 224 S.
dt.: Whisky & Whiskey
(übersetzt von Irene Spreitzer).
München 1997. 224. S.

Murray, Jim:
The Complete Guide to Whisky.
Selecting,
Comparing and Drinking the
World's Great Whiskies.
o.O.: Carlton 1997. 256 S.
dt.: Die großen Whiskys der Welt.
(übersetzt von Irene Spreitzer)
München 1998.
368 S. (vom Text her fast
identisch mit dem o.g. Titel,
ohne »Exoten« und Fotos)

Murray, Jim:
Classic Irish Whiskey.
London 1997. 256 S.
(überarbeitete Fassung des Irish
Whiskey Almanac)

Murray, Jim:
The Art of Whisky.
A Deluxe Blend of Historic
Posters from the Public
Record Office.
Kew 1998. 80 S.

Murray, Jim:
Classic Blended Scotch.
London 1999. 256 S.
dt. (übersetzt von Jochen
Stremmel, Hannelore
Ganslandt, Christian
Quatmann und Bettina Runge):
München 1999. 215 S.

Murray, Jim:
No butts, the taste is in the wood
(Malt Whisky's Sherry
Connection).
in: Decanter, Okt. 1992.

Murray, Jim:
Highland Mist.
in: Decanter, Nov. 1992.

Murray, Jim:
A Nip Over the Water.
in: Decanter, März 1994.
(über Irish Whiskies)

Murray, Jim:
Spirit Level.
in: Decanter, Juni 1994.
(über Cask Strength)

Murray, Jim:
Whisky Business.
in: Decanter, Nov. 1994.

Müry, Andres.
Das Herz des Whiskys.
in: F.A.Z. Magazin vom 8.1.1993.
(Fotos: Martin Pudenz)

Neish, Alexander B.:
The art of Peat cutting.
Bowmore ²1966. 17 S.

Nettleton, J.A.:
The Manufacture of Spirits
as conducted at the Various
Distilleries of the United Kingdom.
London 1898. 431 S.

Nettleton, J.A.:
The Manufacture of Whisky and
Plain Spirit.
Aberdeen 1913. 606 S.

Newman, Peter C.:
King of the Castle.
The Making of a Dynasty:
Seagram's and the
the Bronfman Empire.
New York 1959. 304 S.

Nouet, Martine:
Les Routes du Malt.
Paris 1999. 144 S.
(Fotos von Jean Tramson,
M. Nouet und Jean-Jacques
Magis)

Nouhuys, Heinz von:
Es begann im Duty-free-Shop.
in: new mag, April 1993.

Nown, Graham:
Edradour. The Smallest
Distillery in Scotland.
Whitley, Melksham 1988.
48 S. (mit einem Vorwort des
Duke of Argyll)

Nown, Graham:
Malt Whisky.
A Comprehensive Guide for
both the Novice and
Connoisseur. London 1997.
28 S. dt. Malt Whisky.
Ein Geschenk der Natur.
(übersetzt von Dr. Marcus
Würmli): Cham (Schweiz) 1998.
128 S.

o.V.:
Report respecting the Distilleries
in Scotland. Ordered to be
printed 12th July 1799.

o.V.:
Report respecting the Scotch
Distillery Duties. Ordered to be
printed 11th June 1798.

o.V.:
Whisky. Thoughts on distllation
of ardent spirits in the Highlands
of Scotland;
submitted to the consideration of
the government by a landed
proprietor in the country of
Inverness. Inverness 1814.

o.V.:
 Truths about Whisky.
 London: 1878. 104 S.
 Second Edition Revised:
 London 1879. 113. S.

o.V.:
 Report from the Select
 Committee on British and
 Foreign Spirits.
 Ordered by the House of
 Commons, to be printed,
 30th April 1891.
 London 1891. 151 S. ²1908.

o.V.:
 North British. The North
 British Distillery Co. Ltd.
 Wheatfield Road Edinburgh
 1885 – 1935. o.O.: o.J. 47 S.

o.V.:
 Scotch Whisky and the
 House of Haig. o.O.: o.J. 48 S.

o.V.:
 An Old Scotch House. Arthur
 Bell & Sons Ltd. Distillers Perth
 Scotland o.O.: o.J. 22 S.

o.V.:
 Glenlivet. Where Romance and
 Business meet being the Annals of
 The Glenlivet Distillery founded
 by George Smith in 1824.
 Glenlivet 1924. 32 S. Neuauflage
 (mit Illustrationen von George
 Mackie, zum 100. Jahr der
 Produktion am gleichen Ort) 1959
 ⁴1966. 41 S.

o.V.:
 1846 D 1946. o.O.: 1946. o.S.
 (über John Dewar & Sons)

o.V.:
 Scotch Whisky. Questions and
 Answers.
 Edinburgh 1953. 82 S.(viele Neu-
 auflagen, verschiedene Sprachen)

o.V.:
 All About Whiskey.
 Dublin 1957. 18 S.

o.V.:
 Irish Maltster's Conference.
 Selected Papers 1952 – 1991.
 Dublin 1961. 339 S. (Aufsatz-
 sammlung zu verschiedenen
 Aspekten des Mälzens, von der
 Ernte bis zum Trocknen des Mal-
 zes)

o.V.:
 D.C.L. and Scotch Whisky.
 Ipswich 1961. ²1962. ³1966. ⁴1975.
 8ᵗʰ revised edition:
 Distillers of Scotch.
 o.O. 1982. 52 S.

o.V.:
 Mr. Seager & Mr. Evans.
 The Story of a Great Partnership.
 London 1963. o.S.

o.V.:
 Harrods Book of Whisky.
 Published by Decanter for
 Harrods. London 1978. 46 S.

o.V.:
 Scotch Whisky in the 80s.
 Distilling Sector Working Group.
 Edinburgh 1984.

o.V.:
 The Story of Scotch Whisky.
 A Souvenir Guide Book to the
 Scotch Whisky Heritage Centre
 Edinburgh 1988. o.S.

o.V.:
 Old and Rare Whiskies.
 in: Decanter, Feb. 1991.

o.V.:
 Seele vom Holz.
 Die Chemiker rätseln noch:
 Wie kommt der Geschmack in
 den Malt Whisky.
 in: Der Spiegel 15/1991.

o.V.:
 The Maltmap. A Full Colour Map
 of Scotland's Most Famous Malt
 Whiskies. Edinburgh 1991.

o.V.:
 The Brewery Manual and Who's
 Who in British Brewing and
 Scotch Whisky Distilling 1992.
 Hampton. 1992. 248 und 31 S.
 (erscheint jährlich)

o.V.:
 Irish Whiskies. Past and
 Presence. Wicklow. 1993. o.S.
 (Little Books of Ireland)

o.V.:
 Single Malt Whiskies.
 in: Decanter, Feb. 1993.

o.V.:
 Islay Malt Whisky Trail
 Passport.
 Bowmore o.J. (1994). o.S.

o.V.:
 Caol Ila Distillery 1846 – 1996.
 A Photographic Celebration.
 Port Askaig 1996. 56 S.

o.V.:
 La Dolce Vita: Whisky.
 London, Cape Town, Sydney,
 Auckland 1999. 64 S.

Pacy, Joseph:
 The Reminiscences of a
 Gauger. Imperial Taxation, Past
 and Present, Compared.
 Newark 1873. 127 S.

Parish, Woodbine:
Two Reports of W.P., Esquire, Chairman of the Board of Commissioners in Scotland, on the subject of ILLICIT DISTILLATION in Scotland; – dated London 25th April and 26th April 1816 (ordered, by the House of Commons, to be printed, 7th June 1816)

Parnell, Colin:
Enhancing a Dram.
in: Decanter, Feb. 1993.
(über das Riedel-Glas)

Pattullo, Diane, Derek Cooper:
Enjoying Scotch.
London 1980. 112 S.

Perry, Stuart:
The New Zealand Whisky Book.
Auckland, Sydney, London 1980. 141 S.

Philipson, John:
Whisky Smuggling on the Borders. Newcastle upon Tyne 1991. 46 S.

Piggott, J.R.(John Raymond), R. (Russell) Sharp, R.E.B. (Robert Erskine Burt) Duncan (Hrsg):
The Science and Technology of Whiskies.
London 1989. 410 S.

Profumo, David:
Purely Spiritual.
in: Departures Nov./Dez.1989.

Pyke, Magnus:
Science and Scotch Whisky.
Edinburgh 1966.

Quigley, John:
King´s Royal.
London 1975. 442 S.

Ramsay, Stuart Maclean:
Single Sensation.
So many Single-Malt Scotches but which dram do we drink.
In: Cigar Aficionado, Dez. 1998.

Ravier, Michel:
Whisky.
Wissenswertes für Genießer.
München 1984.
79 S. (Enzyklopädie für den Verbraucher)

Reeve-Jones, Alan:
A Dram like this...
The Gourmet's Guide to Scotch Whisky.
London 1974. 122 S.

Riddell, J.B.:
Observations on the Scotch Whisky Production Cycle.
o.O. 1976.

Robb, J. Marshall:
Scotch Whisky. A Guide.
London, Edinburgh und New York o.J.(1950) 80 S.

Ross, James:
Whisky. London 1970. 158 S.

Rowe, David:
The Blender's Art.
in: Decanter, Feb. 1990.
(Malt/Vatted/Blended)

Rowe, David:
Malt and Food at Mosiman's.
in: Decanter, Aug. 1990.

Rudolf, Karl.
Malt, Scotch, Bourbon & Co.
Düsseldorf 1989. 116 S.
(Econ Gourmet Bibliothek)

Ryan, John Clement:
Irish Whiskey.
Dublin 1992. 24 S.
(The Irish Heritage Series: 71)

Scarisbrick, J.:
Spirit Manual. (Historical & Technical). Burton-on-Trent: o.V. 1891. 152 S.
(Revenue Series No. 2)

Saintsbury, George:
Notes on a Cellar Book.
London 1920. ³1931. 228 S.
(zahlreiche Neuauflagen)

Schobert, Walter:
Malt Whisky Guide.
Führer zu den Quellen.
Weil der Stadt 1992. ²1994. ³1996.
184 S.

Schobert, Walter (Hrsg.):
The Glenmorangie Trail.
Bar und Shopping Guide 1996 –
Ein Führer zu den besten Malt Whisky Adressen Deutschlands.
Aschheim bei München 1995.
223 S.

Schobert, Walter:
Single Malt Note Book.
Syke 1996. 267 S.

Schobert, Walter:
Das Whisky-Lexikon.
Frankfurt a.M. 1999. 635 S.

Schobert, Walter:
Der Club der alten Singles.
in: Der Feinschmecker, Dez. 1993.

Schobert, Walter:
Malt News. 32 Folgen.
in: Die Bar, 2/94 bis 4/99

Schobert, Walter:
Flora & Fauna.
in: new mag. April 1994. (über die Serie von United Distillers)

Schobert, Walter:
 500 Jahre Whisky.
 in: Der Feinschmecker,
 Aug. 1994.
Schobert, Walter:
 Macallan in Rom.
 in: Die Bar, 1/1966.
Schobert, Walter:
 Prost Malt-Zeit.
 in: VIF, Okt. 1966, S. 88-92.
Schobert, Walter:
 »Whisky and freedom gang tegither«.
 in: Pipe & Cigar, 1/98. S. 62f.
 (Über Malt und Wasser)
Schobert, Walter:
 Schöne, neue Welten. Wie ein Malt-Trinker zur Zigarre kam.
 in: Pipe & Cigar, 3/98,
 S. 80 – 82
Schobert, Walter:
 News aus Malt-Land.
 in: Der Feinschmecker, Nov. 1998, S. 112-118.
Schobert, Walter:
 Mit Malt unter dem Kilt.
 in: Pipe & Cigar, 1/99.
 S. 42 – 48
Schobert, Walter:
 Irish Whiskey. Irlands ganzer Stolz.
 in: Der Feinschmecker, Nov. 1999, S. 136 – 144.
Schobert, Walter:
 Briefe aus Islay.
 in: Der Whiskybotschafter, 1/99ff.
Schubert, Christoph Friedrich Gabriel:
 Der neue und vorteilhaftere Destillier-Apparat zum Schnell-Betriebe der Branntweinbrennerei durch Wasserdämpfe. Braunschweig 1831. 31 S. (und drei Tafeln)
Setter, Lösch, Klassen:
 Whisky. Sande 1981. 141 S.
Shaw, Carol P.:
 Whisky. Glasgow 1993. 237 S.
 (Collins Gem)
Shaw, Carol p.:
 Whisky. A guide to over 200 Scotch & Irish whiskies.
 Glasgow 1996. 287 S.(Collins Pocket Reference), neu als: Scotch & Irish Whiskies.
 Glasgow 2000. 287 S.
Shaw, Carol P.:
 Classic Malts. A beautifully illustrated guide to over 85 classic Scottish and Irish malt whiskies.
 Glasgow 1997. 95 S.
Shay, Frank (Hrsg.):
 My Pious Friends and Drunken Companions and More Pious Friends and Drunken Companions. Songs and Ballads of Conviviality.
 New York 1961. 235 S.
 (zuerst in zwei Bänden erschienen: London 1927 u. 1928)
Sillett, S(teve) W.:
 Illicit Scotch. London 1965. 121 S. ^{2}Aberdeen 1970. 121 S. ^{3}Glasgow 1990. 120 S.
Simon, André L.:
 Everybody's Guide to Wines and Spirit.
 London 1961. 194 S.
 (mit einem Kapitel Whisky)
Simon, André:
 Drink.
 London 1948. 272 S.
 (mit einem Kapitel »John Barleycorn«).
Simpson, Bill u.a.:
 Scotch Whisky as tasted by Bill Simpson, Anthony Troon, S. Russell Grant,
 Hugh MacDiarmid, Donald Mackinlay, Jack House, Theodora FitzGibson.
 London 1974. 120 S.
Sinclair, Clive:
 Rare Images. A View of J & B.
 o.O. 1977. o.S.
 (mit Farbfotos von Art Kane)
Skipworth, Mark:
 Whisky.
 London 1987. 156 S.
 Sonderausgabe: London 1992. 156 S. ^{2}1994.
 dt.: Schottischer Whisky.
 Herrsching 1989. 156 S.
Smith, Gavin D.:
 Whisky. A Book of Words.
 Manchester 1993. 213. S.
 ^{2}A – Z of Whisky.
 Glasgow 1998. 224 S.
Smith, Gavin D.:
 Scotch Whisky.
 Stroud 1999. 160 S.
Smith, Gavin D.:
 Whisky, Wit & Wisdom. A Verbal Distillation.
 Glasgow 2000. 148 S.
Smith, Gavin Dd:
 Cheers!
 in: Scottish Field, May 1994.

Spiller, Brian:
 The Chameleon´Eye.
 James Buchanan & Company
 Limited 1884 – 1984.
 London & Glasgow 1984. 148 S.
Spiller, Brian:
 Cardhu. The World of Malt
 Whisky.
 London 1985. 80 S.
Steadman, Ralph:
 Still Life with Bottle.
 (Whisky according to Ralph
 Steadman)
 London 1994. 160 S.
Steel, James:
 Selection of the Practical Points
 of Malting and Brewing and
 Structurestheron, for the Use of
 Brewery Proprietors. Glasgo 1878.
 130 S. (und X plates).
Steneker, Fred:
 Whisky: Het complete
 whiskyboek met o.a. tips,
 recepten, longdrinks,
 en cocktails.
 Rotterdam o.J. 104 S.
Supp, Eckhard:
 Der süße Duft des braunen
 Wassers. Auf den Spuren der
 Schnapsbrenner in Schottland.
 in: Frankfurter Rundschau
 v. 1.12.1990.
Symons, William:
 The Practical Gager or
 The Young Gager´s Assistent.
 London 1830. 346 S.
Taylor, Ian Cameron:
 Highland Whisky.
 An Comun Caidhealach 1968.
 12 S. (Reprint 1972)
Thomson, Thomas:
 Brewing and Distilling.
 Edinburgh 1849. 378 S.
Tovey, Charles:
 British & Foreign Spirits:
 Their History, Manufacture,
 Properties, etc.
 London 1864. 376 S.
Townsend, Brian:
 Scotch Missed. The Lost
 Distilleries of Scotland.
 Glasgow 1993. 160 S.
 ^{2}(erweitert) 1997. 192 S.
 ^{3}(erweitert) 2000. 208 S.
Townsend, Brian:
 The Lost Distilleries of
 Ireland. Glasgow 1997. 154 S.
 Als Paperback Glasgow 2000.
 160 S. (mit einem Vorwort von
 John Clement Ryan)

Trotter, Christopher:
 A Marriage Made in the
 Highlands.
 in: Decanter, Okt. 1989.
 (Malt and food)
Tucek Robin, John Lamond:
 The Malt Whisky File.
 Edinburgh 1995. 224 S.
 ^{2}1997. 240 S. dt. (übersetzt von
 Joe Kroll, mit einem Vorwort von
 David Stewart) Kirn 1995. 224 S.
Waugh, Alec:
 Merchants of Wine.
 Being a Centenary Account of the
 House of Gilbey.
 London 1957. 135 S.
Webb, S. & B.:
 The History of Liquor
 Licensing in England
 Principally from 1700 to 1830.
 London 1903. 162 S. (+54 S. Anz.)
Weir, Ronald B.:
 History of the Pot Still Malt
 Distillers Association.
 Elgin 1970.
Weir, Ronald B.:
 The Distilling Industry in
 Scotland in the Nineteenth and
 Early Twentieth Century.
 Edinburgh 1974. XXIII,
 570 und XIII S. (Typoskript)
Weir, Ronald B.:
 The History of the Malt Distillers'
 Association of Scotland.
 o.O.: o.J. 177 S.
 (York 1974, Typoskript)
Weir, Ronald B.:
 The History of the Distillers
 Company 1877 – 1939:
 Diversification and Growth
 in Whisky and Chemicals.
 New York 1995. 417 S.
Wellings, Emma:
 Hunting High and Low.
 in: Decanter, Aug. 1989.
Wesendonk, Aladar von:
 Whiskey und Whisky.
 Götzenhain 1974. 413 S.
Wheatley, Dennis:
 1749 – 1949. The Seven Ages of
 Justerini's.
 London 1949. 85 S.
Wheatley, Dennis:
 1749 -1965. The Eight Ages of
 Justerini's.
 Aylesbury 1965. 102 S.
Wilke, Thomas:
 Malts, Blends, Vats –
 und ein Rätsel.
 In: Geo Special Schottland.

Wilson, John:
    Scotland's Malt Whiskies.
    A Dram by Dram Guide.
    Gartocharn 1973.
    Revidiert: 1978. 125 S.
Wilson, John:
    Scotland's Distilleries –
    A Visitor´s Guide.
    Gartocharn 1980. 112 S.
    (Auszug aus Barnard)
Wilson, Neil:
    Scotch and Water. Islay, Jura,
    Mull, Skye. An illustrated Guide
    to the Hebridean Malt
    Whisky Distilleries. 1955. 128 S.
    ²Moffat 1985. 128 S.
    (Vorwort David Daiches)
    ³Glasgow 1998. 128 S.
    (Vorwort Charles MacLean)
Wilson Neil:
    The Malt Whisky Cellar Book.
    Glasgow 1999. 250 S.
    (Vorwort von Wallace Milroy)
Wilson, Ross:
    The House of Sanderson.
    o.O. 1963. 108 S.
Wilson, Ross:
    Scotch Made Easy.
    London 1959. 336 S.
    ²London 1970.
Wilson, Ross:
    Scotch. The Formative Years.
    London 1970. 502 S.

Wilson, Ross:
    Scotch. Its History and
    Romance.
    Newton Abbot 1973. 184 S.
Wilson, Ross:
    Scotland Distilled.
    In: Daid Fisher (Hrsg.)
    Savour of Scotland.
    o.O. 1975, S. 62 – 70.
Winkler, August F.:
    Die nackte Majestät.
    in: new mag, April 1993.
Wisniewski, Ian:
    The Classic Whisky
    Handbook.
    London u.a. 1998. 64 S.
Wolters, Stefan, Claudio
    Bernasconi:
    Whisky Guide.
    Die 100 besten Single Malts und
    vieles mehr.
    Zürich 1999, 161 S.
Wormstone, Jeffrey:
    Strength of Scotch Whisky.
    in: Decanter, Apr. 1988.
Zagatti, Valentino:
    The Best Collection of Malt
    Scotch Whisky.
    Turin 1999. 295 S.

Wem gehört was?

A. Bulloch Agencies
Glen Catrine Bonded Warehouse
  Glen Scotia
  Littlemill
  Loch Lomond
  (Inchmurrin/Old Rhosdhu)

Allied Domecq
  Allied Distillers
  Ardmore
  Glenburgie/Glencraig
  Glencadam
  Glendronach
  Glentauchers
  Imperial
  Laphroaig
  Lomond/Inverleven
  Miltonduff/Mosstowie
  Scapa
  Tormore

  Destileria y Crianza, Madrid
  Lochside

Armstrong, Raymond
  Bladnoch

Bacardi
  John Dewar & Sons
  Aberfeldy
  Aultmore
  Craigellachie
  Macduff (Glendeveron)
  Royal Brackla

Burn Stewart Distillers
  Deanston
  Tobermory/Ledaig

Campbell Distillers
  siehe Group Pernod Ricard

Chivas & Glenlivet Group, The
  siehe Vivendi Universal

Cooley Distillery, Dublin
  Cooley Distillery, Riverstown
  (Tyrconnel/Connemara)

Diageo
  UDV
  Auchroisk *(Singleton)*
  Balmenach
  (Banff)
  Benrinnes
  Blair Athol
  (Brora)
  Caol Ila
  Cardhu
  Clynelish
  Coleburn
  Cragganmore
  Dailuaine
  (Dallas Dhu)
  Dalwhinnie
  Dufftown
  Glen Elgin
  (Glen Esk/Hillside)
  Glen Ord
  Glen Spey
  Glenkinchie
  (Glenlochy)
  Glenlossie
  Glendullan
  (Glenugie)
  (Glenury Royal)
  Inchgower
  Knockando
  Lagavulin
  Linkwood
  Mannochmore
  Mortlach
  (North Port)
  Oban
  Pittyvaich
  (Port Ellen)
  (Rosebank)
  Royal Lochnagar
  Strathmill
  Talisker
  Teaninich

Destileria & Crianza
siehe Allied Domecq

Edrington Group, The
siehe The 1887 Group
Highland Distillers
Lang Brothers

Fortune Brands, USA
JBB (Greater Europe)
Bruichladdich
Dalmore
Fettercairn *(Old Fettercairn)*
Isle of Jura
Tamnavulin
Tullibardine

Glen Catrine Bonded Warehose
siehe A. Bulloch Agencies

Glenmorangie plc
Ardbeg
Glen Moray
Glenmorangie

Groupe Pernod-Ricard
Campbell Distillers
Aberlour
Glenallachie
Edradour

Irish Distillers Group,
Dublin
Bushmills

Gordon & MacPhail
Benromach

Highland Distillers
siehe The 1887 Group

IDV
siehe Diageo
Auchroisk
Glen Spey
Knockando
Strathmill

Inver House Distillers
Balblair
Balmenach
Knockdhu *(An Cnoc)*
Speyburn
Pulteney *(Old Pulteney)*

Invergordon Distillers
siehe Fortune Brands/JBB
Bruichladdich
Isle of Jura
Tamnavulin
Tullibardine

Irish Distillers Group
siehe Groupe Pernod Ricard

Isle of Arran Distillers
Isle of Arran

JBB (Greater Europe)
siehe Fortune Brands

J.& G. Grant International
Glenfarclas

Kella Distiller's Ltd., Isle of Man
Glen Kella
The Manx Spirit

Lang Brothers
siehe The 1887 Group
Glengoyne

Mitchell, J. & A.
Springbank
(Springbank, Longrow)

Morrison Bowmore Distillers
siehe Suntory

Nikka Whisky Distilling, Tokio
Ben Nevis

Seagram
siehe Vivendi Universal

Speyside Distillery
  Speyside
  (Drumguish, Speyside)

Suntory Distillers, Tokio
Morrison Bowmore
Distillers
  Auchentoshan
  Bowmore
  Glen Garioch

Takara and Marubeni, Japan
  Tomatin

The 1887 Group
(70% im Besitz der Edrington Group, 30% im Besitz von William Grant & Sons)

Highland Distillers
  Bunnahabdhain
  Glenglaussaugh
  Glenrothes
  Glenturret
  Highland Park
  Macallan
  Tamdhu

Lang Brothers
  Glengoyne

UDV
  siehe Diageo

Vivendi Universal
  Seagram
  The Chivas and Glenlivet Group
  Allt à Bhainne
  Benriach
  Braeval *(Braes of Glenlivet)*
  Caperdonich
  Glen Keith
  Glenlivet
  Longmorn
  Strathisla

Seagram (New Zealand)
  Lammerlaw

Welsh Whisky Co., Wales
  Prince of Wales

William Grant & Sons
  Balvenie
  Convalmore
  Glenfiddich
  Kininvie
  Ladyburn
  siehe auch The 1887 Group

Whyte & Mackay
  siehe Fortune Brands/JBB
  Dalmore
  Old Fettercairn

Dank

Es waren viele, die mir geholfen haben beim Entstehen dieses Büchleins. Bei ihnen allen bedanke ich mich. Mein besonderer Dank aber gilt

Michael S. Moss von der Universität Glasgow, der mir Manuskripte überlassen hat, die er noch nicht veröffentlicht hat,

Larry Hutchison aus Dunfermline und **John Thorne** aus Dagenham, die mir so manches seltene Buch besorgt haben und die Augen immer noch für mich offen halten.

Margaret Deriaz, die in London viele Pakete mit Flaschen für mich in Empfang genommen hat,

Uwe Mittelstaedt, der viele der oben genannten Pakete – und manche mehr mit mir aus London geholt hat,

Dr. Werner Kazmirek, der mir den *Glenury Royal* überlassen hat,

Klaus Kramer, meinem Freund und Fotografen, der alle Flaschen mit viel Liebe ins rechte Licht gerückt hat und sie, die alten und neuen *bottles*, mit und ohne Schachtel, fotografiert hat – obwohl er selber keinen Schluck Whisky trinkt,

Tom Wolf und **Christoph Kessemeier**, die die »Ergänzungsflaschen« für die dritte und vierte Auflage aufgenommen haben,

Dieter Kirsch, Werner Hertwig, Otto Steudel, Horst Kroll und **Klaus Pinkernell**, die sich viel Zeit für Gespräche mit mir genommen haben,

Dieter Gräf, Guido van Rüdt, André Leonhardts und **Volker Schnocks** von Semper idem – Underberg, **Stephen Mordecai, Corinna Martin** und **Eckhart Nau** von UDV Germany, **Ilona Gasparini** von Remy Deutschland, **Joel Payne** von Schlumberger, **Arantxa Garcia Peinado** von Weltmarken, **Günter Schöneis und Henrike von Schau** von Moët-Hennessy, **Peter Klipfel** von Seagram, **Detlef Tannert, Dirk Wingen und Ives Schladenhaufen** von IGM und den Herren **Ehmcke sen. und jr.** von der Hanseatischen (viele vor ihm haben die Firma gewechselt).

Phillip Hills, der die Scotch Malt Whisky Society zu dem gemacht hat, was sie heute ist, auch wenn er nicht mehr dort arbeitet.

David Grant, Valerie Shields, Carl Hasselbach und **David Stewart** von William Grants & Sons, **Michael Burkham M.B.E., Murray Bremner und Carol Ward** von United Distillers, **David Boyle** von Matthew Gloag & Son, **Andrew MacDonald** von Macallan, **Bill Lumsden, Jackie und Andrew Taylor** von Glenmorangie, **Ian Urquhart** von Gordon & MacPhail, **James »Jim« McEwan** von Bowmore, **Grant Carmichael** von Lagavulin, **Willie Tait** von Jura, **Bob Robertson** von Clynelish (der endlich Klarheit in das Durcheinander mit Brora gebracht hat), **Davie Reid**, dem *mashman* von Scapa, und **Ian »Pinkie« McArthur**, dem *warehouseman* von Lagavulin, der mich oft aus seinem ältesten Faß kosten ließ, **A. Mark Lawson** von Seagram's The Chivas and Glenlivet Group, **Felicity Casey** von Irish Distillers, **Andrew und Brian Symington** von Signatory und **Nick**

Clapperton und **Alan Murray** von Cadenhead's – viele von ihnen arbeiten heute für andere Firmen oder sind längst im Ruhestand, aber immer noch gute Freunde.

Dankbar bin ich meinem Freund **Horst Schäfer**, der schon früh die Leidenschaft für Single Malts (und manche Flasche) mit mir geteilt hat.

Und ganz herzlich bedanke ich mich bei **meiner Familie** für die Geduld, die sie für meine Leidenschaft aufgebracht hat, und bei meinem jüngsten Sohn **Lucas** und **meiner Frau**, mit denen mich auch die gemeinsame Liebe zu Schottland verbindet und die mich auf vielen Reisen und in so manche Destillerie begleitet haben.

Dank an **Lilly und Dietrich Scheunemann**, meinen Ehrendoktorvater, die uns so oft in Edinburgh beherbergen, an **Jane und John Chapman**, die uns nicht nur Gast- sondern Freundschaft geschenkt und Kippen lange Zeit zur zweiten Heimat gemacht haben, an **Patricia Halsall** und ihren Mann, meinen verstorbenen Freund **Peter**, der mir gezeigt hat, daß Islay das Paradies auf Erden ist – bei einem Schluck *Bruichladdich* und dem Blick von dem Haus, das heute mir gehört, hinaus auf Loch Indaal mit Bowmore Distillery und den Paps von Jura im Osten, The Oa und den nordirischen Bergen von Antrim im Süden. Peter widme ich dieses Buch.

Walter Schobert
Nerabus, Isle of Islay, im Sommer 2000

EDLE GETRÄNKE – EDLE BÜCHER

Gert v. Paczenskys Getränke-Bildbände setzen Maßstäbe:

Der große Bildband über den »König Barolo«:

Champagner
Geschichte, Herstellung, Marken, Genuß.
267 Seiten mit über 300 Abbildungen.
Fotos von Jürgen D. Schmidt, Aquarelle von Jean-Pierre Haeberlin. Silbermedaille der Gastronomischen Akademie Deutschlands.
ISBN 3-7750-0280-4

Cognac
Das unübertroffen umfassende Werk zum Thema. Herstellung, Pflege, Marken und Märkte. 224 Seiten mit über 150 Fotos. Goldmedaille der Gastronomischen Akademie.
ISBN 3-7750-0275-8

Classic Bourbon – Tennessee & Rye Whiskey
von Jim Murray. Alles über die Neue Welt amerikanischer Whiskeys. Große Marken und Geheimtipps, Geschmacksbeschreibungen. Deutsche Bearbeitung von Walter Schobert.
272 Seiten mit 160 Fotos und Etiketten, durchgängig in Farbe.
ISBN 3-7750-0329-0

Mythos Barolo
von Maurizio Rosso, Fotos von Chris Meier, Vorwort von Luigi Veronelli. Legende, Geschichte, Porträts in Wort und Bild. Fachbuch und repräsentativer Bildband über einen der großen Weine der Welt. Interviews mit »Machern« und Patriarchen in einer einmaligen Dokumentation des verfügbaren Weinwissens dieser Region zwischen Tradition und Fortschritt. 287 Seiten mit über 300 Farbfotos und 35 großformatigen Porträts im Duplexdruck.
ISBN 3-7750-0350-6

LebensART – die Reihe für Genießer: Sorgfältig editierte Bücher zu Themen rund um die Welt des Genießens, aufwendig gestaltet, außergewöhnlich fotografiert!

Portwein – Kultur und Genuss
von Hanjo Seißler, Fotos von Carsten Eichner. Portwein-Dynastien gestern und heute, große Marken, Herstellung, Pflege, Genuß. Köstliche Rezepte mit Portwein. 96 Seiten, rund 50 Farbfotos.
ISBN 3-7750-0339-8

Champagner – und die Kunst ihn zu genießen
von Karl Petzke und Sara Slavin. Champagner, Prosecco, Sekt und Cremant in literarischen Zitaten und überraschenden Rezepten. 96 Seiten, 52 Farbfotos.
ISBN 3-7750-0291-X

Grappa – Kultur & Lebensart
von Susanna Blini mit Fotos von Ansgar Pudenz. Grappa atmosphärisch aufbereitet: Geschichte, Herstellung, Philosophie, raffinierte Rezepte und berühmte Marken. 96 Seiten mit 62 Farb- und S/W-Fotos.
ISBN 3-7750-0317-7

Zigarren – und die Lust an edlem Rauch
von Thomas Caspari, Sandra Krieger und Klaus Trommer. Mythos und Ritual: Amüsantes, Besinnliches und Informatives mit Zitaten und Geschichten für Aficionados. 96 Seiten, 97 Farbfotos.
ISBN 3-7750-0306-1

Tee – Kultur und Genuß
von Karl Petzke und Sara Slavin. Die Faszination der guten Tasse Tee, kleine Teekunde und köstliche Rezepte zum Tee. 96 Seiten mit 56 Farbfotos.
ISBN 3-7750-0318-5

Espresso – Kultur & Küche
von Karl Petzke und Sara Slavin. Kultbuch und Hommage an das köstlich-bittere Elixier mit Geschichten, Zitaten und Rezepten. 96 Seiten mit 45 Farbfotos.
ISBN 3-7750-0273-1

Rum, Drinks & Havanas – Cuba Classics
von Ernst Lechthaler und August. F. Winkler. Fotos von Amiel Pretsch. Kalte Drinks, heiße Rhythmen, kubanische Streiflichter, die von berühmten Bars, der Herstellung von Rum und Zigarren erzählen. 96 Seiten, 75 Fotos.
ISBN 3-7750-0304-5

Old Irish Pubs – The Real Ones
von Michael Nagl.
Fotos von Robert v. Aufschnaiter.
Irish Whiskey, Stout & Porter, Lieder & Literatur und ein wenig vom Glanz vergangener Zeiten. Irish Pubs pflegen die »wahren Werte im Leben«. 95 Seiten, 72 Fotos.
ISBN 3-7750-0297-4

Weitere Information über die etwas anderen Bücher für Genießer bei

HÄDECKE VERLAG
D-71256 Weil der Stadt
Fax 07033 / 529831
e-Mail: haedecke_vlg@t-online.de

© Walter Hädecke Verlag,
D 71256 Weil der Stadt, 1992, 1994, 1996, 2000
4., aktualisierte und erweiterte Auflage

Nachdruck, auch auszugsweise, nur mit Genehmigung des Verlages. Alle Rechte vorbehalten, insbesondere die der Übersetzung, der Übertragung durch Druck, Bild- oder Tonträger, des Vortrags und der fotomechanischen Wiedergabe. Auch auszugsweiser Nachdruck, Fotokopie oder die gewerbliche Nutzung des Adressen- und Namenmaterials, insbesondere zur entgeltlichen Veräußerung an Dritte, ist nicht gestattet. Eine Übernahme der in diesem Werk mitgeteilten Informationen auf Datentäger ist ohne Genehmigung des Verlages unzulässig.

Umschlaggestaltung: Lothar Hebel
Aufnahmen der Whiskyflaschen: Klaus Kramer und Studio Tom Wolf
Alle anderen Aufnahmen mit freundlicher Genehmigung von United Distillers, William Grant & Sons, Macallan, Seagram sowie aus dem Archiv des Autors.

Lektorat: Mo Graff
Zeichnung Seite 10/11: conceptdesign, Frankfurt/M.
Satz: Rund ums Buch – Rudi Kern, Kirchheim/Teck
Druck und Bindung: Printer Portuguesa, Mem Martins
Printed in Portugal.

ISBN 3-7750-0328-2